职业技能培训教材

ZHIYE JINENG PEIXUN JIAOCAI

流体装卸操作工

山东港口青岛港集团有限公司　组织编写

中国劳动社会保障出版社

图书在版编目（CIP）数据

流体装卸操作工 / 山东港口青岛港集团有限公司组织编写. -- 北京：中国劳动社会保障出版社，2024.（职业技能培训教材）. -- ISBN 978-7-5167-6699-6
I. U
中国国家版本馆 CIP 数据核字第 2024EX4609 号

中国劳动社会保障出版社出版发行

（北京市惠新东街 1 号　邮政编码：100029）

*

河北宝昌佳彩印刷有限公司印刷装订　　新华书店经销

787 毫米 ×1092 毫米　16 开本　16.5 印张　302 千字
2024 年 12 月第 1 版　2025 年 3 月第 2 次印刷
定价：56.00 元

营销中心电话：400-606-6496
出版社网址：https://www.class.com.cn

版权专有　　侵权必究

如有印装差错，请与本社联系调换：(010) 81211666
我社将与版权执法机关配合，大力打击盗印、销售和使用盗版图书活动，敬请广大读者协助举报，经查实将给予举报者奖励。
举报电话：(010) 64954652

编审委员会

主　　任：苏建光　李武成
副 主 任：张保华
委　　员：吴宇震　崔　亮　王芙玲　袁　青
　　　　　赵　波　邢东亮　姚如秀　李　涛

编审人员

主　　编：吕其东　王　晋
副 主 编：孙鹏飞　栾　恒
编　　者：王　斌　刘自力　贾学彬
主　　审：武　健

前　言

工人伟大，劳动光荣。党的二十大报告明确提出，要深入实施人才强国战略，并把大国工匠和高技能人才作为国家战略人才力量的重要组成部分。党的二十届三中全会审议通过的《中共中央关于进一步全面深化改革、推进中国式现代化的决定》指出，要"着力培养造就卓越工程师、大国工匠、高技能人才，提高各类人才素质"，进一步彰显加强技能人才队伍建设的重要意义。近年来，中共中央、国务院制定出台了《新时期产业工人队伍建设改革方案》《关于提高技术工人待遇的意见》《关于加强新时代高技能人才队伍建设的意见》等一系列指导意见，为加强技能人才队伍建设顶层设计、深化技能人才发展体制机制改革提供了有力保障。

企业技能等级认定是技能人才工作的重要组成部分，是企业技能人才开发的"牛鼻子"和"指挥棒"。为进一步贯彻落实中共中央关于技能人才队伍建设系列工作要求，山东港口青岛港结合港口新材料、新工艺、新技术、新设备的应用，以及港口机械设备大型化、自动化、智能化的普及，特成立教材编写小组，编写了6册港口职业技能等级认定教材，期待为港口行业各职业工种高技能人才借鉴提供有益参考。

本系列教材适应了当前港口的发展变化以及港口装卸（电动、内燃、流体）机械司机和维修工新颁布的国家职业标准要求，坚持以培养从业人员职业能力和满足岗位需求为目的，内容难易适度，理论知识以"够用"为度，确保从业人员能看得懂、学得会。同时，注重理论联系实际，重点帮助从业人员了解港口装卸机械的基本组成、结构和工作原理，掌握港口装卸机械的基础知识和基本技能，着重提高从业人员的职

前言

业素养和实际操作技能。教材具有较高的针对性、通用性和实用性，可满足技术工人自学需求及港口行业职业技能等级认定学习需要。

山东港口青岛港集团有限公司组织编写的本系列教材，得到了山东省人力资源和社会保障厅相关处室、山东省公共就业和人才服务中心、青岛市人力资源和社会保障局、青岛市人力资源发展研究与促进中心、山东省港口集团有限公司党委组织部（人力资源部）的指导帮助，得到了中国港口协会、青岛港湾职业技术学院的大力支持，在此深表谢意。由于编者能力和时间所限，教材中难免存在部分问题和缺陷，敬请各位专家、读者批评指正。

山东港口青岛港集团有限公司教材编写组

2024 年 9 月

目 录
Contents

第一章 流体危险货物基础 / 001
  第一节 流体危险货物概述 / 001
  第二节 流体危险货物的特性、危害及安全操作 / 004
  第三节 化学品安全技术说明书 / 014

第二章 流体力学基本原理 / 019
  第一节 流体力学的作用 / 019
  第二节 流体力学的基本概念 / 019
  第三节 流体力学的重要结论 / 023

第三章 流体装卸储运设备 / 026
  第一节 船用流体装卸臂 / 026
  第二节 陆用流体装卸臂 / 033
  第三节 登船梯 / 037
  第四节 脱缆钩 / 043
  第五节 油罐 / 046
  第六节 阀门 / 058
  第七节 搅拌器 / 078
  第八节 泵 / 081
  第九节 悬臂吊 / 095

第四章 流体装卸辅助系统 / 099
  第一节 油气回收系统 / 099

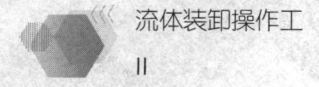

　　第二节　制氮系统 / 104
　　第三节　含油污水处理系统 / 107
　　第四节　工艺仪表及自动化控制系统 / 115
　　第五节　安全监控系统 / 124

第五章　流体货物储运操作 / 133
　　第一节　流体货物储运工艺 / 133
　　第二节　水路运输收发油工艺 / 135
　　第三节　公路运输收发油工艺 / 139
　　第四节　铁路运输收发油工艺 / 142
　　第五节　油罐储运工艺 / 144
　　第六节　管道运输工艺 / 146
　　第七节　辅助作业 / 148

第六章　流体装卸常用工具 / 151
　　第一节　工具的种类及规格 / 151
　　第二节　管道及其附件 / 161
　　第三节　计量器具 / 181

第七章　安全、健康与环保知识 / 187
　　第一节　安全生产知识 / 187
　　第二节　职业健康与防护知识 / 193
　　第三节　防火防爆与消防知识 / 206
　　第四节　安全用电知识 / 219
　　第五节　环境安全与污染防治 / 223
　　第六节　应急救援与应急管理 / 230

第一章
流体危险货物基础

第一节 流体危险货物概述

一、流体的概念

流体包括液体和气体。同固体相比，流体具有分子间引力小、运动强烈、排列松散的特性，即不能保持一定的形状，具有很强的流动性。

液体的分子间距和分子有效直径几乎相等。液体被加压时，分子间距稍有缩小，就会产生强大的斥力来抵抗外力，分子间距很难缩小，并且液体具有一定的体积，所以常称为不可压缩流体。此外，在分子间引力的作用下，液体有将表面面积收缩到最小的特性，所以在大容器内只能占据一定的体积，且在上表面形成自由表面。

气体的分子间距很大，分子间引力很小。当分子间距缩小很多时，气体才会产生斥力，所以常称为可压缩流体。同时，因为分子间距很大、分子间引力很小，所以，气体既没有一定形状，也没有一定体积。一定量气体进入较大容器后，分子不断地运动，均匀充满容器，不能形成自由表面。

二、危险货物的概念

危险货物是指具有易燃、易爆、毒害、腐蚀、放射性等危险特性，在生产、储存、运输、使用和处置等过程中，容易造成人身伤亡、财产损毁或环境污染而需要特别防护的物质和物品。

三、危险货物的分类

依据《危险货物分类和品名编号》(GB 6944),按具有的危险性或最主要的危险性,危险货物分为 9 类。

1. 爆炸品

爆炸品是指在外界作用下(如受热、受压、撞击等),发生剧烈的化学反应,瞬时产生大量的气体和热量,使周围压力急剧增大,发生爆炸,对周围环境造成破坏的物品;也包括无整体爆炸危险,但具有燃烧、抛射及较小爆炸危险,或仅产生热、光或烟雾等一种或几种反应的烟火物品。爆炸品按危险性分为以下 6 类。

(1)有整体爆炸危险的物质和物品。

(2)有迸射危险,但无整体爆炸危险的物质和物品。

(3)有燃烧危险,并有局部爆炸危险或局部迸射危险或这两种危险都有,但无整体爆炸危险的物质和物品。

(4)不呈现重大危险的物质和物品。

(5)有整体爆炸危险的非常不敏感物质。

(6)无整体爆炸危险的极端不敏感物品。

2. 气体

(1)易燃气体

易燃气体是指在 20 ℃和 101.3 kPa 条件下满足下列条件之一的气体。

1)爆炸下限(low explosion limit,LEL)小于或等于 13% 的气体。

2)不论其爆燃性下限如何,其爆炸极限(燃烧范围)大于或等于 12% 的气体。

(2)非易燃无毒气体

非易燃无毒气体包括窒息性气体、氧化性气体及不属于其他类别的气体;不包括在温度 20 ℃时、压力小于 200 kPa,并且未经液化或冷冻液化的气体。

(3)毒性气体

毒性气体是指满足下列条件之一的气体。

1)其毒性或腐蚀性对人类健康造成危害的气体。

2)急性半数致死浓度(median lethal concentration,LC_{50})值小于或等于 $5\,000\,mL/m^3$ 的毒性或腐蚀性气体。

3. 易燃液体

易燃液体是指易燃的液体或液体混合物,或指在溶液或悬浮液中有固体的液体,其闭杯试验闪点不高于 60 ℃,或开杯试验闪点不高于 65.6 ℃。易燃液体还包括满足下列条件之一的液体。

(1)在温度高于或等于其闪点的条件下提交运输的液体。

(2)在高温条件下以液态运输或提交运输、在温度低于或等于最高运输温度下放出易燃蒸气的物质。

4. 易燃固体、易于自燃的物质、遇水放出易燃气体的物质

(1)易燃固体是指燃点低，对热、撞击、摩擦敏感，易被外部火源点燃，燃烧迅速，并可能散发有毒烟雾或有毒气体的固体，不包括已列入爆炸品的物质和物品。

(2)易于自燃的物质是指自燃点低、在空气中易于发生氧化反应，放出热量而自行燃烧的物质。

(3)遇水放出易燃气体的物质是指遇水或受潮时发生剧烈化学反应，放出大量易燃气体和热量的物质。有些物质不需要明火，就能燃烧或爆炸。

5. 氧化性物质和有机过氧化物

(1)氧化性物质

氧化性物质是指本身未必燃烧，但通常因放出氧可能引起或者促使其他物质燃烧的物质。

(2)有机过氧化物

有机过氧化物是指分子组成中含有二价过氧基结构的有机物质，其本身易燃、易爆、极易分解，对热、振动和摩擦极为敏感。

6. 毒性物质和感染性物质

(1)毒性物质

毒性物质进入肌体后，累积达到一定的量，能与体液和组织发生生物化学作用或生物物理学作用，扰乱或破坏肌体的正常生理功能，引起暂时性或持久性的病理改变，甚至危及生命。这类物质具有强烈的毒害性，少量进入肌体或接触皮肤就能造成中毒甚至死亡。毒性物质分为剧毒物质和有毒物质。半数致死剂量（median lethal dose, LD_{50}）在 50 mg/kg 以下者均称为剧毒物质。

(2)感染性物质

感染性物质是指含有致病的微生物，能引起病态甚至死亡的物质。

7. 放射性物质

放射性物质是指任何含有放射性核素并且其活度浓度和放射性总活度都超过《放射性物品安全运输规程》（GB 11806）规定限值的物质。

8. 腐蚀性物质

腐蚀性物质是指通过化学作用使生物组织接触时造成严重损伤，或者在渗漏时会严重损害甚至毁坏其他货物或运载工具的物质。腐蚀性物质包括满足下列条件之一的物质。

（1）使完好皮肤组织在暴露超过 60 min，但不超过 4 h 之后开始的最多 14 d 观察期内全厚度毁损的物质。

（2）被判定不会引起完好皮肤组织全厚度毁损，但在 55 ℃试验温度下，对钢或铝的表面腐蚀率超过 6.25 mm/ 年的物质。

腐蚀性物质按化学性质分为酸性腐蚀性物质、碱性腐蚀性物质、其他腐蚀性物质 3 项。

包装类别按腐蚀性物质的危险程度分为Ⅰ类包装、Ⅱ类包装、Ⅲ类包装。

9. 杂项危险物质和物品，包括危害环境物质

杂项危险物质和物品是指存在危险但不能满足其他类别定义的物质和物品，包括危害环境的包装和运输。

（1）以微细粉尘吸入可危害健康的物质。

（2）会放出易燃气体的物质。

（3）锂电池组。

（4）救生设备。

（5）一旦发生火灾可形成二噁英的物质和物品。

（6）在高温下运输或提交运输的物质，是指在液态温度达到或超过 100 ℃，或固态温度达到或超过 240 ℃条件下运输的物质。

（7）危害环境物质，包括污染水生环境的液体或固体物质，以及这类物质的混合物。

（8）不符合"6. 毒性物质和感染性物质"定义的、经基因修改的微生物和生物体。

（9）其他。

第二节　流体危险货物的特性、危害及安全操作

一、流体危险货物的特性

1. 爆炸品的特性

（1）爆炸性强

爆炸品具有化学不稳定性，在一定外界因素的作用下，会以极快的速度发生猛烈

的化学反应，主要有 3 个特点：化学反应速度极快；爆炸时产生大量的热；会产生大量气体，形成高压。

（2）敏感度高

爆炸品对高温、火花、撞击等非常敏感，极易发生爆炸。

（3）其他特性

1）某些爆炸品具有一定的毒性。

2）某些爆炸品与化学品发生化学反应，反应的生成物是更容易爆炸的化学品。

3）某些爆炸品与一些重金属（铅、银、铜等）及其化合物作用的生成物敏感度更高。

4）爆炸品大多是电的不良导体，在包装、运输过程中容易产生静电，一旦静电放电也会引起爆炸。

5）某些爆炸品受光照易分解。

6）某些爆炸品具有较强的吸湿性，遇水或受潮后会降低爆炸能力，甚至无法使用。

2. 气体的特性

（1）膨胀压力大

储存于钢瓶内的压缩气体、液化气体或加压溶解的气体受热膨胀，压力增大，能使钢瓶爆裂。

（2）爆炸性强

压缩气体和液化气体不允许泄漏，除因有些气体有毒、易燃外，还因有些气体相互接触后会发生化学反应引起燃烧爆炸。

（3）易燃、毒害性强

压缩气体和液化气体除具有爆炸性外，有的还具有易燃性（如氢气、甲烷、液化石油气等）、助燃性（如氧气、压缩空气等）、毒害性（如氢氰酸、二氧化硫、氯气等）、窒息性（如二氧化碳、氮气等）等特性。

3. 易燃液体的特性

（1）易燃性强

易燃液体的主要特性是具有强易燃性，其主要原因：第一，易燃液体绝大部分是有机化合物，分子组成主要有碳原子和氢原子，因此，易和氧发生反应而燃烧；第二，由于易燃液体的闪点低，其燃点也低（燃点一般高于闪点 1～5 ℃），因此，易燃液体接触火源极易着火且持续燃烧。

（2）易爆性

易燃液体的挥发性强，当盛放易燃液体的容器破损或不密封时，挥发的易燃蒸气扩散到存放或运载的库房或车厢的整个空间，与空气混合。当浓度达到一定范围，即达到爆炸极限时，遇明火或火花就能发生爆炸。

易燃液体只有在爆炸下限与上限浓度范围内，并遇到火种才会爆炸。因此，爆炸极限范围越大、爆炸下限越低的物质，它的易爆性越强。

（3）流动扩散性强

易燃液体的分子多为非极性分子，黏度一般都很小，不仅自身极易流动，还因渗透、浸润及毛细现象等作用，即使容器的裂纹极细微，易燃液体也会渗出容器壁，扩大其表面积，并源源不断地挥发，使空气中的易燃液体蒸气浓度增高，从而增加燃烧爆炸的危险性。

（4）受热膨胀性

易燃液体的膨胀系数比较大，受热后体积容易膨胀，同时其蒸气压也随之升高，从而使密封容器内部压力增大，造成"鼓桶"甚至爆裂或爆炸。因此，应避热存放易燃液体，灌装时，容器内应留5%以上的空隙，不可灌满。

（5）易与氧化剂和酸类反应

易燃液体与氧化剂或含氧酸（特别是硝酸）接触，能发生剧烈反应而引起燃烧爆炸。例如，乙醇与氧化剂高锰酸钾接触会燃烧，与含氧酸（硝酸）接触也会燃烧。因此，易燃液体不得与氧化剂及含氧酸接触。

（6）毒性

大多数易燃液体及其蒸气均有不同程度的毒性，如甲醇、苯、二硫化碳等，不但吸入其蒸气会中毒，有的经皮肤吸收也会中毒。

4. 易燃固体、易于自燃的物质、遇水放出易燃气体的物质的特性

（1）易燃固体的特性

1）燃点低，易点燃。易燃固体的燃点都比较低，一般在300℃以下，常温下只要能量很小的火源就能燃烧。有些易燃固体受到摩擦、撞击等外力作用时也能燃烧。

2）遇酸、氧化剂易燃易爆。绝大多数易燃固体与酸、氧化剂接触，尤其是与强氧化剂接触时，能够立即燃烧或爆炸。

3）本身或燃烧产物有毒。很多易燃固体本身具有毒害性或燃烧后会产生有毒物质。

（2）易于自燃的物质的特性

1）遇空气自燃性。自燃物质大部分非常活泼，具有极强的还原性，接触空气中的氧时会产生大量的热，达到自燃点时会燃烧、爆炸。

2）遇水或受潮易燃易爆性。有些自燃物质遇水或受潮后能分解，从而自燃或爆炸。

3）积热自燃性。自燃物质经过缓慢的氧化，同时产生一定热量，当产生的热量使

其温度达到该物质的自燃点时便会自燃。

（3）遇水放出易燃气体的物质的特性

1) 遇水易燃性。遇水易燃性是遇水放出易燃气体的物质的共性。

2) 遇氧化剂、酸类燃烧爆炸性。遇水放出易燃气体的物质遇氧化剂、酸类发生的化学反应比遇水发生的化学反应更剧烈，危险性更大。

3) 腐蚀性和毒害性。某些遇水放出易燃气体的物质不仅具有腐蚀性，还具有毒害性，一旦发生化学反应也可能产生有毒气体。

5. 氧化性物质和有机过氧化物的特性

氧化性物质的特性主要表现在 8 个方面，即强烈的氧化性、受热撞击分解性、可燃性、与可燃物质作用的自燃性、与酸作用的分解性、与水作用的分解性、与强氧化剂与弱氧化剂作用的分解性、腐蚀性和毒害性。

有机过氧化物的特性包括分解爆炸性、易燃性和伤害性。

6. 毒性物质和感染性物质的特性

毒性物质和感染性物质的主要特性是具有毒性，少量进入人、畜体内就能引起中毒。因此，为保证人身安全，对毒性物质和感染性物质特别强调以下几点。

（1）在水中的溶解度越大，其危险性也越大。因为人体含有大量水分，所以越易溶解于水的毒性物质越易被人体吸收。

（2）有些毒性物质虽不溶解于水，但能溶解于脂肪，通过溶解于皮肤表面层的脂肪，侵入毛孔或渗入皮肤而引起中毒。

（3）毒性物质和感染性物质通过皮肤破裂处侵入人体，会随血液蔓延全身，加快中毒速度。因此，在皮肤破裂时，应停止或避免进行毒性物质的作业。

（4）毒性物质和感染性物质通过消化道侵入人体的危险性比通过皮肤更大。因此，在进行毒性物质的作业时，应严禁饮食、吸烟等。

（5）固体毒性物质的颗粒越小，越容易引起中毒。因为颗粒小飞扬，经呼吸道吸入肺泡，被人体吸收而引起中毒。

（6）液体毒性物质的挥发性越强，空气中浓度就越高，从而越容易从呼吸道侵入人体而引起中毒。其中，无色无味的液体毒性物质比色浓味烈的液体毒性物质更难以察觉，隐蔽性更强，更易引起中毒。

7. 放射性物质的特性

（1）放射性物质具有放射性，能自发、不断地放出人体感觉器官无法察觉的射线。放射性物质放出的射线可分为 4 种：α 射线，又称甲种射线；β 射线，又称乙种射线；γ 射线，又称丙种射线；中子射线。

各种射线对人体的危害都很大，各种放射性物质放出的射线种类和强度不同。

（2）许多放射性物质的毒性很大。例如，镭、钍等都是有剧毒的放射性物质。

（3）不能用化学方法中和或用其他方法使放射性物质不放出射线，只能设法清除放射性物质或用适当的材料吸收或屏蔽放射性物质。

8. 腐蚀性物质的特性

（1）腐蚀性物质具有强烈的腐蚀性。

（2）腐蚀性物质能使人体细胞受到破坏，形成化学灼伤。

（3）腐蚀性物质中的酸、碱、盐类都能引起不同程度的金属腐蚀。

（4）腐蚀性物质能和布匹、木材、纸张、皮革等发生化学反应，使其遭受腐蚀而损坏。

（5）酸性腐蚀性物质能腐蚀水泥地面，氢氟酸还能腐蚀玻璃。腐蚀性物质之所以具有强烈的腐蚀性，主要是因为这类物质具有或酸、或碱、或氧化、或吸水等特性。

（6）多数腐蚀性物质具有不同程度的毒性，有的还是剧毒物质，如氢氟酸、溴、五溴化磷等。

（7）许多有机腐蚀性物质具有易燃性，如甲酸、乙酸、苯甲酰氯、丙烯酸等。

（8）部分无机酸性腐蚀性物质，如浓硝酸、浓硫酸、高氯酸等，具有氧化性。它们遇有机化合物如食糖、稻草、木屑、松节油等，易因氧化发热而燃烧。

9. 杂项危险物质和物品的特性

杂项危险物质和物品具有磁性、麻醉性、毒害性或其他类似特性，能使人情绪烦躁或不适，以致影响行车和飞行安全，如永久磁铁、干冰等。

二、流体危险货物的危害

1. 对人体的危害

流体危险货物对人体的危害主要是中毒，包括急性中毒和慢性中毒。

（1）对呼吸系统的危害

引起呼吸道炎症、化学性肺炎或肺水肿等。

（2）对神经系统的危害

引起神经衰弱、运动障碍、肌肉萎缩、头痛、头晕、视力模糊等。

（3）对血液系统的危害

引起溶血、再生障碍性贫血等。

（4）对消化系统的危害

引起出血性胃肠炎、中毒性肝病等。

（5）对循环系统的危害

引起心慌、胸闷、心前区不适等。

（6）对泌尿系统的危害

引起尿路结石等。

（7）对皮肤、眼睛、骨骼的危害

引起化学性灼伤或职业性肿瘤等。

2. 引起燃烧和爆炸

（1）机械设备、装置、容器等爆炸产生的碎片会造成较大范围的危害。

（2）对周围机械设备、建筑物产生破坏，并造成人员伤亡。

（3）引起其他可燃物燃烧，造成急性中毒。

3. 造成环境污染

（1）造成周边水环境污染。

（2）造成周边土壤环境污染。

（3）造成大气环境污染。

三、常见流体危险货物的介绍

1. 燃料油

燃料油的危险特性、灭火方法、侵入途径及健康危害见表 1-2-1。

表 1-2-1　燃料油的危险特性、灭火方法、侵入途径及健康危害

项目	内容
危险特性	燃料油蒸气与空气混合可形成爆炸性混合物，遇明火、高热可引起燃烧爆炸，与氧化剂可发生反应。流速过快，容易产生和积聚静电。其蒸气比空气重，能在较低处扩散到相当远的地方，遇火源会着火回燃。若遇高热，容器内压会增大，有开裂和爆炸的危险
灭火方法	二氧化碳、干粉、泡沫，用水无效
侵入途径	吸入、食入、经皮肤吸收
健康危害	急性中毒：吸入高浓度燃料油蒸气，常先出现兴奋，后转成抑制，表现为乏力、头痛、酩酊感、神志恍惚、肌肉震颤、共济失调；严重者出现定向力障碍、谵妄、意识模糊等；燃料油蒸气会引起眼及呼吸道刺激症状，严重者会出现化学性肺炎。吸入液态煤油会引起吸入性肺炎，严重时会发生肺水肿。食入液态煤油会引起口腔、咽喉和胃肠道刺激症状，出现与吸入中毒相同的中枢神经系统症状。 慢性影响：以神经衰弱综合征为主要表现，还有眼及呼吸道刺激症状，接触性皮炎，皮肤干燥等

2. 原油

原油的危险特性、灭火方法、侵入途径及健康危害见表 1-2-2。

表1-2-2 原油的危险特性、灭火方法、侵入途径及健康危害

项目	内容
危险特性	原油蒸气与空气混合可形成爆炸性混合物，遇明火、高热可引起燃烧爆炸，与氧化剂可发生反应。流速过快，容易产生和积聚静电。其蒸气比空气重，能在较低处扩散到相当远的地方，遇火源会着火回燃。若遇高热，容器内压会增大，有开裂和爆炸的危险
灭火方法	二氧化碳、干粉、泡沫，用水无效
侵入途径	吸入、食入、经皮肤吸收
健康危害	刺激眼睛和皮肤，导致皮肤红肿、干燥和皮炎；食入将引发恶心、呕吐和腹泻，影响中枢神经系统，表现为兴奋，继而引发头痛、眼花、困倦及恶心，更严重者将精神崩溃、失去意识、陷入昏迷，甚至因呼吸系统衰竭而死亡；吸入高浓度原油蒸气将影响中枢神经系统并导致肺损伤，引发恶心、头痛、眼花，甚至昏迷

3. 航空煤油

航空煤油的危险特性、灭火方法、侵入途径及健康危害见表1-2-3。

表1-2-3 航空煤油的危险特性、灭火方法、侵入途径及健康危害

项目	内容
危险特性	航空煤油易燃，其蒸气与空气混合可形成爆炸性混合物，遇明火、高热可引起燃烧爆炸。高速冲击、流动、激荡后产生静电火花放电而引起燃烧爆炸。其蒸气比空气重，能在较低处扩散到相当远的地方，遇火源会着火回燃和爆炸（闪爆）
灭火方法	二氧化碳、干粉、泡沫，用水无效
侵入途径	吸入、食入、经皮肤吸收
健康危害	急性中毒：吸入高浓度航空煤油蒸气，常先出现兴奋，后转成抑制，表现为乏力、头痛、酩酊感、神志恍惚、肌肉震颤、共济失调；严重者出现定向力障碍、谵妄、意识模糊等；航空煤油蒸气会引起眼及呼吸道刺激症状，严重者会出现化学性肺炎。吸入液态航空煤油会引起吸入性肺炎，严重时会发生肺水肿，如果处理不当会发展为肺脓肿，甚至因呼吸衰竭而死亡。食入液态航空煤油会引起口腔、咽喉和胃肠道刺激症状，出现与吸入中毒相同的中枢神经系统症状。 慢性影响：以神经衰弱综合征为主要表现，还有眼及呼吸道刺激症状，接触性皮炎，皮肤干燥等

4. 柴油

柴油的危险特性、灭火方法、侵入途径及健康危害见表1-2-4。

表1-2-4　柴油的危险特性、灭火方法、侵入途径及健康危害

项目	内容
危险特性	柴油蒸气与空气混合可形成爆炸性混合物，遇明火、高热极易发生爆炸，与氧化剂可发生强烈反应。其蒸气比空气重，能在较低处扩散到相当远的地方，遇明火会着火回燃
灭火方法	二氧化碳、干粉、泡沫，用水无效
侵入途径	吸入、食入、经皮肤吸收
健康危害	皮肤接触柴油可引起接触性皮炎、油性痤疮，吸入柴油可引起吸入性肺炎。柴油能经胎盘进入胎儿血。柴油废气可引起眼、鼻刺激症状，头晕及头痛

5. 汽油

汽油的危险特性、灭火方法、侵入途径及健康危害见表1-2-5。

表1-2-5　汽油的危险特性、灭火方法、侵入途径及健康危害

项目	内容
危险特性	汽油与空气混合可形成爆炸性混合物，遇明火、高热可引起燃烧爆炸。其蒸气比空气重，能在较低处扩散到相当远的地方，遇火源会着火回燃。若遇高热，容器内压会增大，有开裂和爆炸的危险。液态汽油能腐蚀某些塑料、涂料和橡胶，能积聚静电，引燃其蒸气
灭火方法	二氧化碳、干粉、泡沫，用水无效
侵入途径	吸入、食入、经皮肤吸收
健康危害	1%以下浓度的汽油对人无影响；1%~10%浓度的汽油，只引起人轻度头晕；由较高浓度的汽油、丁烷混合气体引起中毒时，有头痛、头晕、兴奋或嗜睡、恶心、呕吐、流涎、血压轻度降低、脉缓、神经反射减弱、无病理反射症状，严重者会出现麻醉状态、意识丧失，有的会发生继发性肺炎。 立即威胁生命或健康的浓度（immediately dangerous to life or health concentration，IDLH）：2 100 ppm[①]（爆炸下限10%）

6. 石脑油

石脑油的危险特性、灭火方法、侵入途径及健康危害见表1-2-6。

表1-2-6　石脑油的危险特性、灭火方法、侵入途径及健康危害

项目	内容
危险特性	石脑油蒸气与空气混合可形成爆炸性混合物，遇明火、高热可引起燃烧爆炸，与氧化剂可发生强烈反应。其蒸气比空气重，沿地面扩散并易积存于低洼处，遇火源会着火回燃
灭火方法	二氧化碳、干粉、泡沫，用水无效
侵入途径	吸入、食入、经皮肤吸收

---

① ppm，parts per million，即10^{-6}。目前已不使用，为统一表述，本书延用。

续表

项目	内容
健康危害	石脑油蒸气会引起眼及上呼吸道刺激症状,如果浓度过高,几分钟即可引起呼吸困难、发绀等缺氧症状。 急性中毒:出现头晕、头痛、兴奋或嗜睡、恶心、呕吐、脉缓等症状;重症者会突然倒下、尿失禁、意识丧失,甚至呼吸停止

7. 液化石油气

液化石油气的危险特性、灭火方法、侵入途径及健康危害见表1-2-7。

表1-2-7 液化石油气的危险特性、灭火方法、侵入途径及健康危害

项目	内容
危险特性	液化石油气与空气混合可形成爆炸性混合物,遇明火、高热极易燃烧爆炸,与氟、氯等可发生剧烈的化学反应。其蒸气比空气重,能在较低处扩散到相当远的地方,遇明火会着火回燃。若遇高热,容器内压会增大,有开裂和爆炸的危险
灭火方法	二氧化碳、干粉、泡沫,用水无效
侵入途径	吸入、食入、经皮肤吸收
健康危害	中毒症状有头晕、头痛、兴奋或嗜睡、恶心、呕吐、脉缓等,严重时会出现麻醉状态及意识丧失。长期接触低浓度者会出现头痛、头晕、睡眠不佳、易疲劳、情绪不稳、自主神经功能障碍等。 IDLH:2 000 ppm。 嗅阈值:5 000~18 000 ppm。气味不能可靠指示气体毒性大小

8. 混合二甲苯

混合二甲苯的危险特性、灭火方法、侵入途径及健康危害见表1-2-8。

表1-2-8 混合二甲苯的危险特性、灭火方法、侵入途径及健康危害

项目	内容
危险特性	混合二甲苯蒸气与空气混合可形成爆炸性混合物,遇明火、高热可引起燃烧爆炸,与氧化剂可发生强烈反应。其蒸气比空气重,能在较低处扩散到相当远的地方,遇火源会着火回燃。若遇高热,容器内压会增大,有开裂和爆炸的危险。流速过快,容易产生和积聚静电
灭火方法	二氧化碳、干粉、泡沫,用水无效
侵入途径	吸入、食入、经皮肤吸收
健康危害	对皮肤、黏膜有刺激性,对中枢神经系统有麻醉性;长期接触影响肝、肾功能。 急性中毒:有咳嗽、流泪、结膜充血等症状,重症者会出现幻觉、神志不清等症状,有时会癔症样发作。 慢性中毒:会出现神经衰弱综合征的表现,女性出现月经异常,相关从业者常出现皮肤干燥、皲裂、皮炎

9. 丁酮

丁酮的危险特性、灭火方法、侵入途径及健康危害见表 1-2-9。

表 1-2-9　丁酮的危险特性、灭火方法、侵入途径及健康危害

项目	内容
危险特性	丁酮蒸气与空气混合可形成爆炸性混合物，遇明火、高热或与氧化剂接触，有引起燃烧爆炸的危险
灭火方法	二氧化碳、干粉、泡沫，用水无效
侵入途径	吸入、食入、经皮肤吸收
健康危害	对眼、鼻、喉、黏膜有刺激性。长期接触可致皮炎。常与己酮混合使用，能加强己酮引起的周围神经病现象，但单独接触丁酮未发现有周围神经病现象

10. 液碱

液碱的火灾危险类别、危险特性、侵入途径及健康危害见表 1-2-10。

表 1-2-10　液碱的火灾危险类别、危险特性、侵入途径及健康危害

项目	内容
火灾危险类别	第 8.2 类碱性腐蚀品
危险特性	液碱与酸发生中和反应并放热，遇水或受潮时对铝、锌和锡有腐蚀性，产生易燃易爆的氢气。液碱不会燃烧，遇水和水蒸气会大量放热，形成腐蚀性溶液，具有强腐蚀性
侵入途径	吸入、食入、经皮肤吸收
健康危害	具有强腐蚀性、强刺激性，可致人体灼伤

11. 基础油

基础油的危险特性、灭火方法、侵入途径及健康危害见表 1-2-11。

表 1-2-11　基础油的危险特性、灭火方法、侵入途径及健康危害

项目	内容
危险特性	泄漏的基础油会造成环境污染
灭火方法	二氧化碳、干粉、泡沫，用水无效
侵入途径	吸入、食入、经皮肤吸收
健康危害	基础油对皮肤无腐蚀性，对人体黏膜没有或有轻微刺激性

四、危险货物的安全操作

（1）必须定期定时检查储存危险货物场所、设备的通风情况、储存温度，有无泄漏。定期进行避雷、防静电设施的检测。严禁超液位、超量、超温等超指标储运行为。

（2）作业人员进入危险货物仓库必须穿戴劳动防护用品，包括专用的工作服、工作鞋、工作帽、防护手套、防护眼镜、防毒口罩。严禁携带火种。

（3）现场按规定配备足够的消防器材，并备有急救箱，配备必要的急救药品。

（4）危险货物运输过程中，必须使用有资质的、检验合格的危险货物专用车辆，并开具危险货物运输通行证，配备有资质的驾驶员、押运员。严禁超载、超速、超宽、超高。

（5）危险货物装卸时，必须按规定配接防静电接地装置。

（6）所有作业人员必须经安全培训，考试合格后，方可上岗作业。

第三节 化学品安全技术说明书

一、概述

化学品安全技术说明书（safety data sheet for chemical products，SDS），提供化学品（物质或混合物）在安全、健康和环境保护等方面的信息，推荐防护措施和紧急情况下的应对措施。在一些国家，化学品安全技术说明书又称物质安全技术说明书（material safety data sheet，MSDS），本书依照国家标准《化学品安全技术说明书 内容和项目顺序》（GB 16483），统一使用化学品安全技术说明书（SDS）。

化学品安全技术说明书是化学品的生产商和经销商按法律要求必须提供的化学品理化特性（如pH值、闪点、易燃度、反应活性等）、毒性、环境危害，以及对使用者健康（如致癌、致畸等）可能产生危害的一份综合性文件。它包括危险化学品的燃爆性能、毒性和环境危害，以及安全使用、泄漏应急救护处置、主要理化参数、法律法规等方面信息。

二、作用

化学品安全技术说明书及时向广大用户提供化学品的有关危害信息，使其在使用时能自主防护，起到减少职业危害和预防化学品事故的作用。化学品安全技术说明书的主要作用体现在以下几个方面。

（1）是作业人员安全使用化学品的指导性文件。

（2）是企业进行职工安全培训教育的可靠教材。

（3）是企业进行危害控制和预防措施设计的技术依据。

（4）为危险化学品安全生产、使用、储存和处置提供服务。

三、内容

化学品安全技术说明书一般有以下 16 部分内容。

1. 第 1 部分：化学品及企业标识

本部分主要标明化学品的名称，供应商的名称、地址、电话号码、应急电话、传真和电子邮件地址，标注供应商的产品代码，说明化学品的推荐用途和限制用途。

2. 第 2 部分：危险性概述

本部分标明化学品主要的物理和化学危险性信息，以及对人体健康和环境影响的信息。如果该化学品存在某些特殊的危险性质，也在此处说明。

如果已经根据 GHS（全球化学品统一分类和标签制度分类）对化学品进行了危险性分类，应标明 GHS 危险性类别，同时应注明 GHS 的标签要素，如象形图或符号、防范说明、危险信息和警示词等。象形图或符号如火焰、骷髅和交叉骨可以用黑白颜色表示。GHS 分类未包括的危险性（如粉尘爆炸危险）应在此处注明。

应注明人员接触后的主要症状及应急综述。

3. 第 3 部分：成分 / 组成信息

本部分应注明该化学品是物质（指纯净物）还是混合物。

如果是物质，则应提供化学名或通用名、美国化学文摘登记号（CAS 号）及其他标识符。

如果某种物质按 GHS 分类标准分类为危险化学品，则应列明包括对该物质的危险性分类产生影响的杂质和稳定剂在内的所有危险组分的化学名或通用名，以及浓度或浓度范围。

如果是混合物，则不必列明所有组分。

如果按 GHS 标准分类为危险的组分，并且其含量超过了浓度限值，则应列明该组分的名称信息、浓度或浓度范围。对已经识别出的危险组分，也应该提供组分的化学名或通用名、浓度或浓度范围。

4. 第4部分：急救措施

本部分应说明必要时应采取的急救措施及应避免的行动，此处填写的文字应该易于被受害人和（或）施救者理解。

根据不同的接触方式将信息细分为吸入、皮肤接触、眼睛接触和食入。

本部分应简要描述接触化学品后的急性和迟发效应、主要症状和对健康的主要影响，详细资料可在第11部分列明。

如有必要，本部分应包括对保护施救者的忠告和对医生的特别提示。

如有必要，还要给出及时的医疗护理和特殊的治疗。

5. 第5部分：消防措施

本部分应说明合适的灭火方法和灭火剂，如有不合适的灭火剂也应在此处标明。

如产品是危险的易燃品，则应标明化学品的特别危险性。

标明特殊灭火方法及保护消防人员特殊的防护装备。

6. 第6部分：泄漏应急处理

本部分应包括作业人员防护措施、防护装备、应急处置程序，环境保护措施，泄漏化学品的收容、清除方法及所使用的处置材料（如果和第13部分不同，列明恢复、中和及清除方法）。提供防止发生次生危害的预防措施。

7. 第7部分：操作处置与储存

操作处置应描述安全处置注意事项，包括防止化学品人员接触、防止发生火灾和爆炸的技术措施和提供局部或全面通风、防止形成气溶胶和粉尘的技术措施等。还应包括防止直接接触不相容物质或混合物的特殊处置注意事项。

储存应描述安全储存的条件（适合的储存条件和不适合的储存条件）、安全技术措施、同禁配物隔离储存的措施、包装材料信息（建议的包装材料和不建议的包装材料）。

8. 第8部分：接触控制和个体防护

本部分应列明容许浓度，如职业接触限值或生物限值。

列明减少接触的工程控制方法，该信息是对第7部分内容的进一步补充。

如果可能，列明容许浓度的发布日期、数据出处、试验方法及方法来源。

列明推荐使用的个体防护设备，如呼吸系统防护、手防护、眼睛防护、皮肤和身体防护，并标明防护设备的类型和材质。

化学品若只在某些特殊条件下才具有危险性，如量大、高浓度、高温、高压等，则应标明这些情况下的特殊防护措施。

9. 第9部分：理化特性

本部分应提供以下信息：化学品的外观与性状，如物态、形状和颜色；气味；pH 值和浓度；熔点/凝固点；沸点、初沸点和沸程；闪点；燃烧上下极限或爆炸极限；蒸气压；蒸气密度；密度/相对密度；溶解性；n-辛醇/水分配系数；自燃温度；分解温度。如果有必要，应提供气味阈值、蒸发速率、易燃性（固体、气体）。

应提供化学品安全使用的其他资料，如放射性或体积密度等。

应使用 SI 国际单位制单位。可以使用非 SI 单位，但只能作为 SI 单位的补充。

必要时，应提供数据的测定方法。

10. 第10部分：稳定性和反应性

本部分应描述化学品的稳定性和在特定条件下可能发生的危险反应。

应包括应避免的条件（如静电、撞击或震动）；不相容的物质；危险的分解产物，一氧化碳、二氧化碳和水除外。

填写本部分时应考虑提供化学品的预期用途和可预见的错误用途。

11. 第11部分：毒理学信息

本部分应全面、简洁地描述使用者接触化学品后产生的各种毒性作用（健康影响）。

应包括急性毒性；皮肤刺激或腐蚀；眼睛刺激或腐蚀；呼吸或皮肤过敏；生殖细胞突变性；致癌性；生殖毒性；特异性靶器官系统毒性（一次性接触和反复接触）；吸入危害。还可以提供毒代动力学、代谢和分布信息。

可以分别描述一次性接触、反复接触与连续接触所产生的毒作用；迟发效应和即时效应应分别说明。

潜在的有害效应包括通过毒性值（如急性毒性估计值）测试观察到的有关症状、理化和毒理学特性。

应按照不同的接触途径（如吸入、皮肤接触、眼睛接触、食入）提供信息。

可以提供更多的科学实验产生的数据或结果，并标明引用文献资料来源。

如果混合物没有作为整体进行毒性试验，应提供每个组分的相关信息。

12. 第12部分：生态学信息

本部分提供化学品的环境影响、环境行为和归宿方面的信息：化学品在环境中的预期行为，可能对环境造成的影响/生态毒性；持久性和降解性；潜在的生物累积性；土壤中的迁移性。

可以提供更多的科学实验产生的数据或结果，并标明引用文献资料来源。

可以提供任何生态学限值。

13. 第 13 部分：废弃处置

本部分包括为安全和有利于环境保护而推荐的废弃处置方法信息。

这些处置方法适用于化学品（残余废弃物），也适用于任何受污染的容器和包装。

提醒下游用户注意当地废弃处置法规。

14. 第 14 部分：运输信息

本部分包括国际运输法规规定的编号与分类信息，这些信息应根据不同的运输方式，如陆运、海运和空运进行区分。应包含联合国危险货物编号（UN 号）；联合国运输名称；联合国危险性分类；包装组；海洋污染物（是/否）。

提供使用者需要了解或遵守的其他与运输或运输工具有关的特殊防范措施。

可增加其他相关法规的规定。

15. 第 15 部分：法规信息

本部分应标明使用本 SDS 的国家或地区中，管理相应化学品的法规名称。

提供与法律相关的法规信息和化学品标签信息。

提醒下游用户注意当地废弃处置法规。

16. 第 16 部分：其他信息

本部分应进一步提供上述各项未包括的其他重要信息。例如，可以提供需要进行的专业培训、建议的用途和限制的用途等。

参考文献可在本部分列出。

四、责任与要求

《工作场所安全使用化学品规定》对生产、经营、运输、储存和使用化学品的单位和人员的职责做了明确规定。生产单位必须按照国家标准填写"危险化学品安全技术说明书"（以下简称安全技术说明书）。在填写安全技术说明书时，若涉及商业秘密，经化学品登记部门批准后，可不填写有关内容，但必须列出该种危险化学品的主要危害特性。使用单位应向接触危险化学品的作业人员提供危险化学品安全培训，并将危险化学品的有关安全卫生资料向职工公开，教育职工了解安全技术说明书，掌握必要的应急处理方法和自救措施。作为使用危险化学品的用户，有权向供应商索取最新版本的安全技术说明书。经营单位经营的危险化学品必须具有安全技术说明书；进口危险化学品时，应有符合规定要求的中文安全技术说明书，并随商品提供给用户；出口危险化学品时，应向外方提供安全技术说明书。运输单位应要求托运方提供安全技术说明书。

第二章 流体力学基本原理

第一节 流体力学的作用

流体力学水力计算是输油管道敷设或改造、工艺调度及有关设备故障分析的主要依据。准确的流体力学水力计算不仅可以确保顺利装卸和输送,而且可以提高生产率,节省设备、材料、动力和资金。通常流体力学水力计算可以解决以下问题。

(1)按生产任务要求,确定管道流量,选择管道内油品流速,确定管道直径。

(2)计算阻力损失,确定相应的机组设备。

(3)生产作业中,在机组和管道规格不变的情况下,如改变输油任务,可应用流体力学水力计算的知识,将现有工艺管道进行适当合理的组合和调度,保证任务完成。

(4)完成油库自流发油的有关计算。

(5)完成泵吸入系统的有关校核计算。

第二节 流体力学的基本概念

一、流体力学的研究对象

流体力学研究流体平衡和运动的基本规律,以及流体与固体相互作用的力学特点,用于分析、解决工程设计和使用中的实际问题。

流体按压缩性分为气体和液体。气体极易压缩，又称可压缩流体；液体几乎不可压缩，又称不可压缩流体。流体按变形特点分为牛顿流体和非牛顿流体。牛顿流体是指受力后极易变形，且剪切应力与变形速率成正比的低黏滞性流体；不同于牛顿流体的都称为非牛顿流体。

二、流体力学在石油工业中的地位和作用

我国的石油工业正以前所未有的速度向前发展。由于新技术的应用，石油后备储量持续增长。钻井、采油工艺、炼油设备、油品储存和运输，都离不开管、罐、泵的设计与使用，这就涉及流体力学的许多方面。例如，利用流体力学知识分析流体在管道中的流动规律，压力、阻力、流速和流量的关系，据此设计管径，校核管材强度，布置管道及确定泵的大小和类型，设计泵的安装位置等；利用流体力学原理分析、校核油罐或其他介质容器的结构强度，估算容器、油槽车、油罐的装卸时间，解释气蚀、水击等现象，以及了解计量用的水力仪表的原理等。当输送"三高"（高含蜡、高黏度、高凝点）原油、增黏剂或降黏剂及某些化工产品时，涉及非牛顿流体的力学原理。因此，从事石油工艺技术工作的人员必须具备流体力学的知识。

三、流体的压缩性、体积弹性模量

流体都是可压缩的。液体的压缩性很小，在大多数场合认为是不可压缩的；气体的压缩性比液体强得多，一般认为是可压缩的。如果压力变化很小，温度变化也很小，则气体可近似认为是不可压缩的。

1. 压缩性

在温度不变的条件下，流体在压力作用下体积缩小的性质称为压缩性。压缩性用体积压缩系数 β 表示，β 代表压力增大 1 Pa 时对应体积的变化量，即

$$\beta = -\frac{1}{\Delta p} \cdot \frac{\Delta V}{V_0}$$

式中：ΔV——体积改变量，m^3；

V_0——原有体积，m^3；

Δp——压力改变量，Pa；

β——体积压缩系数，Pa^{-1}。

2. 体积弹性模量

体积弹性模量是体积压缩系数 β 的倒数，用字母 K 表示，即

$$K = \frac{1}{\beta} = -\frac{\Delta p}{\Delta V} V_0$$

四、压力

流体垂直作用于单位面积上的力,称为流体的静压强,习惯上又称压力。

1. 压力单位

在国际单位制(SI)中,压力的单位为 N/m^2,称为帕斯卡(Pa),帕斯卡与其他压力单位之间的换算关系为

$$1 \text{ atm}(标准大气压) = 1.033 \text{ at}(工程大气压)$$
$$= 1.013 \times 10^5 \text{ Pa}(帕斯卡)$$
$$= 760 \text{ mmHg}(毫米汞柱)$$
$$\approx 10.336 \text{ mH}_2\text{O}(米水柱)$$
$$1 \text{ MPa} = 1\,000 \text{ kPa} = 1 \times 10^6 \text{ Pa}$$

2. 压力的表示方法

(1)绝对压力

绝对压力是指以绝对真空为基准测得的压力。

(2)相对压力(表压或真空度)

相对压力是指以大气压为基准测得的压力。

$$表压 = 绝对压力 - 大气压$$
$$真空度 = 大气压 - 绝对压力$$

注:压力表上显示的压力都是表压或真空度(负压)。

压力关系如图 2-2-1 所示。

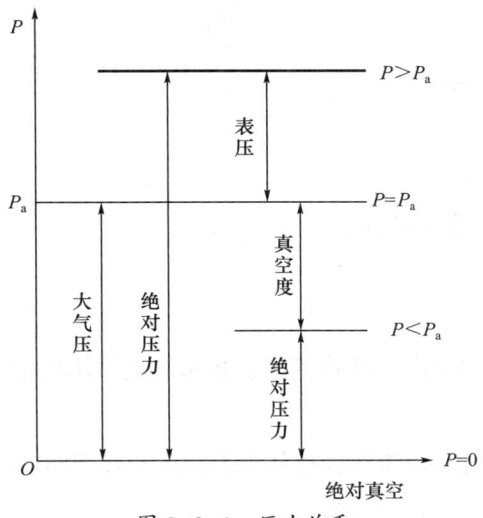

图 2-2-1 压力关系

3. 流体密度

流体密度是指单位体积流体具有的质量，即

$$\rho=\frac{m}{V}$$

式中：ρ——流体密度，kg/m³；

V——流体的体积，m³；

m——流体的质量，kg。

4. 流速

（1）经济流速

经济流速是指既满足生产需要（最慢流速），又不会因流速过快增加材料，造成浪费，综合考虑各种因素确定的流速。油品的经济流速一般由其黏度确定。例如，轻质油的经济流速一般为 1.5～4.0 m/s，重油则更慢些。

（2）安全流速

安全流速是指在该流速下，油品在管道中产生的静电不超过规定的最大允许值，因此安全流速又称最大允许流速。由于静电的危险程度受诸多因素影响，因此油品的安全流速不是绝对的。通常公称直径为 150 mm 的管道、铁路油罐车顶部浸没装油的安全流速应不超过 7 m/s，而汽车罐车浸没装油的安全流速应不超过 6 m/s。

（3）平均流速

平均流速是指单位时间内流体质点沿流动方向流经的距离。在实际中，管道流速常用平均流速 u 表示，即

$$u=\frac{4Q}{\pi d^2}$$

式中：u——平均流速，m/s；

d——管道内径，m；

Q——流量，m³/s；

π——圆周率，常取 $\pi=3.14$。

5. 流量

（1）体积流量

体积流量是指单位时间内流经管道任意截面的流体体积 Q（单位为 m³/s 或 m³/h）。

（2）质量流量

质量流量是指单位时间内流经管道任意截面的流体质量 G（单位为 kg/s 或 kg/h）。

体积流量与质量流量二者关系为

$$G=\rho Q$$

式中：G——质量流量，kg/s；
　　　ρ——流体密度，kg/m³；
　　　Q——体积流量，m³/s。

6. 黏性和黏度

（1）黏性

当流体流动时，流体内部存在内摩擦力，会阻碍流体的流动，流体的这种特性称为黏性。流体流动时才呈现黏性；静止时不呈现黏性。

（2）黏度

黏度是对流体黏性的量度，是衡量流体流动性的主要指标。黏度有以下3种表示形式。

1）绝对黏度（μ）。绝对黏度又称动力黏度，直接表示流体的内摩擦力大小。动力黏度μ的单位为Pa·s。

2）运动黏度（ν）。运动黏度是绝对黏度与流体密度之比，即

$$\nu = \frac{\mu}{\rho}$$

运动黏度ν的单位为m²/s。

3）相对黏度。相对黏度主要有恩氏黏度（°E）、赛氏黏度、雷氏黏度。

第三节 流体力学的重要结论

一、体积弹性模量与温度、压力的关系

油品的体积弹性模量（K）与温度、压力和混入的空气量有关。

一般规律是温度升高，体积弹性模量减小；压力增大，体积弹性模量增大；混入的空气量越大，体积弹性模量越小。

二、压力与流速的关系

在管道中稳定流动的特定油品，其压力与流速成反比，即流速加快，固定点的压

力减小；流速减慢，固定点的压力增大。这种特性常用于研究泵的气蚀、气阻，管道中流动油品水击现象等。

三、流量和流速的关系

在管道中的特定油品，其流量和流速成正比，即流速越快，流量也越大。

四、黏度与温度、压力的关系

对于特定油品，其温度升高，黏度减小，流动性增强；温度降低，黏度增大，流动性减弱。这种特性用于研究管道和油罐伴热。

油品的黏度随压力的增大而增大（低压时该特性表现不明显）。

五、黏度与流速、流量的关系

一般来说，特定油品的黏度越大，其流动性越弱，流速越慢，流量越小。通常通过提高油品温度来减小其黏度，进而增强油品的流动性，提高装卸效率。

六、阻力损失与各因素的关系

一般来说，输送油品管道越长，阻力损失越大；管道直径越大，阻力损失越小；油品流速越快，阻力损失越大；管道中阀件、管件越多，阻力损失越大。

在管道长度、直径、输送油品一定的情况下，流量增大，摩擦阻力相应增大。

在其他条件一定的情况下，油品黏度越大，阻力损失越大。

七、泵输出功率

用管道输送油品，以及供排水和消防系统，经常使用泵来提高输送能力，以达到规定的输送量和规定的输送高度。通过泵输送的流量称为排量。当管道与泵连接在一起时，泵的工作是将机械能传给液体，使液体本身的能量增加。单位质量液体所增加的机械能用 H 表示。它是一个液柱高度，称为泵扬程。

泵在单位时间内对通过的液体所做的功（或加给它的能量）称为泵输出功率，又称泵有效功率，用 $N_{泵}$ 表示。

八、管道中流动阻力产生的原因及分类

管道中流动阻力产生的原因是多方面的。由于管壁界面的限制，流体与管壁接触，流体质点与管壁间产生摩擦和撞击，消耗能量，形成流动阻力。因此，接触面积是影响流动阻力的一个因素。通常管子截面的周长称为湿周，用 χ 表示，湿周越长，流动阻力越大。仅靠湿周还不能全面地表明管径和形状对流动阻力的影响，管道截面面积也是影响流动阻力的一个重要因素。在大直径管道中，与管壁接触的流体所占全部流体的比例较小，因而流动阻力小；反之，在小直径的管道中，与管壁接触的流体占全

部流体的比例较大,因而流动阻力大。所以,在流体力学中,用管道截面面积 A 和湿周 χ 的比值来表示管道的几何形状对流动阻力的影响,称为水力半径,用 R 表示,即

$$R=\frac{A}{\chi}$$

常见圆管的水力半径为

$$R=\frac{\frac{\pi}{4}d^2}{\pi d}=\frac{d}{4}$$

水力半径越大,流动阻力越小;水力半径越小,流动阻力越大。

九、水击

水击是指压力瞬变过程,是管道中不稳定流引起的一种特殊现象。当某种原因引起管道中液体流速突然变化时,如开关阀门过快、突然断电停泵,就会引起管道中压力突然变化,造成水击。当急剧升降的压力波波前通过管道时,会产生一种声音,犹如用锤子敲击管道时发出的噪声,因此水击又称水锤。

如果管道很长,考虑管子的弹性和液体的压缩性,压力波通过充满液体的管道需要相当长的时间。由于压力波引起的压力可能大到使管子破裂,因此水击的影响不能忽视。如果管道很短,则压力瞬变同时传到全管流体质点,此时可以忽略管子的弹性和液体的压缩性。前者称为弹性理论,后者称为刚性液柱理论。刚性液柱理论已能够比较形象地描述压力波的传递过程;而弹性理论是在研究波速中进一步发展起来的,是近代水击理论的基础。

发生水击的物理原因主要是液体具有惯性和压缩性。

第三章 流体装卸储运设备

第一节 船用流体装卸臂

一、概述

国内流体装卸设备有橡胶软管和船用流体装卸臂2种。目前,大中型油品装卸码头都采用船用流体装卸臂进行油品装卸作业,它可以克服橡胶软管的缺点,如装卸效率低、使用寿命短、易泄漏和接管时劳动强度高等。

船用流体装卸臂(以下简称船用装卸臂)是油码头与油船管道系统间的连接设备,用于输送液体和气体石油产品,尺寸为DN100~DN600,设计温度范围为-196~250 ℃。根据输送介质种类和温度,其材质可以是碳钢、不锈钢或聚四氟乙烯(polytetrafluoroethylene,PTFE)。根据口径、负载,船用装卸臂可以采用手动操作或电液控制。在介质输送过程中,船舶可以在正常范围内漂移,船用装卸臂的管道可以随船舶移动。有的船用装卸臂装有范围监测系统,当船舶接合管漂移出正常工作范围时,可以提供声光报警;有的船用装卸臂可以配置双球阀紧急脱离接头,当出现锚链拉断、船舶从泊位漂离、失火、超载、暴风雨天气等危险情况时,船用装卸臂能与油船迅速脱离。装卸液化石油气或回收油气的船用装卸臂还装有油气回输管,有的船用装卸臂还可以配备伴热设施。

在一般情况下,船用装卸臂的允许工作压力为1 MPa。液化石油气船用装卸臂的最大压力可达 2.0～2.5 MPa。

二、船用装卸臂的主要组成

船用装卸臂主要由立柱，内臂，外臂，三向旋转接头，内、外臂配重等部分组成，是用于槽船装卸介质的设备。

真空破坏器安装在三向旋转接头或上部旋转接头附近，是由阀盘、阀体、弹簧等组成的单向阀。当船用装卸臂停止输送介质时，残留在三向旋转接头和外臂内的介质通过重力向下流动，船用装卸臂内形成真空，真空破坏器在大气压的作用下打开，残留介质向下流入槽船，船用装卸臂管内外压力平衡后，在弹簧力的作用下阀盘回到原位自动关闭。

船用装卸臂的驱动方式分为手动和液压驱动 2 种，配重形式分为双平衡式和旋转平衡式。船用装卸臂未与油船对接时，内外臂在所有位置上须处于平衡状态。

1. 手动船用装卸臂的结构

（1）手动船用装卸臂的种类

手动船用装卸臂分为手动连杆式船用装卸臂（见图 3-1-1）、手动双平衡式船用装卸臂（见图 3-1-2）、手动旋转平衡式船用装卸臂、手动双配重平衡式船用装卸臂、手动梁式配重平衡式船用装卸臂等。

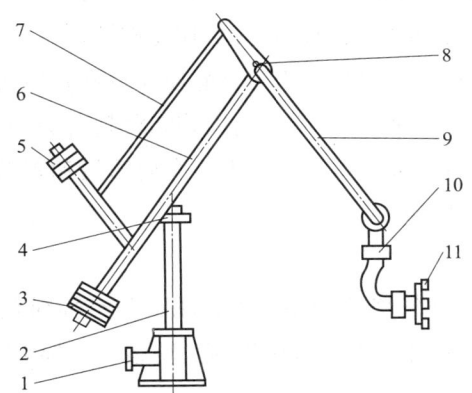

图 3-1-1 手动连杆式船用装卸臂的结构
1—入口法兰 2—立柱 3—内臂配重 4—中间旋转接头
5—外臂配重 6—内臂 7—连杆 8—真空破坏器
9—外臂 10—三向旋转接头 11—快速连接器

（2）可选配附件

可选配的手动船用装卸臂附件有真空断路器、吹扫系统、绝缘法兰、手动快速接头、可调支腿、截止阀、限位系统、排空系统、安全梯。

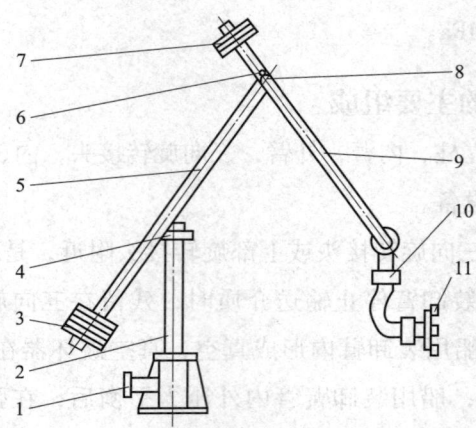

图 3-1-2 手动双平衡式船用装卸臂的结构
1—入口法兰 2—立柱 3—内臂配重 4—中间旋转接头 5—内臂
6—真空破坏器 7—外臂配重 8—上部旋转接头 9—外臂
10—三向旋转接头 11—快速连接器

2. 液压船用装卸臂的结构

液压船用装卸臂的结构与主要部件如图 3-1-3 所示。

（1）立柱

立柱是用地脚螺栓连接在现场基座上的船用装卸臂主要支承件，底部以法兰接口与码头管道相接。立柱顶部通过回转支承与转轴箱相连，回转支承转动使船用装卸臂左右旋转。通常，立柱有自支承式和独立支承式 2 种结构。

1）自支承式。管道系统除承受内压力、介质质量和管道自重外，还要承受船用装卸臂自重和全部外载荷，同时作为介质从船用装卸臂到码头侧管道的通道。

2）独立支承式。管道系统仅承受内压力、介质质量和管道自重，并且这些质量通过分散的支点向支承系统传递。

（2）内臂

内臂通过内臂支承与立柱顶部相连，内臂顶部与空辐绳轮相连，空辐绳轮旋转驱动外臂张开、回收。内臂底部与配重系统连接。空辐、实辐绳轮通过传动钢丝绳连接，平衡外臂力矩。

（3）外臂

外臂上端与空辐绳轮相连，下端与三向旋转接头相连。外臂的运动依靠外臂驱动装置实现，使其能够顺利与槽船集管法兰对接。

（4）旋转接头

旋转接头由 1~3 个旋转部件组成，可使其他部件进行有关动作。每种形式的旋转接头由弯头和旋转部件的数量和取向决定。根据所装卸货物的物理特性和化学特性，确定各种旋转接头的密封圈。

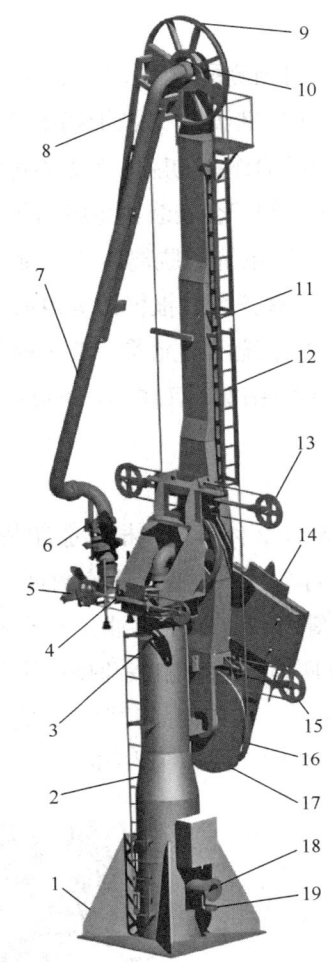

图 3-1-3 液压船用装卸臂的结构
1—基座 2—立柱 3—水平驱动装置 4—可拆卸弯头 5—三向旋转接头 6—紧急脱离装置
7—外臂 8—外臂支承 9—空辐绳轮 10—上部旋转接头 11—内臂
12—内臂支承 13—内臂驱动装置 14—配重 15—外臂驱动装置
16—实辐绳轮 17—锁紧装置 18—连接法兰 19—排放接口

（5）平衡器

平衡器是用于平衡船用装卸臂外臂转动力矩的部件。

（6）锁紧装置

锁紧装置用于将船用装卸臂锁紧在静止（收容）位置。

（7）液压驱动系统

液压驱动系统主要由液压缸驱动机构、液压总站、液压分站、控制柜、按钮箱、液压管线、电气控制线等组成，为船用装卸臂整体旋转、内臂升降、外臂升降3种动作提供动力。

(8)紧急脱离系统

靠泊作业的船舶因风浪或不可预测的原因(失火等)漂离正常工作范围时,船用装卸臂可伸展一定的距离,当超过伸展距离时,拉扯船用装卸臂。严重时会使船用装卸臂倒塌,造成严重的事故。为了使靠泊作业的船舶在漂离正常工作范围时,能及时地与船用装卸臂迅速地脱离,通常船用装卸臂会安装紧急脱离系统,如图3-1-4所示。紧急脱离系统主要由报警系统、液压控制系统和脱离装置三部分组成。

1)报警系统。报警系统由行程开关、报警器等组成。

2)液压控制系统。液压控制系统由蓄能器、液压控制阀、液压缸等组成。

3)脱离装置。脱离装置由切断阀(双球阀,double ball valve,DBV)夹紧装置、压杆机构等组成。

(9)快速接头

快速接头分为手动和液压驱动2种形式,根据船舶装卸接口法兰的标准进行设计,并确保适合厚度在一定范围内的法兰。快速接头密封面上配有O形密封圈,根据装卸油品,采用聚四氟乙烯、橡胶等材料。对于重油,一般采用耐油橡胶材质。快速接头配有3~6个卡爪,可轻松、方便地抓紧船舶装卸接口法兰,并且每个卡爪对法兰的压力基本相等。接头处配装盲板法兰,装卸油品时取下,完成操作后,再装回,确保密封面完好,不使其暴露在雨水和灰尘中。快速接头如图3-1-5所示。

图3-1-4 船用装卸臂紧急脱离系统

图3-1-5 快速接头

(10)电气控制装置

电气控制装置包括可编程逻辑控制器(programmable logic controller,PLC)控制系统、遥控系统、限位报警装置等,实现对船用装卸臂的操控。

(11)可调支腿

可调支腿尽量安装在靠近三维接头上部旋转轴轴线处,以减小对船舶歧管的压应力。可调支腿可以满足船舶装卸接口法兰到甲板高度的要求。

三、船用装卸臂的特点

1. 结构设计

船用装卸臂通常设计为独立支承结构,采用与旋转接头同轴回转的大直径回转支承,能够承担结构载荷、风载荷和弯矩。这种设计使得船用装卸臂在操作过程中更加稳定和安全。

2. 旋转接头

船用装卸臂使用具有转动灵活、密封性好、能适应较为恶劣环境等多种特点的旋转接头与管道对接。这种旋转接头能够确保在装卸过程中,介质能够顺畅地输送,同时防止泄漏。

3. 操作方式

根据口径、型号和负载,船用装卸臂可以采用手动操作或电液控制。电液控制型船用装卸臂通过电液控制箱进行操作,配备移动式遥控器,作业人员在码头和槽船上就可以方便地控制船用装卸臂的运动。

4. 智能化程度

随着科技的发展,船用装卸臂的智能化程度也在不断提高。例如,山东港口某公司自主研发的全国首台进口装卸臂对接系统设备,实现船用装卸臂对接自动化,通过一键对接、一键回收,作业效率提升30%以上。单台进口装卸臂对接系统设备由原来的2~3人现场操作优化为1人远程在线监测,极大消除了危险作业带来的安全隐患。进口装卸臂对接系统设备还具备紧急停止功能,实现对现场突发情况的快速处置,降低作业风险。

5. 安全性

船用装卸臂在设计中充分考虑了安全性。例如,安装紧急脱离系统,可以在紧急情况下实现槽船与船用装卸臂快速脱离,从而避免事故的发生。此外,船用装卸臂还设置报警系统和范围监测系统,在槽船集船漂离正常工作范围时,可以提供声光报警。

6. 适应性

船用装卸臂根据输送的介质种类和温度,可以使用碳钢、不锈钢或PTFE制造。这使得它能够满足不同的介质输送需求,并且具有较强的耐腐蚀性和耐高温性。

四、船用装卸臂的操作要点

1. 检查事项

(1)检查液压油液位是否在视窗上、下刻度线之间。

(2)油泵运行后,检查电动机、油泵有无异常响声。

(3)检查油缸、各类阀件、液压管线等部件有无泄漏现象。

(4)检查电控系统各指示灯是否显示正确。

（5）检查金属结构有无异常、地脚螺栓有无松动、钢丝绳紧固有无滑动。

2. 操作步骤

（1）将外臂伸出约30°，确认外臂内无介质。

（2）将快速连接器调整到槽船集管法兰处，打开底部排空阀，排空船用装卸臂内压力及介质。

（3）松开快速连接器，取下快速接头盲板，并检查快速接头密封面、密封圈是否完好。

（4）缓慢调整快速连接器与船舶装卸接口法兰对接，对正贴合后锁紧快速连接器。

（5）调整三向旋转接头处的可调支腿到合适位置，使可调支腿与船舶受力点压紧。

3. 注意事项

（1）严禁用快速接头盲板做压力试验。

（2）船用装卸臂作业期间，船用装卸臂内、外臂行走路线及正下方严禁站人。

（3）船用装卸臂作业期间，严禁关闭控制盘电源。

（4）船用装卸臂与船舶装卸接口法兰对接时，严禁锤击，严禁将手放置在船舶装卸接口法兰等对接接触面上。对接结束后，确认船用装卸臂处于浮动状态。

（5）船用装卸臂作业期间，作业人员不得少于2人。

（6）船用装卸臂作业期间，严禁对系统进行任何操作。

（7）船用装卸臂与船舶装卸接口法兰对接前，必须接好接地线，测试接地电阻≤4Ω。

（8）船用装卸臂暂停作业后，在恢复作业前，需要全面检查船用装卸臂，并做好记录。

（9）开始作业时，必须对船用装卸臂与船舶装卸接口法兰连接处进行监测。正常作业后，对船用装卸臂1 h检查1次（重点是船用装卸臂快速接头与船舶装卸接口法兰连接处），并做好记录。

（10）实测风力大于15 m/s时，须停止作业。预计中止作业超过4 h，要将船用装卸臂收回。

（11）船用装卸臂液压控制系统的油温不得超过产品设计温度。

（12）船用装卸臂严禁振动运行。

五、船用装卸臂常见故障及排除方法

船用装卸臂常见故障及排除方法见表3-1-1。

表3-1-1 船用装卸臂常见故障及排除方法

序号	故障现象	故障原因	排除方法
1	内外臂失衡	船用装卸臂内存有介质	确保扫线干净，不存介质
		配重不正确	调整配重、调整钢丝绳，定期进行平衡测试

续表

序号	故障现象	故障原因	排除方法
2	各旋转弯头旋转不灵活,密封处渗漏	滑道内润滑不良,钢珠锈蚀	清理滑道,加注润滑油,更换钢珠
		密封圈损坏	更换密封圈
3	液压管渗漏	液压管接头松动	紧固液压管接头
		液压管破损	更换液压管
4	快速接头卡爪不同步或不动作	液压油路堵塞	清理液压油路
		液压马达损坏	更换液压马达
		卡爪内机构卡阻或损坏	拆修卡爪
5	无动作	电气接线故障	检查电气线路,有无接错或接头接触不良
		泵站油箱中油量不足	检查油面高度,补充油量至规定值
		油压不足	调整主控阀,以提高油压
		滤油器堵塞	检查、清洗或更换滤油器
6	遥控操作不灵	遥控器无电	更换遥控器电池
		发射或接收故障	检查维修发射器或接收器,检查或更换天线

第二节 陆用流体装卸臂

一、概述

陆用流体装卸臂又称装卸油鹤管。作业时一般通过手动操作或液压传动,使陆用流体装卸臂伸入罐车或使卸油臂接口与罐车下卸接口相连。因此,为了降低劳动强度和缩短启动时间,且满足工艺需要,陆用流体装卸臂和卸油臂应具有操作灵活、密封性好、可靠耐用、有效工作半径大等特点。本节主要介绍一种汽车顶部锁紧式密闭装车鹤管。

二、汽车顶部锁紧式密闭装车鹤管

1. 组成

汽车顶部锁紧式密闭装车鹤管由鹤管液相接口、鹤管气相接口、鹤管内臂、鹤管外臂、垂直管连接件、气动锁紧式密封装置等组成，如图 3-2-1 所示。它是安装在罐口内部并将整个罐口夹紧从而实现密封的新一代陆用油品装卸设备。它的突出优点是密封严实可靠、质量轻、操作轻松简单、易损件少、使用寿命长，能适应各类罐车。对不同尺寸、不同颈深的罐口都可进行整体密封，从根本上解决了在罐车装卸油品过程中无法保持良好密封性的难题，是传统锥形密封帽、气囊式密封帽和布袋式密封帽的升级换代产品。

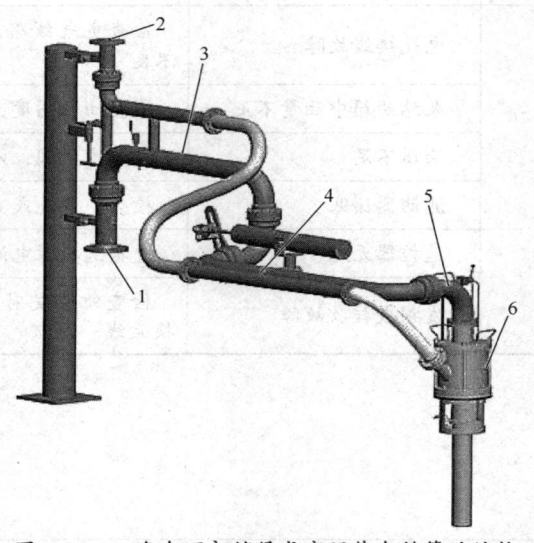

图 3-2-1　汽车顶部锁紧式密闭装车鹤管的结构
1—鹤管液相接口　2—鹤管气相接口　3—鹤管内臂　4—鹤管外臂
5—垂直管连接件　6—气动锁紧式密封装置

2. 气动锁紧式密封装置工作原理

气动锁紧式密封装置用在汽车顶部锁紧式密闭装车鹤管付油过程中。气缸驱动其自身锁紧机构使橡胶密封圈与罐口夹紧密封，并保证在付油过程中紧密贴合，达到将气动锁紧式密封装置与罐口紧密结合为一个整体的效果。避免油气压力、罐车沉降、罐口不规范等外部因素导致气动锁紧式密封装置脱离罐口，从而实现真正意义上的密闭装车。

3. 气动锁紧式密封装置结构及功能

气动锁紧式密封装置的结构如图 3-2-2 所示，主要包括手动转阀、密封装置液相法兰接口、密封装置气相法兰接口、中空型气缸活塞杆、双过料压紧气缸、橡胶密封圈、锁紧机构、密封筒体、垂直管，以下主要介绍锁紧机构、双过料压紧气缸、密封筒体、橡胶密封圈。

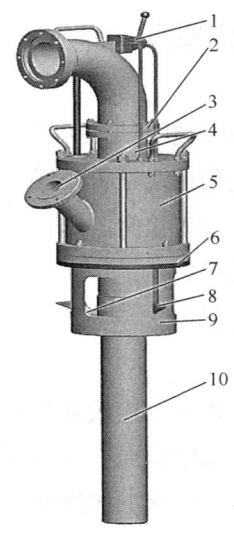

图 3-2-2　气动锁紧式密封装置的结构

1—手动转阀　2—密封装置液相法兰接口　3—密封装置气相法兰接口　4—中空型气缸活塞杆
5—双过料压紧气缸　6—橡胶密封圈　7—锁紧机构　8—锁舌　9—密封筒体　10—垂直管

（1）锁紧机构。锁紧机构随垂直管伸入罐口，双过料压紧气缸驱动其在密封筒体的导向槽上实现展开与收拢的动作过程。锁紧机构展开，将橡胶密封圈与罐口上部压紧，两者相互夹紧实现对罐口的密封；锁紧机构收拢，夹紧力消失，锁紧机构脱离罐口内壁。锁舌是锁紧机构的核心部件，材质为铝青铜，硬度高，铸件硬度≥25 HRC。锁舌作用：一是防止锁紧机构将罐车人孔盖夹紧时，相互接触产生火花或静电；二是提高表面硬度，延长使用寿命。

（2）双过料压紧气缸。双过料压紧气缸既是气动锁紧式密封装置的驱动机构，可以实现鹤管与罐口的自动压紧密封、极大地降低作业人员劳动强度；又可以实现油品、油气、压缩空气双向分离过料，提高油气收集比例。双过料压紧气缸与标准气缸相比，突出的特点：一是将气缸活塞杆做成中空结构，相当于垂直管，油品从中流入罐车；二是将驱动气缸与外层套管集成一体，由外层套管收集罐内挥发油气，经气相回气管道输送到指定地点。其结构紧凑，极大减轻了自重，解决了罐口周围空间狭小的问题。

（3）密封筒体。密封筒体由铝合金材料制成，主要设置防溢流探头安装槽、锁舌导向槽、油气过流口等结构。密封筒体的作用：一是方便气动锁紧式密封装置与罐口对位，二是可以保护防溢流探头、锁紧机构等组件。

（4）橡胶密封圈。橡胶密封圈为特制复合橡胶，按照装卸介质的相容性要求，选择不同材质的橡胶密封圈，并填充植物纤维以增强耐撕扯性，添加石墨等导电材料以达到导静电的效果。在橡胶密封圈内部镶嵌钢骨架，钢骨架上焊接螺钉，使橡胶密封圈与密封筒体采用法兰连接的方式安装固定，方便更换维护。

三、陆用流体装卸臂的操作要点

1. 检查事项

（1）检查陆用流体装卸臂锁紧机构性能是否可靠，各紧固螺栓有无松动、滑扣现象。

（2）检查陆用流体装卸臂静电跨接线是否完好。

（3）检查陆用流体装卸臂平衡是否正常。

（4）检查排空阀是否处于关闭状态。

（5）检查垂直管的伸缩性是否良好。

2. 操作步骤

（1）触摸静电消除器，插入车钥匙，连接罐车静电接地器，确认接地电阻正常。

（2）打开鹤管内臂锁紧机构（或定位绳）和鹤管外臂锁紧机构。

（3）将垂直管牵引至正对罐口，并摘下接油桶。

（4）拉下鹤管外臂，将垂直管全部插入罐口。

（5）确认锁舌处于收拢状态，即锁舌处于密封筒体内部。将垂直管对位放置于罐口中，目测主动锁紧式密封装置的橡胶密封圈与罐口四周密封面尺寸适合，橡胶密封圈贴紧罐口内壁、高度距离罐口 1 cm 范围内，尽量平整接触。将操作手柄转到"关"的位置，这时垂直管上升，锁舌展开，主动锁紧式密封装置处于锁紧密封状态，有固定链条的应拴牢固。

（6）罐车装满油后，静置 2 min，打开排空阀，排尽陆用流体装卸臂内介质。

（7）打开锁紧机构，提起垂直管，关闭排空阀。

（8）付油结束时，将操作手柄转到"开"的位置，这时垂直管下降，锁舌收拢，主动锁紧式密封装置锁紧解除。主动锁紧式密封装置（垂直管可提离罐口，收回陆用流体装卸臂）在非作业期间，锁舌应收回密封筒体内，并将操作手柄转到"开"或"停"的位置，防止碰撞。

（9）收回罐车静电接地器，取出车钥匙。

3. 注意事项

（1）严禁随意调整陆用流体装卸臂平衡装置，确保平衡装置紧固螺栓牢固。

（2）操作时，应均匀用力，不得把平衡装置和锁紧机构当成作用力位置。

（3）在操作过程中，鹤管外臂上仰角不超过 45°，下俯角不超过 30°。

（4）在装卸油过程中，应检查鹤管外臂锁紧是否牢固，旋转接头密封是否完好。

（5）锁紧机构所需仪表的设计风压为 0.4 MPa，且锁舌的移动速度不宜过快或过慢，可以通过调节调速阀改变锁舌的移动速度。

（6）主动锁紧式密封装置中气缸部分为核心部件之一，切勿碰撞中空型气缸活塞杆，若有损伤，将严重影响气动锁紧式密封装置的密封性，并需定期为气动三联件中的油雾器加油。

（7）作业时，垂直管底部距罐底应小于 200 mm。

（8）若防溢液位探头触油，应使用煤油进行擦拭。

（9）罐车装满油后需静置 2 min 以上，才可进行陆用流体装卸臂回收等操作。

四、陆用流体装卸臂常见故障及排除方法

陆用流体装卸臂常见故障及见表 3-2-1。

表 3-2-1　陆用流体装卸臂常见故障及排除方法

序号	故障现象	故障原因	排除方法
1	管道漏油	管道碰撞后损坏	拆卸焊接管道
2	万向节渗油	万向节螺栓松动	紧固万向节螺栓
		万向节密封件损坏	更换万向节密封件
3	万向节不灵活	万向节轴承损坏	更换万向节轴承
		万向节压缩弹簧断裂	更换万向节压缩弹簧
		万向节密封件磨损严重	更换万向节密封件
4	陆用流体装卸臂过轻或过重	平衡器弹簧松动	紧固平衡器弹簧
5	法兰渗漏	螺栓松动	紧固螺栓
		垫片损坏	更换垫片
6	放气阀渗漏	放气阀损坏	更换放气阀

第三节　登船梯

一、概述

登船梯是现代大型化工品油船在停靠码头作业过程中，人员安全顺利上下船舶的

装置。为加速船舶装卸作业和确保人员上下船舶的安全,以登船梯取代船舶舷梯是必然的选择。登船梯与船用装卸臂相继成为现代大型化工品油船码头不可缺少的大型作业装置。

二、登船梯的主要组成

登船梯主要分为塔架式登船梯和立柱式登船梯。这两种登船梯的设计各具特色,分别如图 3-3-1 和图 3-3-2 所示,它们共同为船舶的安全、人员便捷上下提供强有力的支持。

在国内市场上,各大公司生产的塔架式登船梯虽各有千秋,但主要组成部分大同小异。本书以连云港远洋流体装卸设备有限公司生产的 BL4 型塔架式登船梯为例(见图 3-3-1),分析其主要组成。

图 3-3-1 塔架式登船梯

图 3-3-2 立柱式登船梯

BL4 型塔架式登船梯主要由塔架、行走梯、回转机构、升降机构、悬梯、液压控制系统、电气控制系统、安全保护装置及有关辅助结构组成。

1. 塔架

塔架是塔架式登船梯的主要支承件,为升降旋转平台提供轨道。在塔架内部设有静电接地装置,接地电阻满足相关规范要求。

2. 行走梯

行走梯是塔架内部的安全通道。栏杆高度不低于 1 050 mm,栏杆能承受 100 kg 的冲击力。踏板采用热镀锌钢格板制作,防滑、耐腐蚀性强。

3. 回转机构

装有悬梯的回转机构由回转支承、液压马达和旋转平台组成。液压马达(液压控制系统中具备浮动功能)驱动回转支承,实现 ±90° 回转功能。它回转灵活、平稳,能将悬梯收于码头内；设有回转锁定装置，在转动极限位置设有安全限位报警装置。

回转功能由回转驱动完成。回转驱动由液压马达、行星齿轮减速器、回转支承、小齿轮组成。液压马达为常开形式，搭接船舶后具有浮动功能，以满足船舶的漂移要求。回转角度为±90°。在停止使用塔架式登船梯时，回转机构可以将悬梯回转收于码头内，防止与行走船舶碰撞。

4．升降机构

升降机构是塔架式登船梯的重要部件，带动悬梯做升降运动。升降机构由减速器、防爆电动机、电液制动器、绳轮组、提升架、固定部件等组成，具有安全自锁功能及制动功能，设有起升高度限位装置。

5．悬梯

悬梯是旋转平台与船舶之间的安全通道，满足600 kg均布荷载要求。悬梯由主梯、前梯、三角梯组成。主梯主梁采用低合金材料制作，变幅机构采用两侧液压驱动。踏板为活动式的踏板，采用铝合金防滑板，有足够的强度，经阳极氧化处理增强其耐腐蚀性。前梯调位形式为双侧油缸调位。在三角梯底部安装加弹簧缓冲机构的万向轮，满足悬梯随船舶横向、纵向漂移不会损坏的要求。同时，使用万向轮隔绝塔架式登船梯和船舶杂散电流。在悬梯俯仰过程中，踏板始终保持水平，方便人员上下；主梯具有浮动功能，在一定范围内能补偿潮位变化和由载重变化引起的吃水变化。

6．液压控制系统

液压控制系统由液压总站、液压管线组成。液压控制系统向回转机构、俯仰机构及前梯、三角梯的调位机构提供液压动力源。液压总站设有手动泵，以备在突然停电时使用液压控制系统将悬梯收回。油管材料主要采用304不锈钢和高压橡胶。

前梯变幅、主梯俯仰分别由2个双作用液压驱动缸驱动。旋转平台回转由液压马达（具备浮动功能）驱动，使悬梯在设计范围的2个平面内运转，实现与船舶搭接；搭接后液压缸浮动时，主梯和旋转平台能够随船舶一起运动。液压控制系统保证提供良好的动力，液压总站配有耐震压力表和温度计，可及时对各部位液压元件的压力和油温进行测试；液压控制系统要进行试压运转，以检查回路的可靠性和耐压程度。

7．电气控制系统

电气控制系统是塔架式登船梯专用操作系统，采用PLC对塔架式登船梯的楼层灯、射灯，旋转平台上升、下降，主梯上仰、下俯，前梯上仰、下俯，超限位报警等进行控制，并在文本显示器上显示；主要实现塔架式登船梯驱动及控制运动范围的功能，快速顺利实现塔架式登船梯与船舶搭接。电气控制系统主要包括控制柜、PLC、不锈钢接线盒、报警信号灯、楼道照明灯、航空障碍灯、电缆等，具有内外控制电路检测功能。报警系统采用声光报警方式，所有报警信息都可以在信息显示屏上显示。控制柜为隔爆型。电气控制系统可分为以下三部分。

（1）旋转平台上升、下降控制部分

旋转平台上升、下降控制部分主要由防爆电动机、蜗轮蜗杆减速箱（具有自锁能力）、滚筒、防爆电力液压块式制动器、楼层限位行程开关组成。PLC的中断系统控制旋转平台上升、下降，可以自动比较目的楼层与现楼层，自动控制电动机正、反转，并通过楼层限位行程开关实现旋转平台定位控制。旋转平台选用二级齿轮蜗杆减速箱，利用蜗轮蜗杆的自锁性能，避免因自重而造成的偏差。

（2）梯子动作部分

梯子动作部分包括旋转平台左右转动，主梯和前梯上仰、下俯控制，由液压控制系统和电气控制系统组成。

液压控制系统是平台左右转动，主梯和前梯上仰、下俯的执行系统。液压控制系统充分考虑了在梯子的动作过程中和搭接船舶时外界因素和船舶的漂移对梯子的影响，对旋转平台和主梯设定驱动、浮动2种状态。通过PLC对液压控制系统中的电磁换向阀进行控制，从而实现液压缸对旋转平台和主梯、前梯的驱动。

在电气控制系统中，PLC对旋转平台和主梯进行驱动、浮动控制。梯子动作时，梯子处于驱动状态；梯子搭接船舶时，梯子处于浮动状态。这样可使梯子随船舶的漂移而上下浮动。在电气控制系统中，PLC还对限位开关进行监控，对超限位动作进行声光报警并在信息显示屏上显示。

（3）声光报警系统

声光报警系统由PLC及防爆声光报警器组成。声光报警系统对超限位进行报警，并具有报警试验和报警取消功能。

8. 安全保护装置

在主梯俯仰机构俯仰角度极限位置，设有限位开关、收拢锁定装置；在前梯变幅机构极限位置，设有限位开关；在回转机构回转极限位置，设有限位开关；对于液压控制系统和电气控制系统，按规定设有安全保护装置。

三、登船梯的操作要点

1. 检查事项

（1）检查遥控器电量是否充足。

（2）检查液压油液位是否在视窗上、下刻度之间，检查液压管线有无泄漏等异常现象。

（3）检查钢丝绳有无跳槽、断丝，线缆有无破损等异常现象。

（4）检查登船梯回转、俯仰包络线范围内有无障碍物。

（5）检查各部位金属结构有无变形，焊缝有无开裂。

（6）检查地脚螺栓及各部位连接螺栓有无松动。

（7）检查急停按钮是否复位。

2. 操作步骤

（1）接通电源。

（2）启动液压油泵，操作"主梯上升"按钮，将主梯仰起，挂好保险钩。

（3）根据需要，操作"平台上升""平台下降"按钮，将旋转平台操作至所需位置。

（4）操作主梯回转，使主梯转到合适位置。

（5）操作"保险钩升"按钮，升起保险钩。

（6）操作"主梯下降""前梯外伸""前梯内缩"按钮，调整、落下主梯，使三角梯平稳落在船舶甲板或码头平台上。

（7）登船梯放置操作时，将主梯及三角梯平稳放置在船舶甲板后，将液压控制系统状态切换至"浮动"，检查监控视窗浮动打开图标是否指示正确。

（8）登船梯收回操作时，在驱动状态下停止液压油泵运行，切断电源。

3. 注意事项

（1）操作时，必须两人配合，一人使用遥控器操作，站在控制柜附近，以便迅速处置突发状况；一人指挥，站在适当位置，以便观察主梯放置位置，防止登船梯旋转时碰到码头和船舶的设备、设施。

（2）进行升降、旋转操作时，必须将主梯用保险钩固定好。

（3）停机4 h以上，再次启动液压控制系统时，必须空载运行5～10 min。

（4）液压油温度不得超过60 ℃。

（5）在旋转平台升、降操作中，旋转平台、主梯及其下方严禁站人，不准人站立在登船梯回转半径内。

（6）主梯限载5人（均布荷载400 kg），严禁超载。

（7）在登船梯使用过程中，要经常观察、调整主梯的位置。

（8）登船梯收回旋转平台后，严禁将液压控制系统状态切换至"浮动"。

4. 应急处置

（1）在断电情况下，使用手动液压泵提供液压控制系统动力。

（2）在操作过程中，若出现异常振动、异常响声、失控等紧急情况，立即就近按下停止按钮。查明异常原因，并采取有效措施后，才能恢复操作。

四、登船梯常见故障及排除方法

登船梯常见故障及排除方法见表3-3-1。

表3-3-1 登船梯常见故障及排除方法

序号	故障现象	故障原因	排除方法
1	电动机不运转	电源不供电或断路器动作	检查供电线路，使断路器复位
		电源电压不符合要求	检查供电线路和电源
		电缆断路	检查电缆
		控制回路开路	检查控制回路，电缆是否断芯
		行程开关未复位	检查并重新设置行程开关
		电动机过载保护回路工作	检查电源相序，过热保护装置和热继电器
		电动机绕组烧毁	绝缘检查，维修或更换电动机
2	制动滞后	制动蹄磨损或间隙过大	更换或调整制动蹄
3	制动过紧	制动器制动间隙过小	调整制动间隙，使制动力矩为额定制动力矩的70%
4	有异响，噪声过大	传动机构间隙过大	检查、调整或更换传动机构
		仰俯机构联轴器防碰胶圈损坏	检查更换防碰胶圈
		升降机构联轴器防碰胶圈损坏	检查更换防碰胶圈
5	回转机构不动作	液压油液位过低	检查液压油液位，若低于建议液位，则加注液压油
		液压缸密封圈泄漏	检查液压缸密封情况，视需更换密封圈
		活塞杆黏合	泄压、卸载，用手驱动活塞杆自由动作；若活塞杆弯曲应更换
		行程开关未复位	检查并重新设置行程开关
		安全锁销未拔出	检查拔出安全锁销
6	停止按钮失灵，登船梯不能停止	停止按钮未复位	立即关闭总电源停止运行，请专业人员检修
		控制线路断路	

续表

序号	故障现象	故障原因	排除方法
7	悬梯自由摆动	悬梯未上锁或锁按钮失灵	停止操作,启动油泵,悬梯上锁
8	电缆跳槽	风大,电缆脱离轨道	加强监护,小心操作
		动滑轮不转动	人工振动动滑轮,加强日常润滑

第四节 脱缆钩

一、概述

脱缆钩常安装在码头上,主要用于船舶的绞缆、系缆和脱缆操作。脱缆钩以快速带缆、迅速脱缆及自动化程度高等优点,已完全替代了老式系船柱,它可进一步提高操作的安全性和降低劳动强度,因此成为国内外现代化码头的必备设备。

二、脱缆钩的主要组成

脱缆钩主要由绞缆机构和脱缆机构两部分组成,主要有以下功能。

1. 自动绞缆

绞缆机构能自动将缆绳拖上岸,原来由两三个人才能完成的繁重工作,现在一个人就能轻松完成。

2. 带缆安全可靠

在带缆工况下,锁定机构处于自锁状态,外力无法将缆绳从缆钩中拉出,船舶系泊安全可靠。

3. 解缆迅速

解缆时,作业人员扳动操作手柄打开锁定机构,系泊缆绳迅速脱钩解缆。当码头或船舶发生火灾等紧急情况时,操作解缆可使船舶迅速离开泊位,从而保证码头和船舶的安全,避免损失进一步扩大。

脱缆钩主要有单钩、二钩、三钩、四钩等,其中二钩和三钩的脱缆钩使用最广泛。图 3-4-1 为脱缆钩实物,图 3-4-2 为脱缆钩的结构。

图 3-4-1　脱缆钩实物

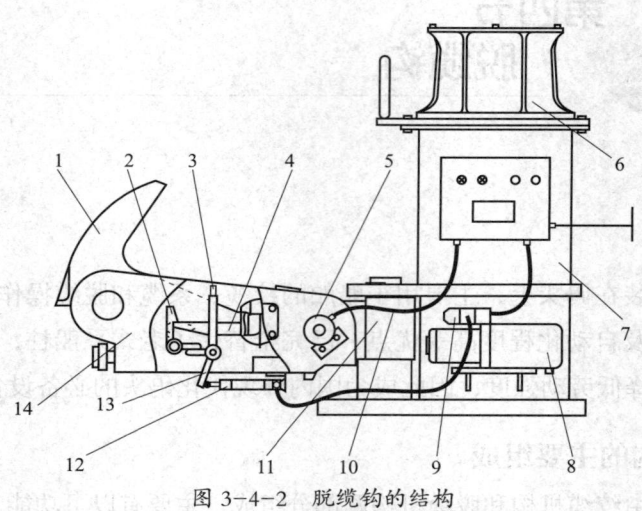

图 3-4-2　脱缆钩的结构

1—锚钩　2—挡块叉钩　3—手动扳杆　4—压钩挡块　5—应力感应销　6—绞缆机构　7—机座
8—电液压控制单元　9—电磁控制阀　10—信号线　11—过渡连接件
12—液压缸执行机构　13—液压驱动杆　14—连接钩架

三、脱缆钩的技术特点与维护保养

1. 技术特点

（1）轻松快速实现绞缆、系缆、脱缆操作。

（2）在系缆工况下，锁定机构自锁，可手动/液动释放操纵杆。

（3）满载/空载时，锚钩都能快速脱缆。

（4）绞缆机构配置带制动器电动机。

（5）可装备锚钩销轴载荷监测系统。

2. 维护保养

（1）定期检查脱缆钩钩头，通常钩头润滑点需每个月润滑一次。

（2）定期检查每个脱缆钩的冲击块是否有裂痕和变形，必要时予以更换。

（3）绞盘底部轴承需定期涂抹润滑脂，通常每半年一次。

四、脱缆钩的操作要点

1. 检查事项

（1）检查地脚螺栓及各连接螺栓有无松动。

（2）检查、试验各控制按钮是否正常，检查转动部位有无异常响声、卡阻等异常现象。

（3）检查整体结构及各部件有无变形、开焊、破损；检查锚钩是否复位，手动扳杆是否活动自如。

（4）检查齿轮箱齿轮油液位是否在视窗范围内。

2. 操作步骤

（1）接通电源，根据需要，选择"正转"或"反转"，再选择"快速"或"慢速"进行绞缆操作。

（2）绞缆须两人配合，一人绞缆，一人控制旋钮。控制旋钮人员要注意缆绳的状态，及时启动、停止绞盘的转动，防止缆绳受力过大断裂伤人。

（3）绞钢缆绳时，一次只准绞一根，引缆直径不得小于 20 mm（绞其他缆绳时，引缆直径不得小于 15 mm）；绞尼龙缆绳时，一次不得超过两根。

（4）缆绳上岸后，禁止用脚踩踏缆绳进行临时固定，一人用绳索（溜缆绳）规范缠绕固定，其他人将缆绳头扣套入锚钩（或系缆桩），确认引缆扣解开后，再将临时固定绳松脱。

（5）使用完毕后，切断电源（带有应力监测系统的带缆机，为保证系统供电，此项可不操作）。

（6）脱缆时，将脱缆钩一侧套入操纵杆，向绞盘方向扳动，即可脱开套在锚钩上的缆绳。

（7）脱缆后，应手动复位锚钩、手动扳杆。

3. 注意事项

（1）操作脱缆钩后，应擦净脱缆钩表面的水。

（2）正常操作时，"正转""反转"切换应在电动机停稳后。

（3）绞缆时，其他人员要离引缆 3 m 外，作业人员不得把手、脚放在绞盘上，不得与缆绳顺向站立。

（4）绞缆须与船舶配合，需松缆时，应切换至"反转"，严禁手动松缆。

（5）冬季操作脱缆钩时，应提前空载运行 2～3 min。

（6）在脱缆作业时，作业人员应站在钩头外侧，严禁站在锚钩上方及周围区域。

（7）在系缆桩上系缆时，缆绳头扣不允许相互堆叠，必须按带缆顺序上下摆放。

（8）在脱缆钩上系缆时，提前观察缆绳出缆口，确认钩头的位置，避免出现交叉缆。

（9）严禁使用撇缆绳代替引缆。

（10）禁止使用"一键脱缆"功能脱缆。

4. 应急处置

（1）当引缆出现压缆情况时，须立即停止绞缆操作。

（2）当引缆受力过大，绞缆作业人员用手拖拽不住时，须及时告知相关作业人员放手，防止造成人身伤害。

（3）若在使用过程中出现断电、故障停机等情况，绞缆作业人员须立即通知其他靠泊作业人员做好安全防范，采取人力带缆或用临近脱缆钩进行绞缆作业。

五、脱缆钩常见故障及排除方法

脱缆钩常见故障及排除方法见表 3-4-1。

表 3-4-1　脱缆钩常见故障及排除方法

序号	故障现象	故障原因	排除方法
1	脱缆钩无动作	电气线路故障	检查电气线路，有无接错或接头接触不良
		保护开关动作	检查、复位保护开关
2	缆绳自动脱落	锚钩未复位	检查、复位锚钩
3	锚钩不能自由开启或关闭	锚钩组件锈蚀或油漆过多	检查、润滑锚钩组件
4	脱缆钩无制动	电磁抱闸损坏	拆检、维修或更换电磁抱闸
5	手动扳杆操作不灵敏	手动扳杆锈蚀	检查、润滑手动扳杆
		弹簧损坏	更换弹簧

第五节　油罐

一、概述

油罐又称储罐，是用于储存油品且具有规则形体的大型容器。它是油库的核心设备，一般占油库总投资的 40%～60%，是油库总平面布置时首先考虑的设备，也是油库安全保护的重点对象。油罐的总容量是衡量油库规模的主要参数。

二、油罐的类型

1. 常用油罐分类方法

油罐的分类尚无统一规定，常按照安装位置、建筑材料、几何形状、护体结构进行分类，其中按照几何形状分类较多。油罐分类如图 3-5-1 所示。

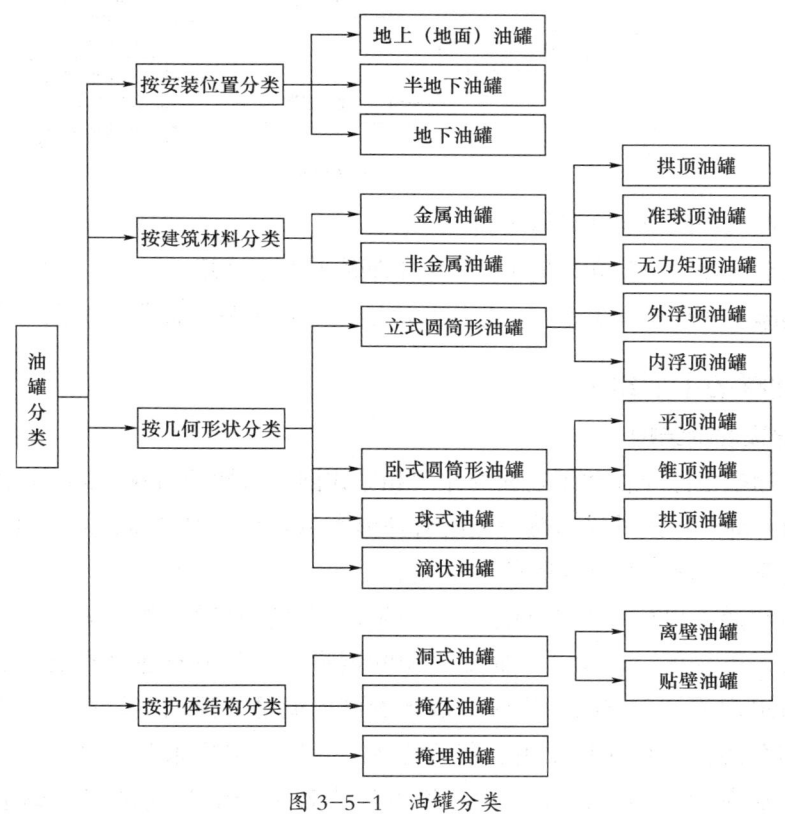

图 3-5-1　油罐分类

2. 地下油罐分类方法

地下油罐类型较多，目前国内没有统一分类方法，一般按照罐顶覆盖层的厚度及开挖的方法可分为洞罐和掩体罐两大类。洞罐按照储油原理或储油方式分为多种，掩体罐按照掩体方式又分为两种，如图 3-5-2 所示。

3. 油罐其他分类方法

（1）按照储油品种分类

油罐按照储油品种可分为原油罐、成品油罐、轻质油罐、黏油（附油）罐（又称汽油罐）、柴油罐等。

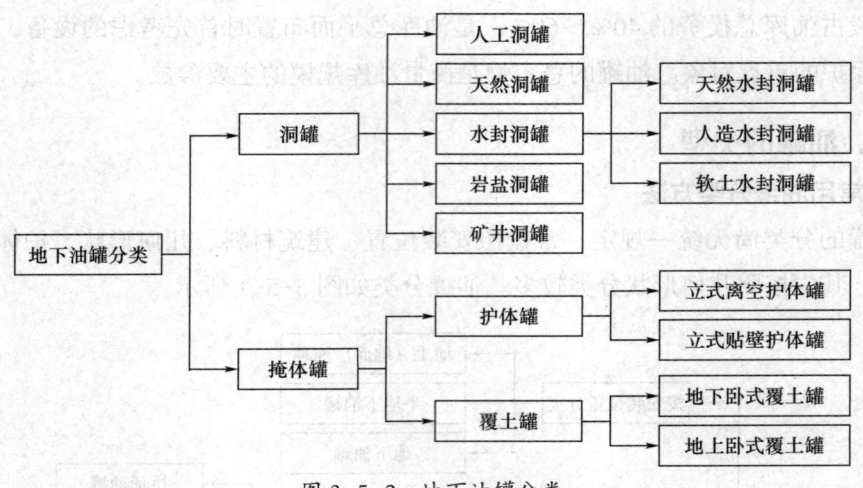

图 3-5-2 地下油罐分类

（2）按照所处的位置和环境分类

油罐按照所处的位置和环境可分为陆上油罐和海上油罐。

海上油罐有 3 种基本类型：一是浮式油罐，二是半潜式油罐，三是固定式油罐。

三、油罐的主要组成

1. 外浮顶油罐结构

外浮顶油罐由漂浮在油品表面的浮顶和立式圆柱形罐壁组成。浮顶随罐内油品储量的增减而升降。浮顶外缘与罐壁之间有环形密封装置，罐内油品始终被浮顶直接覆盖，可减少挥发。浮顶又分为单盘式和双盘式。

外浮顶油罐不仅可以减少油品蒸发损耗，而且特别适合作为大容积油罐。建造大容积油罐，不仅可以减少单位储油容积的钢材用量和节省建设投资，而且可以减小罐区的占地面积，节省油罐附件和罐区管网。但是外浮顶直接暴露于大气中，外浮顶油罐储存的油品容易被雨雪、灰尘等污染，所以多用来储存原油。双盘式浮顶由上、下两层圆形钢板，以及中间用隔板隔成若干个沿圆周排列的单个封闭舱组成，像船一样浮在油面上。为了排出雨水，其上层顶板做成向中心坡向，雨水由可折的排水管引至罐底排水孔排出。其下层顶板中心比周边略高，以便收集油蒸气。双盘式浮顶中间隔有一层空气，可起到很好的隔热作用，减少大气温度对油品的影响，但此结构钢材用量大，而且结构复杂。金属双盘式外浮顶油罐的结构如图 3-5-3 所示。

2. 内浮顶油罐结构

内浮顶油罐是在其内部轴中心线上安装一轴，按其剖面大小放置一个由特殊轻质材料制作的顶盖，它可以随内部油品的增多或减少而上下移动，从而起到限制作用的油罐。内浮顶油罐的结构如图 3-5-4 所示。

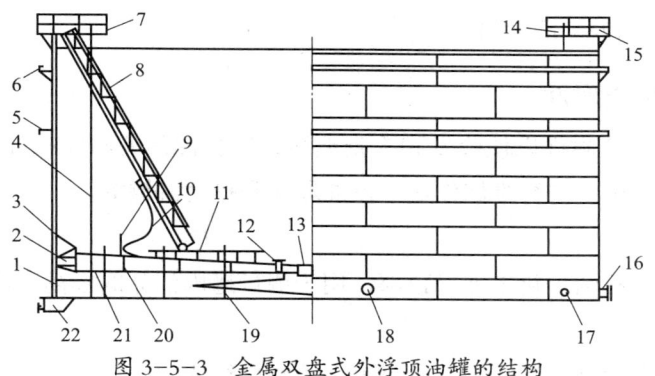

图 3-5-3　金属双盘式外浮顶油罐的结构

1—罐壁与罐底　2—浮顶一次密封装置　3—浮顶二次密封装置　4—量油管　5—加强圈　6—抗风圈
7—盘梯与平台　8—转动扶梯　9—泡沫挡板　10—静电导出装置　11—转动扶梯轨道
12—紧急排水装置　13—浮顶集水坑　14—导向管　15—导向管平台　16—罐壁人孔
17—浮顶排水装置　18—罐壁接管开口　19—浮顶立柱　20—环向隔板
21—浮顶　22—带放水管排污孔

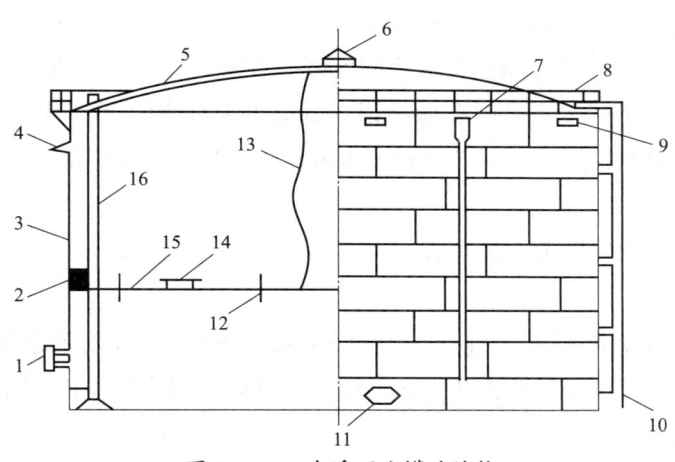

图 3-5-4　内浮顶油罐的结构

1—带芯人孔　2—软密封　3—罐壁　4—高液位报警器　5—固定罐顶　6—罐顶通气孔
7—泡沫消防装置　8—罐顶人孔　9—罐壁通气孔　10—液位计　11—罐壁人孔
12—浮盘立柱　13—静电导出线　14—浮盘人孔　15—内浮盘　16—量油管

（1）内浮顶油罐的优点

内浮顶油罐的内浮盘浮在油面上，使得油品没有蒸发空间，减少蒸发损失可达85%～90%；内浮盘阻隔空气与油品，在减少空气污染的同时可降低火灾发生的危险性；油面上没有气体空间，减少油品在输送过程中产生的振荡，防止罐内壁产生撞击或内压力变大，减轻罐顶和罐壁的腐蚀，延长油罐的使用寿命。

（2）内浮顶油罐的缺点

内浮顶油罐只适合存储液态油品（成品油、食用油、化工化学试剂、易挥发的液体等），不适合存储液固混合物。

四、油罐安全附件

油罐应安装安全附件以便收发和检查油品，减少油品的蒸发损耗，防止油品着火爆炸，保证油罐安全及进行维修作业，量油取样和排污洗罐等。

1. 量油孔

量油孔安装在石油、化工油罐顶部，用于测量罐内油品的标高、温度及取样等。

（1）组成

量油孔主要由阀体、旋转闩、密封盖、滚动栓组成。

（2）作用

量油孔是为了测量油面高低、取样、测温而设置的。每个油罐设有一个量油孔，直径为 150 mm，设在梯子附近，以利于操作。

2. 罐壁人孔

罐壁人孔位于油罐下部，承受很大的液体压力，为了防止渗漏，必须严格要求罐壁人孔的安装质量：法兰和盖板上有密封水线，在施工中要注意保护，以免在使用时发生渗油；每次拆下罐壁人孔时要做标记，以免再装时错位，影响密封性；安装盖板螺母时，要成对角均匀用力，以防盖板变形或用力不均而造成渗油。

（1）组成

罐壁人孔主要由短筒节（或短管）、法兰和带把手的盖板组成。

（2）作用

罐壁人孔设在底圈板上，直径一般为 50 cm 或 60 cm。在对油罐进行安装、清洗和维修时，作业人员可经罐壁人孔进出油罐，也可以利用罐壁人孔进行通风。

3. 罐内加热器

罐内加热器主要适用于重柴油、燃料油、润滑油、食用油脂、高凝点原油及寒冷地区需加热的油罐，以保持油品的流动性。按满足工艺要求的温度，罐内加热器分为局部加热器和蒸气排管加热器两种。

局部加热器是为了提高罐内油品的温度，缩短加热时间而设置在已有蒸气排管加热器的罐内油品出口处或小容量油罐内的装置。

蒸气排管加热器根据储存油品的加热需要，计算所需加热面积，将若干个单元排管进行不同的排列组合，从而实现罐内油品在泵及管道中顺畅流动。

（1）组成

罐内加热器主要由加热元件、安装支架、温度控制器组成。

（2）作用

罐内加热器的作用是防止油品凝固，减小油品在管道中输送的摩擦阻力，加快罐车和船舶装卸速度，使油品脱水和杂质沉降，加速油品调和并进行润滑油再生。

4. 罐壁通气孔

（1）组成

罐壁通气孔主要由孔体、防护网或格栅、连接件、密封材料组成。

（2）作用

罐壁通气孔是设置在浮顶油罐上部侧壁的孔，主要起通气作用，同时在事故状态下起到溢流作用。在油品液位超高和自动报警装置失灵时，罐壁通气孔可以起溢流作用。

5. 消防喷淋冷却装置

消防喷淋冷却装置是安装在油罐上的一种水冷却降温设备。在气温高或油罐发生火灾爆炸事故的时候，对油罐均匀地喷淋进行水冷却，降低油罐所吸收的辐射热，降低油罐内油品的温度。

（1）组成

消防喷淋冷却装置主要由环管、立管、法兰、喷头、过滤器、紧固件、金属软管组成，用管箍固定在罐壁定位的支架上，向油罐以设定的角度喷射水幕或水雾，从而达到灭火和冷却的目的。消防喷淋冷却装置全部采用流体无缝钢管制造，制造完成后采用整体热镀锌，既有效提高了使用寿命（一般为15～20年），又降低了成本。

（2）作用

在油罐发生火灾事故后，消防喷淋冷却装置可以起到很好的降温、隔热作用。

6. 紧急排水装置

紧急排水装置设置在大型浮顶油罐的浮顶上。在一般情况下，积水由中央排水管排出油罐外。当中央排水管堵塞或漏油无法使用时，浮顶上的积水排不出去；当下暴雨时，中央排水管排水能力有限，无法及时排出积水。在以上两种情况下，易发生浮顶沉没事故。

（1）组成

紧急排水装置由过滤集水罩、密封系统、浮子、排水管和水封槽组成。

（2）作用

当积水超过浮顶承载设计阈值时，超载积水通过滤网流入紧急排水装置的排水管，利用水的冲击力，将浮子翻转，进入紧急排水状态，避免浮顶沉没事故的发生。当浮顶无水排出时，浮子在排水管内呈水平漂浮状态，将水封液面盖住，防止水分蒸发。紧急排水装置既能排除超载积水，又能防止油品倒溢，同时还具有减少水封水分损失和收集积水的功能，方便操作管理。

7. 浮球单向阀

浮球单向阀是大型浮顶油罐排水系统中重要的油罐安全附件,是浮顶紧急排水装置的专用阀门,广泛应用在油田、大型原油库及炼油厂的浮顶油罐上。

(1)组成

浮球单向阀主要由阀体、浮球、密封件、密封法兰盖组成(阀体上设有连接法兰,与排水管法兰连接)。阀体材质为铸钢,浮球为不锈钢空心球,阀座密封材料为丁腈橡胶等。

(2)作用

浮球单向阀安装在浮顶集水坑侧壁,与中央排水管相连。当有积水积聚在浮顶集水坑时,浮球单向阀自动打开,使积水流进中央排水管,将浮顶上面的积水排出。当浮顶出现浮动障碍时,为防止油罐内的油品经过中央排水管反流到罐顶,浮球在油罐内油品的浮力作用下会自动将浮球单向阀关闭,阻止油品外溢到罐顶。

8. 自动通气阀(呼吸阀)

自动通气阀是外浮顶油罐重要的油罐安全附件,主要防止浮盘在运行过程中形成超压或真空,从而被损坏。

(1)组成

自动通气阀主要由阀体、阀盖、支柱组成。

(2)作用

自动通气阀的阀体与浮盘焊接,支柱与阀盖焊接。支柱通过阀体内的定位阀套将阀盖支承在阀体上部,安装时是开启状态的,即阀盖顶板与阀体密封圈间距约为150 mm。浮盘上升时,阀盖自动落下,与阀体密封圈贴合;浮盘运行到罐底时,支柱先与罐底接触,将阀盖自动顶开,因此自动通气阀能有效避免浮盘内形成超压或真空。阀体采用铜衬环为密封口,阀盖与阀体之间采用软铜绞线为导静电线,阀体内部、阀套采用铜管为衬管,设计可以防雷击、导静电、使浮盘安全运行、保证生产。

9. 全天候阻火呼吸阀

全天候阻火呼吸阀集阻火器与呼吸阀为一体。它是石化油罐必备的新型油罐安全附件,其最大优点是阻火、呼吸性能好、质量轻、维修方便。全天候阻火呼吸阀适用于闪点低于28 ℃的甲类油品和闪点低于60 ℃的乙类油品,如汽油、煤油、柴油、原油、苯、甲苯、乙醇等油罐,在 −35~60 ℃的温度环境中可正常工作。

(1)组成

全天候阻火呼吸阀主要由阀盖、阀体、负压阀盘、阻火板、防雨帽、正压阀盘组成。

（2）作用

全天候阻火呼吸阀用于油罐及液体罐，以排除罐内的正压和负压气体，使罐内油品进出方便。若罐体上不装全天候阻火呼吸阀，罐内油品进出有一定的障碍，很可能出现罐体变形和振动。全天候阻火呼吸阀设计合理、结构简单、使用方便，是必备的油罐安全附件。火焰进入全天候阻火呼吸阀之后，经过很窄的通道被分割成许多单支细小火焰，火焰与全天候阻火呼吸阀金属板接触的面积逐渐增大，分割火焰的作用也逐渐显著。全天候阻火呼吸阀金属板吸收火焰热量，同时向外散发热量，所以，火焰尚未进入油罐就已熄灭，从而起到防火作用。

10. 泡沫发生器

常见的有 PC4 型、PC8 型、PC16 型、PC24 型 4 种型号泡沫发生器，其喷管组包括法兰、垫片、紧固件、喷管、弯头等。泡沫发生器应水平安装在罐壁上部，不宜安装在罐顶；安装时罩板朝下，不宜侧装；用于外浮顶油罐时，应安装在罐顶的泡沫导流罩上。在罐壁开孔时，应保证油罐上部有足够的空间，储存油品的油面要低于泡沫发生器进口，以免影响泡沫质量及泡沫形成。

（1）组成

泡沫发生器主要由壳体组、泡沫喷管组、导板组、密封玻璃和玻璃压圈、喷嘴、滤网、罩板组成。

（2）作用

油罐发生火灾时，泡沫发生器能够迅速产生大量泡沫，并将这些泡沫均匀地喷洒在油面上。这些泡沫能够有效隔离空气与油面，从而迅速扑灭火焰，防止火势进一步蔓延。

11. 清扫孔

清扫孔是为了清除罐底沉积物而设置的。它是一个上边带圆角的矩形孔，清扫孔的高、宽均不超过 1 200 mm，底边与罐底平齐。清扫孔多用于大型原油罐和重油罐。

12. 静电导出装置

静电导出装置有静电跨接线装置、伸缩式接地装置等。由于浮盘和罐壁之间多采用绝缘物密封，在进出油作业过程中，浮盘上会积聚大量静电荷，因此，在浮盘和罐壁之间需安装 2 根截面积不小于 25 mm^2 的软铜绞线或伸缩式接地装置，以导出积聚在浮盘上的静电荷。

（1）组成

静电跨接线主要由接地导线、线缆连接件、绝缘层或保护套辅助部件组成；伸缩式接地装置主要由编织导线、编带轮盘、安装底座、卷簧、固定端组成。

（2）作用

在油罐上安装静电导出装置能有效地将浮盘上因上下浮动产生的静电导出。

13. 重锤式刮蜡器

重锤式刮蜡器利用重锤与连杆的作用，将刮蜡板紧密地贴在罐壁上，并能随罐壁的凹凸变化而变化。与弹簧式刮蜡器相比，其推力永不消失，因此经久耐用，灵活可靠，刮蜡效果好。如果浮盘发生横向位移，重锤则会自动上移或下降，使浮盘回到油罐中心的位置，而刮蜡板始终紧贴在罐壁上。

（1）组成

重锤式刮蜡器主要由主梁、重锤、刮蜡板组成。

（2）作用

重锤式刮蜡器用在浮顶油罐上，安装在浮顶底板的下面。随着浮顶的升降，重锤式刮蜡器上下移动，将结在罐壁上的石蜡清除，起到刮蜡作用。

14. 雷达液位计

雷达液位计是一种利用微波技术进行液位测量的油罐安全附件。它发射微波信号并接收反射回来的信号，然后根据信号的传播时间和反射回来的信号强度，计算液位的高度。

（1）组成

雷达液位计主要由发射器、天线、接收器、信号处理单元组成。

（2）作用

雷达液位计可以测量油罐、水池等容器中的液位高度，且具有强大的抗干扰能力，确保测量结果准确可靠，在工业生产、环境监测等领域都有广泛应用，是保障生产安全和提高生产率的重要工具。

15. 中央排水装置

油罐内的排水管有多种形式，平常看不见、摸不着，但它是整个关键的油罐安全附件，法兰、管壁、旋转弯头等一旦发生泄漏，会导致整个油罐不能运行。浮顶集水坑内有一个单向阀，必须确保其灵敏有效。浮顶集水坑内不能有杂物，以防堵塞入水口，特别是下雨时，若浮顶集水坑被堵塞，排水不畅，浮顶有可能发生偏移、卡阻甚至发生沉没事故，因此，巡检时要特别关注中央排水阀门处是否有油品流出，下雨时流水是否畅通。

（1）组成

中央排水装置主要包括浮顶集水坑、油罐内的排水管、油罐底部的阀门三部分。

（2）作用

中央排水装置安装在油罐内部，在浮顶上下浮动的过程中，有效排除罐顶积水，系统部件不应与油罐内的构件产生干扰。

五、油罐的操作要点

1. 登罐作业

（1）登罐作业人员须每年进行一次体检，符合高处作业健康标准且通过安全教育，方可登罐作业。

（2）登罐作业人员着装必须符合规定，严禁穿化纤服装和带铁钉的鞋。

（3）遇 6 级（含 6 级）以上大风、大雾、雷雨等恶劣天气，禁止登罐作业。

（4）进油作业时，浮顶浮起前禁止上浮顶。

（5）登罐作业所用工具必须装入工具袋。上下油罐时，必须扶牢梯子扶手。

（6）登罐作业严禁投掷工具和其他物品。严禁在罐顶用非防爆工具除锈、敲打其他金属附件。

（7）冬季及雨雪天登罐作业时，要采取防滑措施，盘梯（折梯）、浮梯上若有冰雪须及时清理，防止滑跌。

（8）非作业人员未经许可严禁登罐。检查、参观人员由属地管理人员陪同，规范穿戴劳保用品后方可登罐检查、参观。

（9）登罐作业人员登罐前必须触摸盘梯（折梯）扶手旁的静电消除器，以消除人体静电。严禁在检尺孔、取样孔等防爆 0 区穿脱衣服，敲击、撞击物品，开关手电筒和更换对讲机电池等。

（10）盘梯（折梯）严禁 5 人以上同时行走，且不应集中在一起；浮梯严禁 3 人以上同时行走，且不得以同一步调行走。

（11）登罐作业人员登罐前要与值班人员确认油罐有无注氮作业，注氮作业期间不得登罐，注氮作业结束 15 min 后方可登罐。

2. 油罐生产作业

（1）油罐作业期间检查

1）当进油作业开始、浮顶刚浮起或刚落下时，值班人员使用视频监控装置进行全面检查。

2）油罐作业期间，每 2 h 使用视频监控装置检查一次；油罐作业结束后，要登罐检查一次。

3）巡检人员要对油罐外标尺测量的液位与雷达液位计测量的液位进行核实，值班人员利用视频监控装置进行巡查；50 000 m^3 油罐液位到达 16 m（100 000 m^3 油罐液位到达 18 m）以上继续作业时，值班人员须利用视频监控装置重点监控；油罐液位小于 2 m 时，未经许可禁止浮顶落底。

4）浮梯与罐壁连接铰链牢固、灵活、润滑良好，浮梯滚轮在轨道上无卡阻，浮顶导向装置完好、无卡阻，浮梯接地线、油罐安全附件跨接线及感温电缆状况良好，浮顶接地线在浮梯轨道以外。

5）高硫化氢、易挥发油品等特殊油品作业时，登罐检查人员应佩戴防毒面具，2人成组，携带便携式油气浓度、硫化氢浓度检测仪，确认罐顶环境合格后进行检查，发现油气超标后应立即停止检查并迅速离开罐顶。

（2）油罐日常检查

1）登罐检查应按照油罐检查卡设置项目进行并记录。

2）检查罐壁有无挂壁油，自动通气阀、取样孔及检尺孔附近有无油污，孔盖螺栓是否上紧，除蜡管道伴热运行情况。

3）检查油罐检尺、雷达平台是否配备消防设备设施，发现异常及时处置。

4）检查伸缩式接地装置有无断裂、卡阻。

5）检查浮顶一、二次密封注氮管道和阀门是否完好。

6）检查浮顶状态，有无卡阻情况。

7）每天要对上昼夜及当班作业的油罐进行一次登罐检查；对当班未进行登罐检查的油罐要进行视频检查，并拍照留痕。

8）对一周内未作业的油罐至少要进行一次登罐检查。

（3）油罐月度检查

1）每月检查浮顶一次。检查浮顶舱盖是否处于关闭状态，防碰橡胶条有无脱落，浮顶舱内有无油、水。

2）检查浮顶集水坑隔栅有无破损，浮顶集水坑内有无杂物，浮球有无卡阻，紧急排水装置是否保持水封状态。下大雨时，及时查看中央排水装置是否完好、畅通。

3）检查浮顶二次密封装置有无变形、破损，挡板与罐壁之间有无杂物。

4）检查浮顶立柱有无渗油现象，立柱销是否完好，密封帽有无脱落、断裂。

5）检查静电导出线接点是否牢靠，有无破损、断裂。

6）检查泡沫发生器滤网有无堵塞。

7）检查全天候阻火呼吸阀是否灵敏，有无卡阻。

8）对罐底接地线、罐顶接地线进行电阻检测，并做好记录。

9）对伸缩式接地装置每月做一次检查，确保其伸缩性良好，检查连接处的紧固螺栓，有无松动、锈蚀。

10）对雷达液位计、温度传感器、压力传感器、液位联锁装置、可燃气体探测器、防静电装备、火灾监控装置、视频监控装置等进行检查，确保其工作正常。

11）对浮顶一、二次密封注氮装置的连接处进行检查、紧固，确保法兰头与金属软管连接处无裂缝、脱落等。

12）每年7—9月须每两周检查一次（其他月份每月检查一次）浮顶密封装置，测量浮顶一、二次密封之间油气浓度并做好记录，若有异常情况应及时处理；对于可燃气体浓度超过爆炸下限 25% 的油罐，应及时查找原因，并重点关注。

13）对于配备可燃气体浓度在线监测系统的油罐，应每季度全面检查一次（其中每年 7—9 月为每月检查一次），每月至少按照总油罐数量 30% 的比例抽查浮顶密封装置，测量浮顶一、二次密封之间油气浓度并做好记录，若有异常情况应及时处理；对于可燃气体浓度超过爆炸下限 25% 的油罐，应及时查找原因，并重点关注。

14）每年 7—9 月，每月至少检查一次浮顶、扶梯、罐壁之间的电气连接线有无断裂和缠绕；每年 7—9 月，每月至少检查一次浮顶密封装置与浮顶、配线金属管与罐壁的电气连接情况。

（4）油罐年度检查

1）油罐年度检查以外部宏观检查为主，可采用目测方式及辅助检测设备方式。油罐年度检查内容一般包括基础沉降检查、罐体检查、罐顶罐壁测厚、焊缝外观检查（无保温层油罐）、浮顶检查、油罐安全附件检查、高低液位联锁装置试验（每季度一次）、全天候阻火呼吸阀检查、防腐保温层及防水檐检查等。

2）油罐年度检查完成后，须出具检查报告。

（5）油罐专业检查

1）定期进行油罐专业检查。油罐专业检查周期应根据实测的腐蚀速率和罐体的最小允许厚度确定，由专业检查机构进行。

2）当腐蚀速率未知时，可根据类似工况条件下油罐运行经验预测的腐蚀速率确定油罐专业检查周期；当没有类似油罐的运行经验或数据时，油罐专业检查周期不得超过 4 年。

3）油罐专业检查结束后，专业检查机构应根据检查结果，出具检查报告。

4）每年应组织对罐顶呼吸阀进行一次专业检查。

（6）其他安全运行技术要求

1）控制进出油流量，严禁超设计流量、安全液位进行作业。

2）当油罐正常工艺操作及作业时，罐前抽底阀门应保持常闭。

3）油罐搅拌器的使用需遵守油罐搅拌器安全技术操作规程。

4）雷雨天应避免进出油作业。根据雷电预警系统，雷电黄色预警（一级预警）时，做好油罐停止运行准备，雷电橙色预警（二级预警）时，油罐停止运行（长输作业除外，要加强监护）。

5）油罐进/出油作业必须使用高高/低低液位联动阀门对应管道作为进/出油管道。

3. 油罐加温作业

（1）作业人员要熟悉罐内油品的理化性质和伴热工艺，按调度指令进行加温或保温，无调度指令禁止作业。

（2）伴热前，应放净伴热管道内的冷凝水；开启蒸汽阀门时，应缓慢进行，防止产生水击而损坏设备。

（3）在油品加热过程中，要严格监视油罐内油品的温度变化，低液位时重点关注现场温度表数值，现场值班人员根据实际情况及时调整，实现节能减排。

（4）现场值班人员应加强巡检，检查油品压力、温度的变化，合理控制伴热效果，确保疏水排气阀不冻，及时消除水击。

（5）罐内油品的温度不得超过设计温度。

（6）油罐液位在 2 m 以下时，严禁加温。

4. 高凝点油管控

（1）作业前，作业人员要了解油品的性质，如油品名称、温度、倾点、密度等。

（2）高凝点油装卸进罐作业后，值班人员要每天记录油品的温度、液位。

（3）对无法置换的部位（如补偿器）要进行伴热，液位低于 2 m 时，业务主管部门要组织罐存油品一次性出空。

（4）高凝点油进罐作业后，要立即统计雷达液位计测量的液位与实际液位的误差。若有误差，开启搅拌器，让雷达液位计进行补测，直至雷达液位计显示不再变化。

（5）高凝点油出罐作业时，业务主管部门要提前告知现场单位，现场单位检查罐存油品情况，视油品温度，开启浮顶加温，防止油品挂壁。

（6）储存高凝点油的油罐再次进油时，要严密监视雷达液位计，若出现液位不显示或液位显示不准确时，要及时检查雷达导波管是否堵塞。

第六节 阀门

一、阀门的定义及分类

1. 阀门的定义

阀门是一种管道附件，是用来改变管道截面和介质流动方向，控制输送介质运动的一种装置。

2. 阀门的主要功能

（1）接通和截断介质流。

（2）防止介质倒流。

（3）调节介质压力、流量。

（4）分离、混合或分配介质。

（5）防止介质压力超过规定值，保证管道或设备安全运行。

3. 阀门的分类

（1）按用途和作用分类

1）截断类。用于截断或接通介质流，如闸阀、截止阀、球阀、蝶阀、旋塞阀、隔膜阀等。

2）止回类。用于阻止介质倒流，包括各种结构的止回阀。

3）调节类。用于调节介质的压力和流量，如减压阀、调压阀、节流阀等。

4）安全类。当介质压力超过规定值时，用来排放多余的介质，保证管道及设备安全。

5）分配类。用于改变介质流动方向、分配介质，如三通旋塞阀、分配阀、滑阀等。

6）特殊用途类。如疏水阀、放空阀、排污阀等。

（2）按压力分类

1）真空阀。工作压力低于标准大气压的阀门。

2）低压阀。公称压力（PN）小于 1.6 MPa 的阀门。

3）中压阀。公称压力（PN）为 2.5～6.4 MPa 的阀门。

4）高压阀。公称压力（PN）为 10.0～80.0 MPa 的阀门。

5）超高压阀。公称压力（PN）大于 100 MPa 的阀门。

（3）按介质工作温度分类

1）普通阀门。介质工作温度为 -40～425 ℃ 的阀门。

2）高温阀门。介质工作温度为 425～600 ℃ 的阀门。

3）耐热阀门。介质工作温度为 600 ℃ 以上的阀门。

4）低温阀门。介质工作温度为 -150～-40 ℃ 的阀门。

5）超低温阀门。介质工作温度为 -150 ℃ 以下的阀门。

（4）按阀体材料分类

1）非金属阀门。主要有陶瓷阀门、玻璃钢阀门、塑料阀门等。

2）金属材料阀门。主要有铸铁阀门、碳钢阀门、铸钢阀门、低合金钢阀门、高合金钢阀门及铜合金阀门等。

（5）按公称尺寸分类

1）小口径阀门。公称尺寸（DN）小于 40 mm 的阀门。

2）中口径阀门。公称尺寸（DN）为 50～300 mm 的阀门。

3）大口径阀门。公称尺寸（DN）为 350～1 200 mm 的阀门。

4）特大口径阀门。公称尺寸（DN）大于或等于 1 400 mm 的阀门。

（6）按与管道连接方式分类

1）法兰连接阀门。阀体带有法兰，与管道采用法兰连接的阀门。

2）螺纹连接阀门。阀体带有螺纹，与管道采用螺纹连接的阀门。

3）焊接连接阀门。阀体带有焊口，与管道采用焊接连接的阀门。

4）卡箍连接阀门。阀体带有夹口，与管道夹箍连接的阀门。

5）卡套连接阀门。采用卡套与管道连接的阀门。

（7）按动力分类

1）自动阀门。依靠介质自身的力量进行动作的阀门，如止回阀、减压阀、疏水阀、安全阀等。

2）驱动阀门。依靠人力、电力、液力、气力等外力进行动作的阀门，如截止阀、节流阀、闸阀、蝶阀、球阀、旋塞阀等。

二、阀门的基本参数及型号

1. 阀门的基本参数

（1）公称尺寸

公称尺寸是指阀门与管道连接处流通通道的名义尺寸，用 DN 表示。它表示阀门规格的大小，是阀门最主要的结构参数。公称尺寸系列有 25 mm、32 mm、40 mm、50 mm、80 mm、100 mm、125 mm、150 mm、200 mm、250 mm、300 mm 等。

（2）公称压力

公称压力是阀门在规定的基准温度下允许的最大工作压力，用 PN 表示。它表明阀门承压能力的大小。油库常用阀门的公称压力系列有 0.25 MPa、0.4 MPa、0.6 MPa、1.0 MPa、1.6 MPa、2.5 MPa、4.0 MPa 等。因压力等级不同，法兰大小、螺栓孔数、阀门长度均有所差别。

（3）工作压力

工作压力是阀门在工作状态的压力。它与阀门的材质及介质工作温度有关。用 P 表示，P 的下角标数字为介质最高工作温度除以 10 的商取整。例如，P_{42} 表示介质最高工作温度为 425 ℃时阀门的工作压力。

（4）阀门材料

由于介质性能不同，因此对阀门材料的要求也不同。各类阀门都有一定的适用范围，在选用时应予以考虑。例如，油库内使用的阀门，阀体材料大多采用铸铁钢或铸铁，阀座密封面或衬里材料大多采用合金钢（H）、硬质合金（Y），或者在阀体上直接加工（W）。

2. 阀门的型号组成、代号、基本含义

根据《阀门 型号编制方法》（JB/T 308），阀门的型号由7个基本单元组成，如图3-6-1所示。对改型后的阀门，可在型号后加Ⅰ、Ⅱ、Ⅲ等改型代号。

此标准适用于闸阀、截止阀、节流阀、球阀、蝶阀、隔膜阀、旋塞阀、止回阀、安全阀、减压阀和疏水阀。

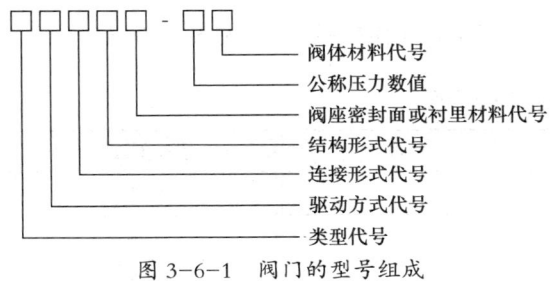

图 3-6-1　阀门的型号组成

（1）阀门的类型代号

阀门的类型代号用汉语拼音字母表示，见表3-6-1。

表 3-6-1　阀门的类型代号

阀门类型	代号	阀门类型	代号
弹簧载荷安全阀	A	排污阀	P
蝶阀	D	球阀	Q
隔膜阀	G	蒸汽疏水阀	S
杠杆式安全阀	GA	柱塞阀	U
止回阀和底阀	H	旋塞阀	X
截止阀	J	减压阀	Y
节流阀	L	闸阀	Z

（2）阀门的驱动方式代号

阀门的驱动方式代号用阿拉伯数字表示，见表3-6-2。

表 3-6-2 阀门的驱动方式代号

驱动方式	代号	驱动方式	代号	驱动方式	代号
电磁动	0	蜗轮	3	气动	6
电磁—液动	1	正齿轮	4	液动	7
电—液动	2	锥齿轮	5	气—液动	8
				电动	9

对于安全阀、减压阀、疏水阀、手轮直接连接阀杆操作结构形式的阀门,本代号省略。而对于气动或液动机构操作的阀门,常开式用 6K 或 7K 表示,常闭式用 6B 或 7B 表示,防爆电动装置的阀门则用 9B 表示。

(3) 阀门的连接形式代号

阀门的连接形式代号用阿拉伯数字表示,见表 3-6-3。

表 3-6-3 阀门的连接形式代号

连接形式	代号	连接形式	代号
内螺纹	1	对夹	7
外螺纹	2	卡箍	8
法兰式	4	卡套	9
焊接式	6	—	—

(4) 阀门的结构形式代号

阀门的结构形式代号用阿拉伯数字表示。对于不同类型的阀门,同一数字表示的结构特点是不相同的。各种阀门的结构形式代号见表 3-6-4。

表 3-6-4 阀门的结构形式代号

闸阀的结构形式代号			
结构形式			代号
阀杆升降式(明杆)	楔式闸板	弹性闸板	0
		刚性闸板 单闸板	1
		刚性闸板 双闸板	2
	平行式闸板	刚性闸板 单闸板	3
		刚性闸板 双闸板	4
阀杆非升降式(暗杆)	楔式闸板	单闸板	5
		双闸板	6
	平行式闸板	单闸板	7
		双闸板	8

续表

截止阀、节流阀和柱塞阀的结构形式代号					
结构形式		代号	结构形式		代号
阀瓣非平衡式	直通流道	1	阀瓣平衡式	直通流道	6
	Z形流道	2		角式流道	7
	三通流道	3		—	—
	角式流道	4		—	—
	直流流道	5		—	—

球阀的结构形式代号					
结构形式		代号	结构形式		代号
浮动球	直通流道	1	固定球	直通流道	6
	Y形三通流道	2		四通流道	7
	L形三通流道	4		T形三通流道	8
	T形三通流道	5		L形三通流道	9
	—	—		半球直通	0

蝶阀的结构形式代号					
结构形式		代号	结构形式		代号
密封型	单偏心	0	非密封型	单偏心	5
	中心垂直板	1		中心垂直板	6
	双偏心	2		双偏心	7
	三偏心	3		三偏心	8
	连杆机构	4		连杆机构	9

隔膜阀的结构形式代号			
结构形式	代号	结构形式	代号
屋脊流道	1	直通流道	6
直流流道	5	Y形角式流道	8

旋塞阀的结构形式代号					
结构形式		代号	结构形式		代号
填料密封	直通流道	3	油密封	直通流道	7
	T形三通流道	4		T形三通流道	8
	四通流道	5		—	—

续表

止回阀的结构形式代号					
结构形式		代号	结构形式		代号
升降式阀船	直通流道	1	旋启式阀瓣	单瓣结构	4
	立式结构	2		多瓣结构	5
	角式流道	3		双瓣结构	6
—	—	—	蝶形止回式		7

安全阀的结构形式代号					
结构形式		代号	结构形式		代号
弹簧载荷弹簧密封结构	带散热片全启式	0	弹簧载荷弹簧不封闭且带扳手结构	微启式、双联阀	3
	微启式	1		微启式	7
	全启式	2		全启式	8
	带扳手全启式	4		—	—
杠杆式	单杠杆	2	带控制机构全启式		6
	双杠杆	4	脉冲式		9

减压阀的结构形式代号			
结构形式	代号	结构形式	代号
薄膜式	1	波纹管式	4
弹簧薄膜式	2	杠杆式	5
活塞式	3	—	—

蒸汽疏水阀的结构形式代号			
结构形式	代号	结构形式	代号
浮球式	1	蒸汽压力式或膜盒式	6
浮桶式	3	双金属片式	7
液体或固体膨胀式	4	脉冲式	8
钟形浮子式	5	圆盘热动力式	9

排污阀的结构形式代号					
结构形式		代号	结构形式		代号
液面连接排放	截止型直通式	1	液底间断排放	截止型直流式	5
	截止型角式	2		截止型直通式	6
	—	—		截止型角式	7
	—	—		浮动闸板型直通式	8

（5）阀门的阀座密封面或衬里材料代号

阀门的阀座密封面或衬里材料代号用汉语拼音字母表示，见表 3-6-5。

表 3-6-5　阀门的阀座密封面或衬里材料代号

密封面或衬里材料	代号	密封面或衬里材料	代号
锡基轴承合金（巴氏合金）	B	尼龙塑料	N
搪瓷	C	渗硼钢	P
渗氮钢	D	衬铅	Q
氟塑料	F	奥氏体不锈钢	R
陶瓷	G	塑料	S
Cr13 系不锈钢	H	铜合金	T
衬胶	J	橡胶	X
蒙乃尔合金	M	硬质合金	Y

（6）阀门的公称压力数值

阀门的型号组成中横杠后的数值表示阀门的公称压力数值，单位为 MPa。

（7）阀门的阀体材料代号

阀门的阀体材料代号用汉语拼音字母表示，各字母所代表的材料见表 3-6-6。

公称压力 PN 小于或等于 1.6 MPa 的灰铸铁阀和公称压力 PN 大于或等于 2.5 MPa 的碳素钢阀，阀门的型号组成中可省略阀门的阀体材料代号。

表 3-6-6　阀门的阀体材料代号

阀体材料	代号	阀体材料	代号
碳钢	C	铬镍钼系不锈钢	R
Cr13 系不锈钢	H	塑料	S
铬钼系钢	I	铜及铜合金	T
可锻铸铁	K	钛及钛合金	Ti
铝合金	L	铬钼钒钢	V
铬镍系不锈钢	P	灰铸铁	Z
球墨铸铁	Q	—	—

3. 阀门型号举例

例如，由 Z945T-0.25Z 型的代号可知，此阀门是电动驱动、法兰连接、暗杆楔式单闸板、阀座密封面材料为铜合金、公称压力为 0.25 MPa、阀体材料为灰铸铁的闸阀。

三、常用阀门的结构原理

1. 闸阀

（1）闸阀的定义及结构

启闭件（闸板）由阀杆带动，沿阀座（密封面）做直线升降运动而达到启闭目的的阀门，称为闸阀。闸阀按闸板结构分为平行式闸阀和楔式闸阀，如图3-6-2所示。

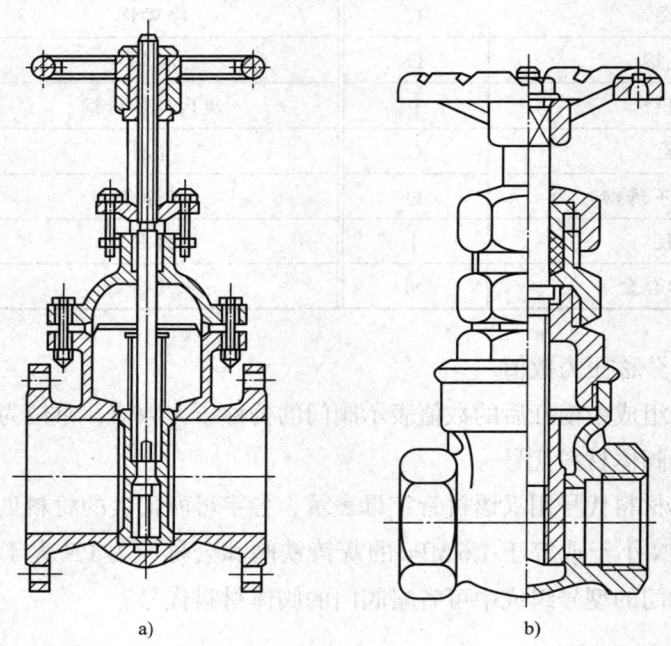

图 3-6-2　闸阀
a）平行式闸阀　b）楔式闸阀

1）平行式闸阀。它的密封面与垂直中心线平行，一般制成双闸板。撑开两个闸板，使其与阀座密封面可靠贴合，一般是用顶楔来实现的，除上顶楔式外，还有下顶楔式，有的平行式闸阀也使用弹簧。

2）楔式闸阀。它的密封面与垂直中心线呈一定角度，即两个密封面为楔形。一般来说，介质温度越高，楔形倾角越大，以防温度变化时卡住。

（2）闸阀的作用

闸阀是截断类阀门的一种，用来截断或接通管道中的介质。闸阀通常适用于不需要经常启闭且保持闸板全开或全闭的工况，不适用于调节流量或节流。闸阀一般用于DN15～DN1 800 mm的管道或设备上，它的用量在油库中居各类阀门之首，约占90%。

（3）闸阀的特点

1）流动阻力小。因为闸阀内部介质通道是直通的，介质流经闸阀时不改变流动方向,所以流动阻力小。

2）启闭力矩小。闸阀启闭时,闸板运动方向与介质流动方向垂直,与截止阀相比,闸阀启闭较省力。

3）介质流动方向不受限制。介质从闸阀两侧任意方向流过,均能达到使用闸阀的目的,特别适用于介质的流动方向可能改变的管道。

4）结构长度较短。因为闸阀的闸板是垂直置于阀体内的,而截止阀的阀瓣是水平置于阀体内的,所以闸阀结构长度比截止阀短。

5）密封性好。闸阀全开时,闸阀内介质对密封面的冲蚀较小。

6）容易损伤密封面。闸阀启闭时,闸板与阀座接触的两密封面之间有相对摩擦,易损伤,影响密封性与使用寿命。

7）启闭时间长。由于闸阀高,启闭时须全开或全关,闸板行程大,开启需要一定的空间,外形尺寸大。

8）结构复杂。闸阀组成零件较多,制造与维修较困难,成本比截止阀高。

2. 球阀

(1) 球阀的定义及结构

启闭件（球体）绕垂直于管道的轴线做旋转运动而达到启闭目的的阀门,称为球阀。球阀主要由驱动扳手、阀杆、密封圈、球体、阀体等组成,按结构形式分为浮动球阀和固定球阀两类。球阀的结构如图 3-6-3、图 3-6-4 所示。

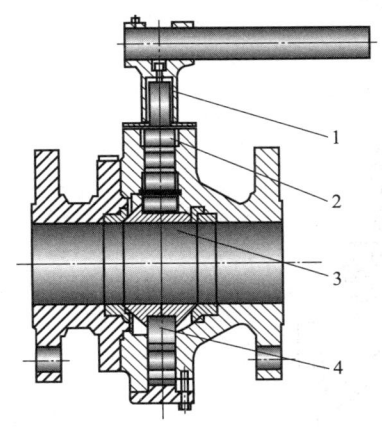

图 3-6-3 球阀的结构 1
1—阀杆 2—上轴承 3—球体 4—下轴承

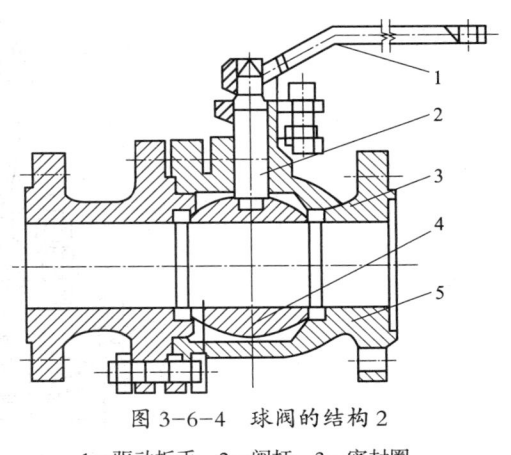

图 3-6-4 球阀的结构 2
1—驱动扳手 2—阀杆 3—密封圈
4—球体 5—阀体

(2) 球阀的作用

球阀适合在截断、改变介质流动方向、分配介质的管道中使用。球阀在管道中用于全开或全关时,可安装在管道的任何位置。

(3)球阀的特点

1)中、小口径球阀结构较简单,体积较小,质量较轻。

2)流动阻力小。各类阀门中球阀的流动阻力最小。这是因为球阀全开时,阀体通道、球体通道和连接管道的截面积相等,并呈直线相通。

3)启闭迅速、方便,介质流动方向不受限制。

4)启闭力矩比旋塞阀小。球阀密封面接触面积较小,因此启闭时球阀比旋塞阀省力。

5)密封性较好。这是因为球阀密封圈多采用塑料制成,摩擦系数较小;球阀全开时,密封面不会受到介质的冲蚀。

6)球阀的介质流动方向不受限制。球阀压力、尺寸适用范围较广,但使用温度受密封圈材料的限制,不能用于温度较高的场合。

7)球阀的缺点是球体加工和研磨都比较困难。

3. 截止阀

(1)截止阀的定义及结构

启闭件(阀瓣)由阀杆带动,沿阀座(密封面)轴线做直线升降运动而达到启闭目的的阀门,称为截止阀。截止阀主要由阀体、阀盖、阀杆、阀瓣、阀座、密封填料、填料压盖、阀杆螺母、手轮等组成。截止阀的结构如图3-6-5所示。

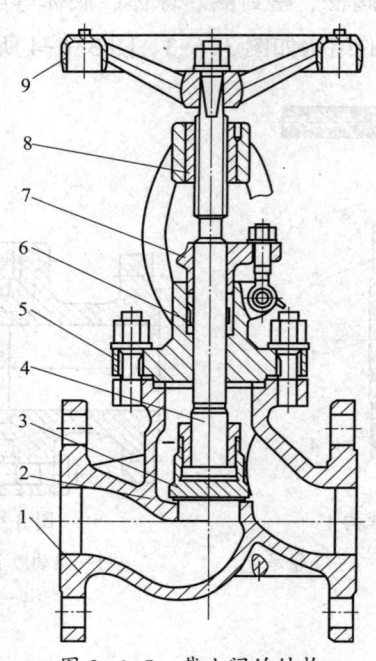

图3-6-5 截止阀的结构

1—阀体 2—阀座 3—阀瓣 4—阀杆 5—阀盖 6—密封填料
7—填料压盖 8—阀杆螺母 9—手轮

（2）截止阀的作用

截止阀是截断类阀门的一种，用来截断或接通管道中的介质。在油库中截止阀常用于气体管、水管及小口径管道。

（3）截止阀的特点

1）截止阀结构比闸阀简单，制造与维修都较方便。

2）密封面不易磨损及擦伤，密封性好。启闭时，阀瓣和阀体密封面之间无相对滑动，所以磨损与擦伤不严重，密封性好，使用寿命长。

3）启闭时，阀瓣行程短，所以截止阀比闸阀低，但结构长度比闸阀长。

4）启闭力矩大，启闭较费力，启闭时间较长。

5）公称压力（PN）≤16 MPa时，一般采用顺流，介质从阀瓣下方向上流；公称压力（PN）≥20 MPa时，一般采用逆流，介质从阀瓣上方向下流，这样可增强密封性。

6）流动阻力大。由于阀体内介质通道较曲折，因此流动阻力大，动力消耗大。

7）截止阀不能改变流动方向，介质只能单向流动。

8）全开时，阀瓣经常受冲蚀。

4. 止回阀

（1）止回阀的定义及结构

启闭件（阀瓣）借助介质作用力、自动阻止介质逆流的阀门，称为止回阀。止回阀属于自动阀，一般由阀瓣、阀盖、阀体等组成。止回阀的结构如图3-6-6、图3-6-7所示。

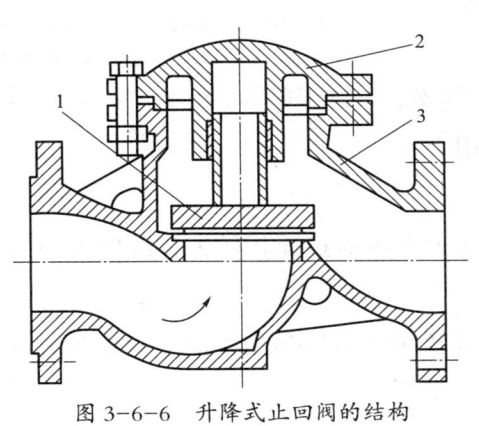
图3-6-6 升降式止回阀的结构
1—阀瓣 2—阀盖 3—阀体

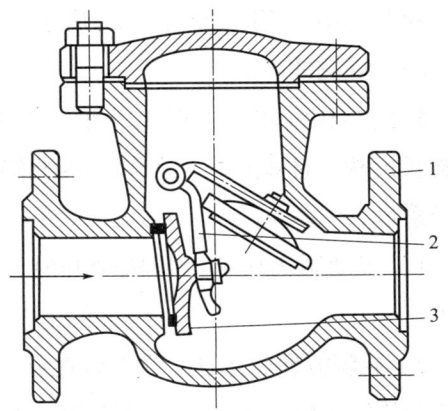
图3-6-7 旋启式止回阀的结构
1—阀体 2—摇杆 3—阀瓣

（2）止回阀的作用

在管道中，凡是不允许介质逆流的场合都需要安装止回阀。

（3）止回阀的特点

1）结构长度短。止回阀的结构长度只有传统法兰止回阀的 1/8~1/4。

2）体积小、质量轻。止回阀的质量只有传统法兰止回阀的 1/20~1/4。

3）阀瓣关闭快，水锤压力小。

4）安装方便。在水平管道或垂直管道中都能使用。

5）通道通畅、流动阻力小。

6）动作灵敏、密封性好。

7）阀瓣行程短、关闭冲击力小。

8）整体结构简单紧凑、造型美观。

9）使用寿命长、性能可靠。

5. 蝶阀

（1）蝶阀的定义及结构

蝶阀是指启闭件（蝶板）在阀体内绕固定轴做旋转运动的阀门，其结构如图 3-6-8 所示。蝶阀通常由阀体、蝶板、阀圈、密封圈、底板、手柄、控制轴、螺栓、固定孔、固定板、管套、轴套等组成，按结构形式可分为垂直板式蝶阀、斜板式蝶阀和杠杆式蝶阀。

（2）蝶阀的作用

蝶阀可用于截断介质，也可用于调节流量。

（3）蝶阀的特点

蝶阀结构简单，外形尺寸小。由于结构紧凑、结构长度短、体积小、质量轻，因此蝶阀适用于大口径管道。

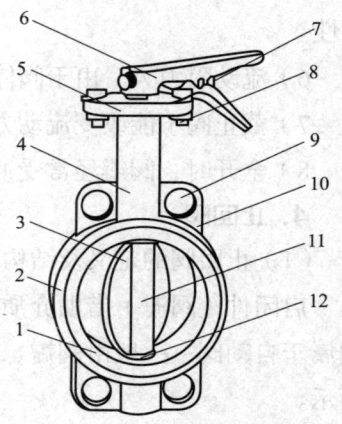

图 3-6-8 蝶阀的结构
1—密封圈 2—阀圈 3—蝶板 4—阀体
5—底板 6—手柄 7—控制轴 8—螺栓
9—固定孔 10—固定板 11—套管
12—轴套

1）流动阻力较小。蝶阀全开时，阀座通道有效通过面积较大，因此流动阻力较小。

2）启闭方便、迅速，调节性能好。蝶板旋转 90° 即可完成蝶阀的启闭。通过改变蝶板的旋转角度蝶阀可以分级控制流量。

3）启闭力矩小。由于固定轴两侧蝶板受介质的作用力基本相等，蝶板旋转时，产生力矩的方向相反，因此蝶阀启闭较省力。

4）低压密封性好。密封材料一般采用橡胶、塑料，所以蝶阀密封性好。但受密封材料的限制，蝶阀的使用压力和工作温度范围较小。

6. 安全阀

（1）安全阀的定义及结构

安全阀是指管道或设备内介质压力超过规定值时，启闭件（阀瓣）自动开启，排放介质，低于规定值时，启闭件（阀瓣）自动关闭，从而对管道或设备起保护作用的阀门。安全阀可以分为三个基本类型：弹簧式安全阀、脉冲式安全阀和杠杆式安全阀。

1）弹簧式安全阀。弹簧式安全阀是最通用的一种安全阀。弹簧式安全阀的结构如图3-6-9所示。它的作用原理是，弹簧力与介质作用于阀瓣的正常压力平衡，使密封面贴合；当介质压力过大时，弹簧受到压缩，使阀瓣离开阀座，介质从中泄出；当介质压力减到正常值时，弹簧力又将阀瓣推向阀座，使密封面重新贴合。

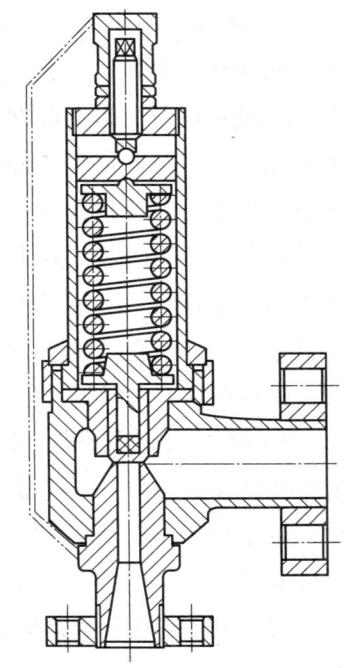

图 3-6-9 弹簧式安全阀的结构

一些重要部位往往采用带扳手的双弹簧微启式安全阀，其结构如图3-6-10所示。

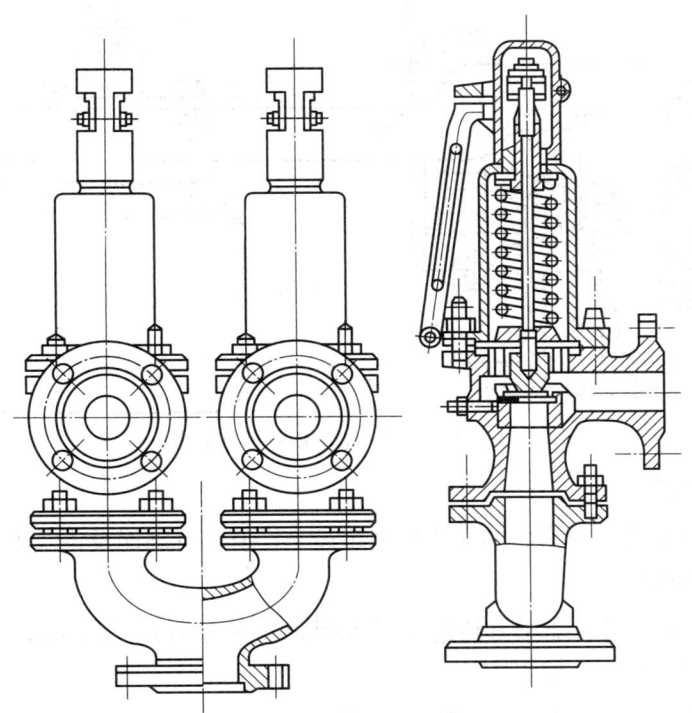

图 3-6-10 带扳手的双弹簧微启式安全阀的结构

2)脉冲式安全阀。一个大的安全阀(主阀)和一个小的安全阀(辅阀)配合动作,通过辅阀的脉冲作用带动主阀启闭的阀门,称为脉冲式安全阀。大的安全阀动作比较迟钝,小的安全阀动作比较灵敏。将通向主阀的介质通道与辅阀连通,当介质压力过大时,辅阀开启,介质从旁路进入主阀下的活塞,推动活塞将主阀打开;当介质压力减小时,辅阀关闭,主阀活塞下的介质压力减小,主阀瓣也跟着下降贴合(见图3-6-11)。脉冲式安全阀结构复杂,只有在管道口径很大的情况下才采用。

3)杠杆式(重锤式)安全阀。它是一种古老的阀门,依靠杠杆和重锤来平衡阀瓣的压力,通过重锤在杠杆上移动,调整压力。与弹簧式安全阀比较,杠杆式安全阀显得笨重且迟钝。它的优点是没有弹簧,不受介质的温度影响,所以至今还在某些锅炉上使用。杠杆式安全阀的结构如图3-6-12所示。

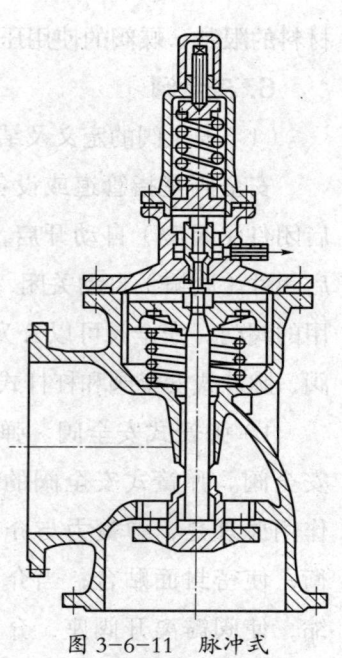

图 3-6-11 脉冲式安全阀的结构

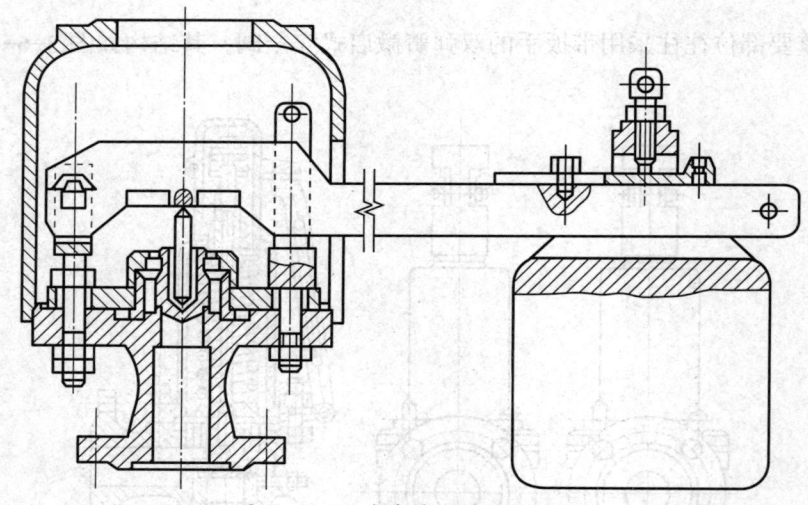

图 3-6-12 杠杆式安全阀的结构

(2)安全阀的作用

安全阀能防止管道或设备的介质压力超过允许值,可确保设备及人身安全。

(3)安全阀的特点

1)安全可靠。当系统压力超过安全范围时,安全阀会自动开启,防止管道或备受损。

2)安全阀的调节范围很广,能满足不同系统的压力要求。

7. 减压阀

（1）减压阀的定义及结构

通过启闭件（阀瓣）节流，将介质进口压力减小到设定的出口压力，并借助阀门压差的直接作用，使阀后压力自动保持在一定范围内的阀门，称为减压阀。减压阀按结构形式分为活塞式减压阀、弹簧薄膜式减压阀、薄膜式减压阀、波纹管式减压阀、杠杆式减压阀。

1）活塞式减压阀。采用活塞作为敏感元件来带动阀瓣运动的减压阀，称为活塞式减压阀。它主要由阀体、阀门盖、阀杆、上阀瓣、副阀瓣、活塞、膜片和调节弹簧等组成，普遍用于以蒸气和空气等为介质的管道。

2）弹簧薄膜式减压阀。采用弹簧和薄膜作为敏感元件来带动阀瓣运动的减压阀，称为弹簧薄膜式减压阀。它主要由阀体、阀门盖、阀杆、阀瓣、薄膜、调节弹簧和调节螺钉等组成。

3）薄膜式减压阀。采用薄膜作为敏感元件来带动阀瓣运动的减压阀，称为薄膜式减压阀。它通常适用于水、空气等温度不高和压力不大的条件。

4）波纹管式减压阀。采用波纹管机构来带动阀瓣运动的减压阀，称为波纹管式减压阀。它适用于以蒸气和空气等为介质的管道。

5）杠杆式减压阀。采用杠杆机构来带动阀瓣运动的减压阀，称为杠杆式减压阀。它常用在气体管道中，如在家用液化气炉上用作减压阀。

（2）减压阀的作用

减压阀用于需要将介质压力减小到某种规定压力范围的场合。

（3）减压阀的特点

1）具有出色的压力调节能力。减压阀可根据需要精确地调整输出压力，并保持输出压力的稳定性，因此在各种工业应用中都能发挥重要作用，确保系统正常运行。

2）结构设计合理。减压阀能够使通过其中的介质减小能量损失，提高系统的效率。

3）密封性良好。减压阀能够有效地防止泄漏，确保系统的安全性。

4）具有较强的适应性和耐用性。减压阀能够适应不同的工作环境和介质条件，长期稳定运行，不易出现故障，因此成为工业领域中不可或缺的重要元件。

8. 节流阀

（1）节流阀的定义及结构

通过启闭件（阀瓣）的启闭程度来改变通道截面积，从而调节流量和压力的阀门，称为节流阀。根据结构形式，节流阀分为截止型节流阀、旋塞型节流阀、蝶型节流阀。截止型节流阀有直通式和角式两种，直通式截止型节流阀的结构如图 3-6-13 所示。

通常所说的节流阀指的是截止型节流阀。

（2）节流阀的作用

节流阀用于调节介质的流量和压力。截止型节流阀用于小口径管道，其调节范围较大、调节精度高。旋塞型节流阀用于中、小口径管道。蝶型节流阀用于大口径管道。

节流阀不宜作为截止阀，因为，其阀瓣组件若长期用于截断介质流动，容易冲蚀密封面，影响密封性。多采用截止型节流阀。

（3）节流阀的特点

节流阀的共同特点是阀瓣开启不同高度时，阀瓣与阀座之间形成的环形通道截面积也相应变化，通过调节阀座通道的截面积，可调节介质的压力和流量。为使调节结果精确，节流阀阀杆螺纹的螺距比截止阀阀杆螺纹的螺距小。

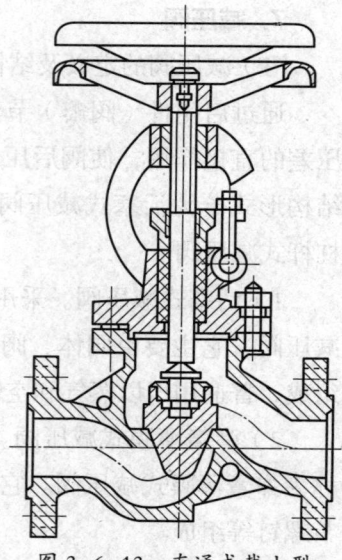

图 3-6-13　直通式截止型节流阀的结构

9. 旋塞阀

（1）旋塞阀的定义及结构

启闭件（塞子）由阀杆带动，并绕阀杆的轴线做旋转运动的阀门，称为旋塞阀。旋塞阀主要由阀体、塞子、填料、调节螺钉和填料压盖等组成，其结构如图 3-6-14 所示。

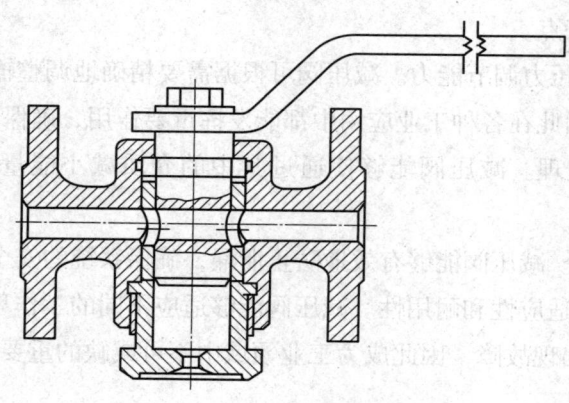

图 3-6-14　旋塞阀的结构

（2）旋塞阀的作用

旋塞阀一般用于低压、中压、小口径管道、温度不高的场合，其作用是截断、分配和改变介质流动方向。直通式旋塞阀主要用于截断介质流动，三通式旋塞阀、四通式旋塞阀则多用于改变介质流动方向或进行介质分配。

（3）旋塞阀的特点

1）结构简单，外形尺寸小，质量轻。

2）流动阻力小。介质流经旋塞阀时，介质通道截面面积不减小，因此减小了流动阻力。

3）启闭迅速、方便，介质流动方向不受限制。

4）启闭力矩大，启闭费力。因为阀体与塞子是通过锥面密封的，所以接触面积较大，启闭力矩大，启闭费力。若采用润滑结构，则可减小启闭力矩。

5）密封面为锥面，密封面较大，易磨损，高温下容易产生变形而被卡住。

6）锥面加工（研磨）困难，难以保证密封性，且不易维修。若采用油封结构，则可增强密封性。

四、常用阀门的操作要点

1. 检查事项

（1）检查核对开关阀门的状态，是否符合工艺要求。

（2）认真核对阀门电动、机械指示是否一致。

（3）检查电源指示灯是否显示。

（4）检查隔爆腔、齿轮箱密封是否良好，有无渗油、渗水现象。

（5）检查阀门转动是否灵活、平稳，有无卡阻、手轮联动现象。

2. 操作步骤

（1）电动操作

1）将选择按钮切换到现场控制状态。

2）将手动、电动选择开关切换到电动位置。

3）打开阀门时，将控制开关旋到"开"位置，阀门开到位会自动停止。

4）关闭阀门时，将控制开关旋到"关"位置，阀门关到位会自动停止。

5）在阀门运行过程中，如需停止，将选择按钮切换到"停"位置。

（2）手动操作

1）将手动、电动选择开关切换到手动位置，或者推动手/电动切换手柄到手动位置。

2）打开阀门时，沿逆时针方向转动手轮，同时观察机械指示与指示窗中指示，当两项指示都显示开到位时，停止转动。

3）关闭阀门时，沿顺时针方向转动手轮，同时观察机械指示与指示窗中指示，当两项指示都显示关到位时，停止转动。

3. 注意事项

（1）在阀门运行过程中，作业人员必须现场监护，等阀门开关到位后方可离开。

（2）在阀门运行过程中，必须注意电动装置的声音是否正常，阀门有无异常响声，电动机有无过热现象。

（3）阀门在电动开、关过程中，严禁进行手动、电动切换。

（4）阀门开关前，必须试验手动、电动切换是否灵敏、可靠。

（5）将选择按钮切换到远程控制状态时，只能在中控室控制电动阀门。

（6）在指示窗中，阀门全开红灯亮，全关绿灯亮。

（7）在指示窗中，阀门开度指示应与机械指示相符，否则立即报告。

五、阀门电动执行器

1. 执行器的概念及分类

执行器又称执行机构，是自动控制领域常用的一种机电一体化设备（器件），是自动化仪表三大组成部分（检测设备、调节设备和执行设备）中的执行设备。它的主要作用是对一些设备和装置进行自动操作，控制其开关和调节，代替人工作业。

执行器是自动控制系统中不可缺少的重要设备，其主要任务是将调节器送来的控制信号成比例地转换成直线位移或角位移，从而带动阀门、挡板等调节机构，以实现自动控制。

执行器按动力类型可分为气动、液动、电动、电液动等几类，按运动形式可分为直行程、角行程、回转型（多转式）等几类。

直行程与角行程电动执行器的作用是接收调节器或其他仪表送来 0~10 mA、4~20 mA 或 1~5 V 的标准直流电信号，变成位移推力或转角力矩，以操作开关、阀门等，完成自动调节的任务。

2. 阀门电动执行器的选择

一般应根据阀门的类型选择阀门电动执行器。

（1）角行程电动执行器（转角<360°）

角行程电动执行器输出轴转动小于一周，即小于 360°，通常转动 90° 就能实现阀门的启闭过程控制。角行程电动执行器根据安装接口方式又分为直连式角行程电动执行器和底座曲柄式角行程电动执行器两种。

1）直连式角行程电动执行器。直连式角行程电动执行器的电动执行器输出轴与阀杆采用直连的安装形式。

2）底座曲柄式角行程电动执行器。底座曲柄式角行程电动执行器的电动执行器输出轴通过曲柄与阀杆连接。

角行程电动执行器适用于蝶阀、球阀、旋塞阀等。

（2）回转型电动执行器（转角>360°）

回转型电动执行器输出轴转动大于一周，即大于 360°，一般需转动多圈才能实现阀门的启闭过程控制。回转型电动执行器适用于闸阀、截止阀等。

（3）直行程（直线运动）电动执行器

直行程电动执行器输出轴是直线运动式的，不是转动式的。直行程电动执行器适用于单座调节阀、双座调节阀等。

3. 阀门电动执行器定期检查保养项目及方法

阀门电动执行器定期检查保养项目及方法见表3-6-7。

表3-6-7　阀门电动执行器定期检查保养项目及方法

序号	检查保养项目	周期	检查保养内容方法	备注
1	电动机齿轮箱润滑	1次/年	检查油封渗漏情况，根据齿轮油数量、质量确定加注或更换	齿轮油
2	机械传动机构润滑	闸阀：1次/年 球阀：1次/2年	对上海自动化仪表十一厂、天津市第二通用机械有限公司的阀门电动执行器，采取开启齿轮箱盖的方法。对奥托克阀门电动执行器、罗托克阀门电动执行器，抽检不少于20%，采取大拆的方法	闸板阀：0#脂 其他阀：锂基润滑脂或钙基润滑脂
3	球阀齿轮箱进水	1次/年	雨季来临前，拆除传递套处端盖、限位螺栓，检查是否进水	
4	开、关限位精度	4次/年	检查机械指示与阀门电动执行器指示、中控室指示是否一致，并进行调整	生产过程中随时调整，并记入档案
5	阀门电动执行器显示屏参数	2次/年	检查9V电池、开关指示灯、电源指示灯，是否完好	
6	现场开关	2次/年	检查选择开关、控制开关是否转动灵敏、到位，必要时更换配件	
7	紧固螺栓	闸阀：2次/年 球阀：1次/年	检查所有紧固螺栓，特别是泵出口闸阀，并紧固。在巡检过程中发现问题随时调整	
8	奥托克球阀机械指示	1次/月	逐台检查奥托克阀门电动执行器机械指示精度并调整	
9	其他球阀机械指示	3次/年	逐台检查相应阀门电动执行器机械指示精度并调整	

六、阀门常见故障分析

1. 阀杆转动不灵活或卡死

原因分析：填料压得过紧，填料装入填料箱时不合规范，阀杆与阀杆衬套采用同一种材料或材料选择不当，阀杆与阀杆衬套的间隙小，阀杆发生弯曲，螺纹表面粗糙度不符合要求等。

2. 密封面泄漏

原因分析：密封面损伤，如压痕、擦伤、中间有断线；密封面之间有污物附着或密封圈连接不良等。

3. 填料处泄漏

原因分析：填料压板没有压紧，填料不够，填料因保管不善而失效，阀杆圆度超过规定值或阀杆表面有划痕、刻线、拉毛和粗糙等缺陷，填料的品种、结构尺寸或质量不符合要求等。

4. 阀体与阀盖连接处泄漏

原因分析：法兰连接处螺栓紧固不均匀造成法兰倾斜，或紧固螺栓的紧力不够，阀体与阀盖连接面有损伤；垫片损坏或不符合要求；法兰接合面不贴合，法兰面加工不良；阀杆衬套与阀杆螺纹加工不良使阀盖产生倾斜。

5. 闸板与阀盖发生干涉

当闸阀开启到全开状态时，有时闸板不能全开启，因此闸板与阀盖发生干涉。其主要原因是闸板安装不正确或阀盖的几何尺寸不符合要求。

6. 闸板关闭不严

原因分析：关闭力量不够，阀座与闸板之间落入杂物，阀门密封面加工不良或损坏。

第七节 搅拌器

一、概述

在油库油罐中，为了对油罐中的油品、沥青或其他介质进行搅拌以实现调和、热传递、均匀化并防止沉积物聚集，通常会选择安装固定侧向伸入式搅拌器。固定侧向伸入式搅拌器不仅投资少，而且能够确保搅拌均匀，同时消耗功率小、生产率高、操作方便，并且在搅拌过程中产生的静电也相对较少。对于以介质为主要存储对象的中小型油罐，固定侧向伸入式搅拌器通常为首选，因其具备上述诸多优势，能够高效满足搅拌需求，如图3-7-1所示。

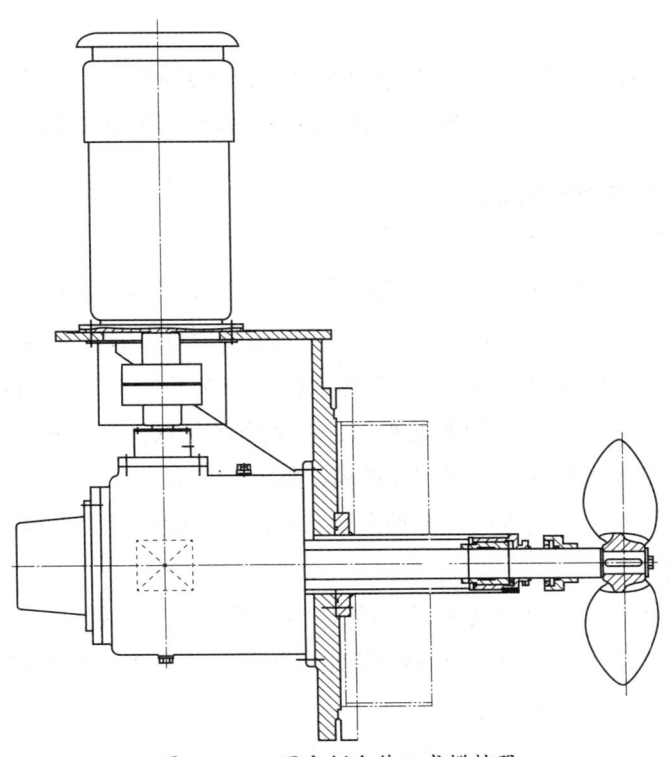

图 3-7-1 固定侧向伸入式搅拌器

二、固定侧向伸入式搅拌器的主要组成

固定侧向伸入式搅拌器主要由传动机构、叶轮、密封机构、辅助密封机构和支承部分等组成。

1. 传动机构

传动机构由立式防爆电动机带动一对螺旋锥齿轮,驱动螺旋桨转动。防爆电动机可以避免由启动而引起的危险,锥齿轮可以增强固定侧向伸入式搅拌器运转的稳定性,减少振动,提高传动机构的使用寿命等。

2. 叶轮

采用三翼船用螺旋桨型叶轮,可以在很大范围内搅动油罐内介质,使介质形成上下循环和圆周循环,从而大幅增强搅拌效果。

3. 密封机构

密封机构采用机械密封(根据介质决定,有填料密封等,材料有氟橡胶和聚四氟乙烯等)。为符合固定侧向伸入式搅拌器的操作要求,机械密封采用内装式单端面大弹簧非平衡型,机械密封的静环是根据多年的使用经验专门设计的。

4. 辅助密封机构

辅助密封机构是在危急情况下使用的,主要由一个O形密封圈和几个辅助零件组成。

5. 支承部分

是否固定侧向伸入式搅拌器主要通过螺栓、螺母紧固在设备的法兰接口上,法兰和法兰座上分别带有止口,可以保证固定侧向伸入式搅拌器准确定位。

三、搅拌器的操作要点

1. 检查事项

(1)检查所有紧固件,是否连接可靠,机组是否良好的接地,电流表指针是否归零。

(2)检查齿轮油,液位是否在油尺上、下刻度线之间,油质是否良好。

(3)油罐内液位必须高于 4 m(以雷达液位计为参考),方可运行搅拌器。

(4)开启搅拌器端盖底部的放油阀门,若流出黄色稀油,则说明搅拌器轴承箱骨架油封泄漏;若流出黑色油,则说明搅拌器机械密封渗漏。

(5)依照搅拌器的转动方向,手动盘车三圈以上,检查是否卡阻或有异常响声。

2. 操作步骤

(1)确认搅拌器符合启动要求后,按下"启动"按钮,观察电流表,电流值应在 5~10 s 内恢复到额定电流以下。若超过额定电流且居高不下,则必须停机。待查明原因并采取措施后,方可再次启动。

(2)待搅拌器运行正常后方可离开,每次巡检对其检查一次,若发现异常应及时停机。

3. 注意事项

(1)搅拌器运行后,电流值不得超过额定电流,电动机轴承温度不得超过产品设计温度。

(2)在搅拌器运行中,油窗内必须见到飞溅的齿轮油,若没见到,则必须及时补充齿轮油。

(3)搅拌器每月累计运行不少于 8 h,每次试运行不少于 1 h,潮湿季节每周运行不少于 2 h。

4. 应急处置

(1)搅拌器及电动机有异常响声或电气系统冒烟、发出异味,应立即按下"停止"按钮,查找原因。

(2)若在搅拌器运行中,机组剧烈振动或发现漏油严重,则立即按下"停止"按钮,查找原因,排除故障。

四、搅拌器常见故障分析及处置

1. 严重泄漏

搅拌器严重泄漏,必须更换密封。更换机械密封时,不必将油罐内或容器内的介质放空，将密封座和托架前端堵头卡紧，O形密封圈使油罐内介质密封住，就可以更换机械密封。其具体步骤如下。

（1）封闭密封座。

（2）更换机械密封。

（3）检查复原状况。

2. 填料发生泄漏

若搅拌器的填料发生泄漏，一般只要拧紧或压紧螺栓即可排除泄漏故障。若泄漏严重，则必须排空油罐，将搅拌器卸下后更换填料。

3. 轴承温度过高或减速机构运转不正常

在操作过程中，如果轴承温度过高或减速机构运转不正常，可按下述步骤进行拆卸检查或更换。

（1）卸下防护罩，松开弹性柱销联轴器的连接柱销。

（2）松开螺钉，卸下保护罩。

（3）松开螺栓，卸下轴端挡圈；松开螺栓，卸下传动套，并按更换机械密封的步骤封闭密封座。

（4）卸下轴用弹簧挡圈。

（5）松开连接螺栓。

（6）将减速机构从固定座上卸下。

（7）根据需要卸下有关的零部件进行检查和更换。

（8）按与拆卸时相反的顺序将减速机构与搅拌器组装好。

（9）检查复原状况。

第八节　泵

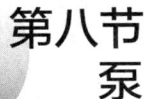

泵是将机械能转换成液体的压力能的设备，按工作原理分为动力式泵、容积式泵和其他类型泵。

动力式泵又称叶轮式泵或叶片式泵，是通过旋转的叶轮对液体进行动力作用，使液体的动能和压力能增加的泵。常见的动力式泵有离心泵、轴流泵、部分流泵和旋涡泵等。

容积式泵是通过包容液体的密封工作空间容积的周期性变化来运行的泵。它将能量周期性地传递给液体，使液体的压力能增加，从而把液体强行排出。常见的容积式泵有螺杆泵、齿轮泵等。

一、离心泵

1. 离心泵的分类

离心泵的类型很多，根据使用目的，可分为多种结构。通常按结构形式分类，具体分类如下。

（1）按液体吸入叶轮方式分类

1）单吸泵。叶轮只有一侧有吸入口，液体从叶轮的一侧进入。

2）双吸泵。叶轮两侧都有吸入口，液体从叶轮的两侧进入。

（2）按叶轮级数分类

1）单级泵。在泵体中只装有一个叶轮。

2）多级泵。在同一根泵轴上装有串联的两个及以上的叶轮。

（3）按壳体剖分形式分类

1）中开式泵。壳体在通过轴中心线的水平面上剖分。

2）分段式泵。壳体在与泵轴垂直的平面上剖分。

（4）按泵体形式分类

1）蜗壳泵。壳体呈螺旋线形状，液体自叶轮甩出后，进入蜗壳，再送入排出管。

2）双蜗壳泵。泵体设计成双蜗壳，以平衡泵的径向力。

3）筒式泵。泵体为双层泵壳，外泵壳是一个铸造圆筒，两端用端盖封闭，上部设有吸入管和排出管。

（5）按泵的主轴方向分类

离心泵按泵的主轴方向可分为卧式泵、立式泵和斜式泵。

（6）按输送介质分类

离心泵按输送介质可分为清水泵、油泵和污油泵。

2. 离心泵的结构

离心泵主要由吸入管、泵体、泵轴、扩压管、叶瓣、叶轮等部分组成，此外还有密封环、冲洗辅助系统、轴封装置和轴向力平衡装置等。其中，冲洗辅助系统是对机械密封进行冲洗，避免杂质影响密封效果。离心泵的基本结构如图 3-8-1 所示。常用的船用泵、火车用泵及消防泵均为双吸离心泵。

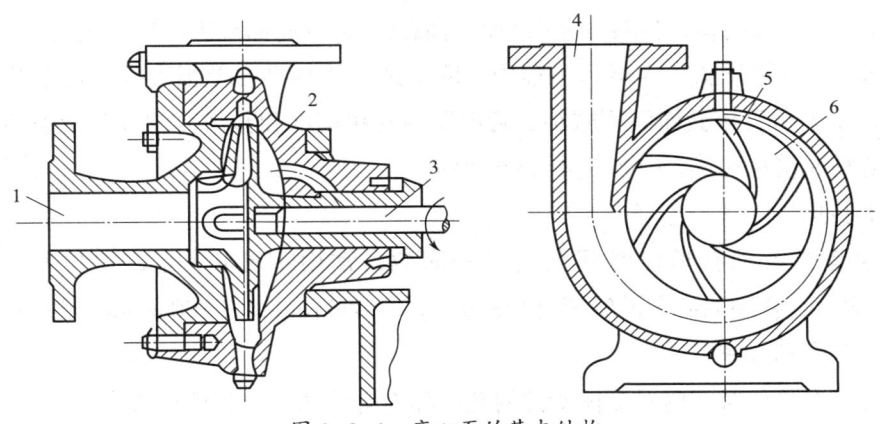

图 3-8-1 离心泵的基本结构

1—吸入管 2—泵体 3—泵轴 4—扩压管 5—叶瓣 6—叶轮

3. 离心泵的工作原理

离心泵在启动之前，泵内应灌满液体，此过程称为灌泵。运行时，驱动机通过泵轴带动叶轮旋转，叶轮中的叶片驱使液体一起旋转，因此产生离心力。在离心力的作用下，液体沿叶片流道甩向叶轮出口，并流经蜗壳送入排出管。液体从叶轮获得能量，使压力能和动能增加，并依靠此能量将液体输送到油罐或工作地点。

从离心泵的运行过程可以看出，离心泵是通过离心力作用运行的，因此离心泵内不能有空气。由于气体密度小，旋转时产生的离心力小，如果叶轮入口无法形成真空，也就无法将液体吸入离心泵，因此离心泵使用前的灌泵是一项必备工作。离心泵出厂时，泵体都带有铭牌，铭牌所列的流量、扬程、功率和气蚀余量等指标是离心泵的主要性能参数；性能表、性能曲线图等也是描述离心泵性能的资料，这些都是离心泵选用的依据。离心泵的主要性能参数如下。

（1）流量

流量是指在单位时间内流经离心泵进出口的液体质量或体积数。与液体在管道中的流量一样，离心泵的流量也有质量流量和体积流量之分，可用 kg/s、t/h 和 L/s、m^3/h 等表示。

（2）压头（扬程）

压头是指单位质量液体通过离心泵所获得的能量增值，即

$$H=h_1+h_2+h_3+h_4$$

式中：H——压头（扬程），m；

h_1——管道的压头损失（包括沿程损失和局部损失），与采用的船用流体装卸臂的口径、台数、输油效率、油品性质有关，一般选取 10～32 m；

h_2——输油管上附属设施（如船用流体装卸臂、流量计、加热器、热交换器等）的压头损失，m；

h_3——地形高差，指最低液面与标高最低、最远的油罐进出罐顶之差，m；

h_4——富裕压头，在运行过程中，除上述压头标高之差损失外，还包括由于管道积蜡、积土后管道截面面积减小、管内壁绝对粗糙度和雷诺数的改变所需的压头损失，因此需有富裕压头，一般选取 15～20 m。

（3）转速

转速是指泵轴在单位时间内转过的圈数，常用字母 n 表示，单位常用转/分（r/min）表示，普通离心泵的转速有 960 r/min、1 450 r/min、2 900 r/min 三种。

（4）功率和效率

离心泵在单位时间内对液体所做的功，称为有效功率，其计算式为

$$N_e = \frac{\rho g Q H}{1\ 000}$$

式中：N_e——离心泵的有效功率，kW；

Q——离心泵的流量，m³/s；

H——离心泵的扬程，m；

ρ——液体的密度，kg/m³；

g——重力加速度，m/s²。

离心泵运行时，由原动机传给泵轴的功率，称为轴功率 N。泵效率是指离心泵的有效功率与轴功率之比，即

$$\eta = \frac{N_e}{N} \times 100\%$$

式中：N_e——离心泵的有效功率，kW；

N——离心泵的轴功率，kW；

η——泵效率，%。

通常，铭牌上标明的功率不是离心泵的有效功率，而是与离心泵配合的原动机的功率，有些铭牌上标明的轴功率是指离心泵需要的功率。在选配原动机时，原动机的功率应比轴功率稍大，一般取轴功率的 1.1～1.2 倍。

（5）允许吸入真空高度

允许吸入真空高度（H_s）是指离心泵在正常运行的情况下，离心泵入口处允许的最大真空度，单位为 m（液柱），它表示离心泵的吸入性能。

铭牌上列出的流量、轴功率、效率都是用水试验得出的。当液体不是水时，应根据液体的性质，修正参数 Q, H, N, η，修正方法可查阅离心泵产品样本或油品储运有关工艺设计手册。

4. 离心泵的性能特点

（1）效率高，能在短时间内完成大量液体的输送，适用于需要快速处理的场合。

（2）结构相对简单，安装、维护、操作都很便捷。

（3）可靠性高，即使在恶劣环境下也能稳定运行，这保证了其在各种复杂场景下的稳定性能。

（4）适应性强，应用范围广泛，可以输送各种不同的液体，如水、油、酸、碱等。

（5）离心泵在运行时噪声较低，振动也较小，能在需要低噪声环境的场合使用。

（6）离心泵的流量和压力会受到转速和液体特性的影响，在使用时需要进行适当的调整。

5. 离心泵常见故障分析及处置

离心泵发生故障时，压力表和真空表读数同时变化，这是因为离心泵的流量和压头是互相影响的。即使是吸入部位发生故障也会影响排出过程，同样，排出部位发生故障也会影响吸入过程。所以，判断故障的基本方法是观察离心泵运行时压力表和真空表读数的变化。根据两表读数变化，既能了解离心泵是否发生了故障，又可进一步分析故障，以实现准确及时地排除故障。除此之外，还可以通过听声音、看电流表读数的变化等方法分析故障。

造成离心泵故障的原因很多，归纳起来有五方面，包括离心泵内有空气、吸入管堵塞、排出管堵塞、排出管破裂和离心泵产生气蚀。

（1）离心泵内有空气

真空表和压力表的读数都比正常值小，常不稳定，甚至降到零。这是因为空气进入离心泵以后，压力显著减小，流量也急剧减小。

离心泵内有空气的原因是吸入系统不严密。吸入管系统连接处不严，填料筒不严，真空表接头松动等，都会造成离心泵内有空气。此外，离心泵转速降低或反转，也有类似情况，两表读数偏小，但比较稳定。

（2）吸入管堵塞

真空表读数比正常值大，压力表读数比正常值小。因为吸入管堵塞，吸入管阻力增大，增大吸入压力，所以真空表读数比正常值大；同时，由于流量减小，排出阻力减小，因此压力表读数比正常值小。

吸入管堵塞的原因有吸入管插入容器太深，接触罐底；吸入管使用太久，内层松脱；吸入滤网过脏；吸入阀门或底阀未完全打开等。

（3）排出管堵塞

压力表读数比正常值大，真空表读数比正常值小。因为排出管堵塞，排出管阻力增大，所以压力表读数增大；又因为排出管阻力增大，流量减小，真空度减小，所以真空表读数比正常值小。

排出管堵塞使排出系统发生故障，故障原因有排出阀门未打开或开错阀门，过滤器（排出系统有过滤器时）过脏等。

（4）排出管破裂

一般是压力表读数突然减小，真空表读数突然增大。这是因为排出管破裂后，排出管阻力减小，使流量增大，从而造成真空度增大。

从两表读数来看，与吸入管堵塞时一样，真空表读数增大，压力表读数减小，但是排出管破裂往往是突然发生的，因此两表读数变化比吸入管堵塞时变化要快。另外，流量增大会引起负荷增大，与吸入管堵塞引起负荷减小的情况不同，可从声音和电流表读数的变化加以区别，这时，应立即停泵查明原因。

排出管破裂的原因主要是管道焊接质量不高，钢管锈蚀严重，操作中猛开或猛关阀门而引起液体水击等，最根本的原因是思想上麻痹大意。所以必须严格执行操作规程，认真检查管道（特别是地下管道）的锈蚀情况，并定期试压，收油时应随时观察仪表和油罐的油面上升情况，避免事故的发生。

（5）离心泵产生气蚀

离心泵产生气蚀是指在离心泵运行过程中，某种原因导致离心泵内局部压力减少，当压力小于液体在该温度下的饱和蒸气压时，液体就会蒸发，形成气泡。随后，这些气泡在被离心泵送至高压区域时会迅速崩溃，形成瞬时的高压冲击波。

离心泵常见故障及排除方法见表3-8-1。

表3-8-1　离心泵常见故障及排除方法

泵不输出液体	流量扬程不够	功率消耗过大	泵振动及噪声	密封泄漏过多	泵过热或转不动	轴承发热及磨损	管道发生水击	故障原因	排除方法
○	○	○						离心泵内没有灌满液体，有空气存在	重新灌泵，排出空气
○	○	○						上吸高度过高或灌注高度不够	降低标高，减小吸入管阻力，增大进口压力
○	○		○	○				吸入管内压力小于或接近汽化压力	增大压力
○	○							管道漏气	检查管道并拧紧接头
○	○	○						转速过高或过低	检查原动机与电源
○	○							转向错误	调整转向

续表

故障现象								故障原因	排除方法
泵不输出液体	流量扬程不够	功率消耗过大	泵振动及噪声	密封泄漏过多	泵过热或转不动	轴承发热及磨损	管道发生水击		
○	○	○						装置扬程与泵扬程不符	设法减小排出系统的阻力
○	○							液体密度和黏度与原设计不符	应进行换算
			○		○	○		在流量极小处运行产生振动	增大流量或安装旁路循环管
		○	○	○		○		离心泵与原动机的轴线不一致，轴弯曲	校正轴线
			○		○			转动部分与固定部分发生碰撞	停泵、手动转动，找出摩擦部位，修理或调整
			○					轴承损坏	更换轴承
			○			○		转动部分不平衡引起振动	检查转子并排除
		○				○		轴承盒内油过多或太脏	按油位计规定加油或更换油
			○			○		轴承或密封环磨损过多，形成转子偏心	更换并校正轴线
○	○	○						离心泵内或管道中有杂物堵塞	检查并清理离心泵或管道
				○				机械密封损坏	更换机械密封
	○	○						密封环磨损过多	更换密封环
	○			○	○			密封或机械密封安装不当	检查并排除
				○	○			密封液压力不当	应按规定调整压力
						○		离心泵或管道中存有空气	放出空气，排除积存空气的原因

说明：
（1）在故障现象栏下找到所遇到的故障。
（2）通过故障现象找到注有"○"处。
（3）当某一故障有多种原因时，应逐项排除，或者根据其现象做出判断，再进行排除。

一般来讲，离心泵产生气蚀时，真空表和压力表的读数常常不稳定，比正常值小，有时甚至为零。引起离心泵产生气蚀的直接原因不同，因此，两表的变化规律也不完全相同。例如，若吸入管严重堵塞，则真空表读数增大，但真空度过大，超过离心泵的允许吸入真空高度时便会引起气蚀，这时真空度减小，甚至减到零；若离心泵的允许吸入真空高度本来就低（或离心泵安装位置过高），则刚打开排出阀门就可能产生气蚀，这时真空度不一定是先增大后减小，而是一开始就减小，甚至为零；若排出管破裂发生在泵站附近，则真空表读数突然快速增大，超过离心泵的允许吸入真空高度而产生气蚀，这时真空表读数的变化情况是突然增大，之后开始减小。

二、螺杆泵

螺杆泵是容积式转子泵，通过由螺杆和衬套形成的密封腔的容积变化来吸入和排出液体。螺杆泵按螺杆数目分为单螺杆泵、双螺杆泵、三螺杆泵和五螺杆泵。螺杆泵的特点是流量平稳，压力脉动小，有自吸能力，噪声低，效率高，使用寿命长，运行可靠。而其突出的优点是输送液体时不会形成涡流，对液体的黏性不敏感，可输送高黏度液体。

1. 螺杆泵的结构

常用的螺杆泵为双螺杆泵。双螺杆泵采用双螺杆结构，即螺杆两端处于同一压力腔中，轴向力可以自行平衡。两端轴承采用外装式，单独采用润滑油（脂）润滑，因此不受输送液体的影响。两螺杆间用一对同步齿轮驱动，两螺杆齿面不接触，留有微小间隙，所以液体中的杂质不能对螺杆齿面产生直接的磨损（除冲刷外）。双螺杆泵如图 3-8-2 所示。一般泵体都设有内流式安全阀，当液体排放压力超过额定值时，安全阀有一定的保护作用。

图 3-8-2 双螺杆泵

2. 螺杆泵的工作原理

双螺杆泵的工作原理如图 3-8-3 所示。其主要通过泵体中主、从动螺杆的相互啮合，以及螺杆和泵体孔的配合，在泵体中形成一个个密封空腔；在螺杆转动时，这些密封空腔连续向前移动，推动密封空腔中的液体从出口排出，达到泵送液体的目的。

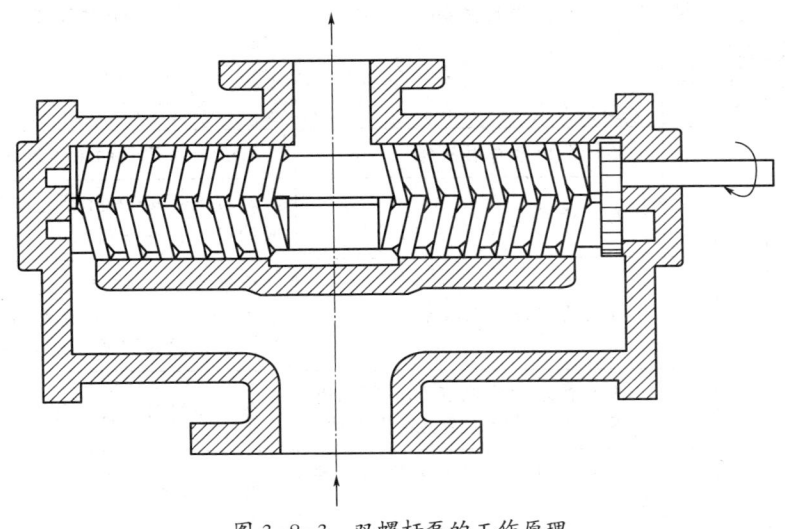

图 3-8-3　双螺杆泵的工作原理

3. 螺杆泵的性能特点

（1）结构简单、紧凑，可与电动机直接联动，操作管理方便，具有离心泵的优点。

（2）一般流量范围广，最大流量可达 2 000 m³/h，具有离心泵的优点。

（3）扬程高，排出压力可达 40 MPa，常用在无缝钢管耐压强度试验中，具有往复泵的优点。

（4）转速高，一般转速为 1 450 r/min。

（5）效率高，一般为 80%～90%。

（6）运行平稳，流量均匀。液体在螺杆密封空腔内无搅拌地、连续地做轴向移动，没有脉动和漩涡。

（7）振动小，无噪声。主动螺杆对从动螺杆以液压传动，双螺杆之间保持油膜、无扭矩，具有离心泵的优点。

（8）有自吸能力，略低于往复泵。

（9）流量随压力变化很小，当输送高度有变化时，能保持一定流量，具有容积式泵的优点。

（10）能输送黏油和柴油，兼有离心泵和容积式泵的作用。

4. 螺杆泵常见故障及排除方法

螺杆泵常见故障及排除方法见表 3-8-2。

表 3-8-2　螺杆泵常见故障及排除方法

故障现象					故障原因	排除方法
泵流量不够	泵没有流量	驱动装置过热	噪声振动增大	泵轴不旋转		
	○				螺杆泵内未存有液体	重新加注适量的泵送液体
○	○		○		吸入管漏气	对吸入管和压出管之间所有直接连通的通路，逐一排除
○	○		○		不满足螺杆泵吸入条件	检查管道，若流速太快，则加大管道直径；若液体黏度太高，则加热降黏；若过滤器堵塞，则要清洗过滤器
○			○		吸入管方向突然变化，阀门开度不完全，螺杆泵可能发生气蚀	全打开阀门，改正管道
○					螺杆之间，螺杆与泵体间隙因磨损而加大	更换新零件
				○	大的异物和杂质夹在相互运动零件之间	反向转动螺杆，松开所夹异物，必要时拆泵检修
				○	由于温度过高，内部零件过分膨胀	待螺杆泵冷却后，用手能转动泵轴时，重新启动螺杆泵
		○	○	○	轴承损坏或齿轮箱内缺油	必要时拆泵换轴承，加注齿轮油
○					旋转方向错误	改变电动机的接线，改变电动机的旋转方向
		○	○	○	联轴器对中性不好	重新校正联轴器的对中
○					转速太低	检查电动机的转速，提高转速
○	○				排出压力超过螺杆泵工作压力，循环阀已打开	减小出口压力
○	○				密封泄漏	检查机械密封，必要时更换机械密封

说明：
(1) 在故障现象栏下找到所遇到的故障。
(2) 通过故障现象找到注有"○"处。
(3) 当某一故障有多种原因时，应逐项排除，或者根据其现象做出判断，再进行排除。

三、齿轮泵

1. 齿轮泵的结构

齿轮泵结构如图 3-8-4 所示。泵体中有一对啮合齿轮，一个是主动齿轮，另一个是从动齿轮，由主动齿轮啮合带动从动齿轮做旋转运动。齿轮与泵体、主动齿轮与从动齿轮留有较小的间隙。

2. 齿轮泵的工作原理

当啮合齿轮沿图 3-8-4 所示箭头方向做旋转运动时，在两齿轮逐渐脱离啮合的左侧吸液腔，齿轮间密闭容积增大，形成局部真空，液体在压差作用下被吸入吸液腔；随着齿轮旋转，液体分两路在齿轮与泵体之间被齿轮推动前进，送到右侧排液腔，在排液腔中两齿轮逐渐减小啮合容积，齿轮间的液体被挤出排液口。

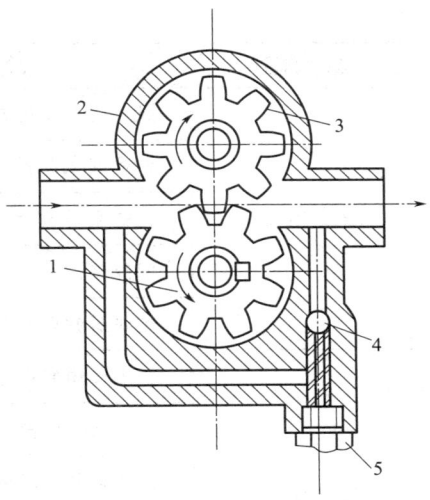

图 3-8-4　齿轮泵结构
1—主动齿轮　2—泵体　3—从动齿轮
4—安全阀　5—调节螺母

3. 齿轮泵的性能特点

（1）齿轮泵一般自带安全阀，当排压过高时，安全阀开启，使高压液体返回吸液口。

（2）齿轮泵运行稳定，结构可靠。

（3）齿轮泵的缺点是轮齿容易磨损。

（4）齿轮泵的各活动部件靠吸入的油品润滑，所以齿轮泵不能长期空转和用来输送汽油、煤油等黏度小的油品。

（5）齿轮泵的性能参数：流量为 0.3～200 m³/h，出口压力≤4 MPa，转速为 150～1 450 r/min，容积效率为 90%～95%，总效率为 60%～70%，温度≤350 ℃，液体黏度为 $1 \sim 1 \times 10^5$ mm²/s。

4. 齿轮泵常见故障及排除方法

齿轮泵常见故障及排除方法见表 3-8-3。

表 3-8-3　齿轮泵常见故障及排除方法

故障现象	故障原因	排除方法
齿轮泵不吸油	齿轮泵内未灌油	启动前必须灌泵
	吸入管堵塞	清除吸入管杂物
	吸入管或轴密封机构漏气	检修吸入管或轴密封机构
	齿轮泵反转	改变电动机旋转方向
	间隙过大	调整间隙
	油温过低	加热油品
	安全阀卡住	检修安全阀

续表

故障现象	故障原因	排除方法
流量不足	吸入管或轴密封机构漏气	检修吸入管或轴密封机构
	回流阀未关紧	关紧回流阀
	齿轮泵转速低	提高齿轮泵转速
	间隙偏大	调整间隙
	过滤器滤网面积太小	增大滤网面积
所需功率过大	排出管堵塞或排出管阀门关闭	清理排出管,打开排出管阀门
	齿轮泵内间隙过小	调整间隙
	齿轮泵与电动机轴心线不正	校正轴心线
	所输油品黏度过大	加热油品
	所输油品有沙子、金属碎屑,使齿面磨损	清洗、检查或拆换齿轮
齿轮泵在运行中有噪声	油品中有空气	排出空气
	齿轮泵转速太高	降低转速
	齿轮泵内间隙太小	调整间隙
	齿面已磨损或咬毛	检修或更换齿轮
	主动轴或从动轴不同心,轴已弯曲	检修主动轴、从动轴
	滚珠轴承已损坏	更换滚珠轴承

四、常用泵的操作要点

1. 离心泵的操作要点

（1）检查事项

1）检查泵体各紧固螺栓有无松动、滑扣现象。

2）检查联轴器防护罩是否牢固可靠。

3）依照离心泵的旋转方向,手动盘车3~5圈,检查是否回转灵活,有无擦碰等现象。

4）检查轴承箱内液位是否为1/2~2/3,目测油质是否正常。

5）检查离心泵的进、出口阀门开关状态。

6）检查压力表数和压力变送器压力值是否一致,操作柱电流表是否回零。

7）启泵后,机组运行状态是否平稳,有无异响。

（2）操作步骤

1）就地操作

①开启离心泵的进口阀门，打开过滤器排气阀，待有满管液体排出后关闭排气阀。

②接到启泵指令后，按下"启动"按钮。现场作业人员观察离心泵的电流值应在 5～10 s 恢复到额定电流以下，若超过额定电流居高不下，则必须停泵，查明原因，采取措施后方可重新启动。

③待电动机正常运转、电流稳定后，开启离心泵的出口阀门并调整阀门开度，观察电流值使其小于额定电流。

④作业结束，首先关闭离心泵的出口阀门，然后停泵，最后关闭离心泵的进口阀门。

⑤电动机停止运转后，确认电动机空间加热器处于工作状态。

2）远程操作

①开启离心泵的进口阀门，现场作业人员打开过滤器排气阀，待有满管液体排出后关闭排气阀。

②接到启泵指令后，值班人员启离心泵，观察离心泵的电流值应在 5～10 s 恢复到额定电流以下，若超过额定电流居高不下，则必须停泵，查明原因，采取措施后方可重新启动。

③待电动机正常运转、电流稳定后，开启离心泵的出口阀门并调整阀门开度，观察电流值使其小于额定电流。

④作业结束，首先关闭离心泵的出口阀门，然后停泵，最后关闭离心泵的进口阀门。

⑤电动机停止运转后，确认电动机空间加热器处于工作状态。

⑥待离心泵运行正常后方可离开，每次巡检对其检查一次，如果发现异常应及时停机。

（3）注意事项

1）检查电动机和离心泵的轴承温度，最高温度不得超过设计值。

2）当启动失败时，必须排除故障后再次启动。电动机允许连续冷态启动两次，启动间隔时间不少于 1 min。电动机只允许热态启动一次，热态启动后的下一次启动至少要在停机 1 h 后进行。

3）离心泵的出口压力不得超过额定压力，进口压力不得小于设计值。

4）当进行并泵操作时，需注意查看其他泵的运行状态。

5）待机组运行稳定后，离心泵的机械密封泄漏量应不超过设计值。

6）严禁用离心泵的进口阀门调整流量，以防气蚀。

7）严禁离心泵超负荷运行。对于功率大于 160 kW 的离心泵，要求两人以上协作操作，一人控制出口阀门，一人操作机组、观察电流。

8）根据油品性质，决定是否对泵体、过滤器加热。

9）电动机开启后，确认电动机空间加热器处于关闭状态。

（4）应急处置

遇下列情况须紧急停泵、关闭阀门，查找原因，排除故障。

1）离心泵和电动机的运转部位温度超过规定值，且继续上升。

2）离心泵、电动机有异常响声且判断不清，无法处理。

3）机械密封泄漏量超过设计值且继续增加，管道渗漏、变形。

4）电气系统冒烟。

5）在离心泵运行过程中，机组剧烈振动或漏油严重。

2. 容积式泵的操作要点

（1）检查事项

1）检查齿轮箱内液位是否为 1/2～2/3，目测油质是否正常。

2）检查各紧固螺栓有无松动，联轴器防护罩是否牢固可靠。

3）检查压力表数和压力变送器压力值是否一致，电流表是否回零。

4）依照容积式泵的旋转方向，手动盘车 3～5 圈，检查回转是否灵活、有无擦碰等现象。

5）根据油品性质，决定是否对泵体、过滤器加温。

6）检查容积式泵的进、出口阀门开关状态。

（2）操作步骤

1）按工艺要求将容积式泵的进、出口阀门打开，开启过滤器顶盖上的排气阀排气，使容积式泵内注满液体，待有满管液体排出后，关闭排气阀。

2）就地控制模式。接到启泵指令后，现场作业人员通过操作柱启动容积式泵。现场作业人员要观察操作柱电流表的电流值，电流值应在 5～10 s 恢复到额定电流以下，若超过额定电流居高不下，则必须停泵，查明原因，采取措施后方可重新启动。

3）远程控制模式。接到启泵指令后，值班人员通过生产自控系统启动容积式泵。值班人员与现场作业人员共同监控容积式泵的电流值，电流值应在 5～10 s 恢复到额定电流以下，若超过额定电流居高不下，则必须停泵，查明原因，采取措施后方可重新启动。

4）根据需要增减容积式泵。

5）机组运行正常后，停止泵体伴热。

6）作业结束，先停泵，再关闭进、出口阀门。

(3）注意事项

1）密切监控容积式泵的运行情况，严禁超负荷运行，确保机组运行平稳，无振动、卡阻。

2）容积式泵不得无液体空转。

3）容积式泵的出口压力不得超过额定压力，进口压力不得小于设计值。

4）检查电动机轴承、泵轴承温度，不得超过设计值。

5）待机组运行稳定后，机械密封泄漏量应不超过设计值。

6）电动机开启后，需确认电动机空间加热器处于关闭状态。

7）当进行并泵操作时，需注意查看其他泵的运行状态。

8）容积式泵性能参数应满足设计要求。

（4）应急处置

遇下列情况须紧急停泵、关闭阀门，查找原因，排除故障。

1）容积式泵和电动机的运转部位温度超过规定值，且继续上升。

2）机组剧烈振动，容积式泵、电动机有异常响声且判断不清，无法处理。

3）机械密封泄漏量超过设计值且继续增加，管道渗漏、变形。

4）进口压力小于设计值，或者有较剧烈的振动。

5）出口压力大于额定压力，且居高不下。

6）电气系统冒烟。

第九节 悬臂吊

一、概述

悬臂吊是固定式全回转小型液压起重机，又称软管吊，是起重机的一种，是将软管与船舶连接的吊装设备。悬臂吊根据实际使用的包络范围设计制造，在小船满载、大船空载的范围内任意吊装连接多种介质的软管，满足船舶装卸的需要，广泛应用于船舶、码头或港口。

二、悬臂吊的组成

悬臂吊设有液压动力单元,电动机装在基柱机架中间,有朝上的输出轴,通过万向联轴节驱动泵,供给平台上的三联手动比例换向阀,将压力油分别输送到起升液压绞车、变幅油缸或液压回转机构,从而实现起升、变幅或旋转运动。

悬臂吊(见图3-9-1)的主要结构包括底座、转柱、吊臂、工作平台、操作台和安全装置六部分。

图3-9-1 悬臂吊

1. 底座

底座为圆柱形钢结构,是悬臂吊的支承结构,用于将悬臂吊固定在适当的位置。它通常由坚固的钢材制成,能够承受起重作业时的各种力。底座下端通过地脚螺栓固定在混凝土基础上,确保悬臂吊的稳定性和安全性。

2. 转柱

转柱为方形箱结构,其底部用法兰通过高强度螺栓与底座相连,上部装有支承吊臂的支板。转柱除直接承受吊臂、变幅油缸及液压回转机构传递的力和力矩外,还兼作整个液压控制系统的液压泵站和油箱。

3. 吊臂

吊臂为等强度箱形结构,其底部通过销轴与转柱上支板铰接,下部装有起升用液压绞车,顶部装有2个定滑轮。

4. 工作平台

工作平台为一个由栏杆围起的钢结构小平台。工作平台设在转柱的一侧,并设有直梯用于作业人员上下。

5. 操作台

操作台为角钢和薄钢板组焊的供作业人员操控悬臂吊的结构件。操作台安装在转柱上,可以在操作台上集中控制悬臂吊所有操作。

6. 安全装置

起升、回转和变幅机构需安装自动保护装置。自动保护装置与主动力系统控制油路无关，一旦某种原因导致失去动力或压力，所有动作将自动停止，以保证悬臂吊的安全。

主控制阀内装有安全阀，实行所有动作的过载保护。绞车和回转机构设有自动制动装置。吊钩需安装上限位自动停止装置。变幅限位由油缸自身行程决定。在操作台上设有手动应急释放装置。电动机设有短路保护与过热保护装置。

三、悬臂吊的操作要点

1. 检查事项

（1）检查地脚螺栓及各处的连接螺栓有无松动。

（2）检查液压油液位是否在 1/2 以上，液压油管道有无泄漏。

（3）检查活动部件、吊钩和钢丝绳等有无异常。

（4）检查悬臂吊工作范围内有无障碍物。

（5）检查安全装置有无异常。

2. 操作步骤

（1）打开电源，按下基柱上的液压油泵"启动"按钮，登上操作台，注意起吊物和作业范围内的情况。

（2）作业人员解开吊钩，使吊臂处于自由状态。

（3）先操纵变幅手柄，收起吊臂，然后将吊臂转离托架。

（4）根据起吊物的位置，分别操纵变幅、旋转、起升3个手柄，通过吊钩将起吊物吊起，并移动到所需位置。

（5）结束作业后，应将悬臂吊回转到停止时的位置，将吊臂搁置在托架上，并将吊钩固定好，按下基柱上的液压油泵"停止"按钮。

3. 注意事项

（1）操作时，应缓慢扳动换向阀的手柄离开中位，当起吊物接近所需位置时，应缓慢减速松动手柄。

（2）无论何种操作，若液压控制系统或执行元件误动作，须立即手动打开应急阀，释放液压控制系统的压力。

（3）操作时，在吊臂下及其旋转半径内严禁站人。

（4）吊钩运行必须受载，防止钢丝绳松脱。严禁超载荷作业。

（5）悬臂吊操作须两人进行，一人负责指挥、解挂吊钩，一人负责操作；使用后，应固定吊钩。

（6）钢丝绳有断丝或实际直径比公称尺寸减少5%以上，须更换钢丝绳。

（7）钢丝绳断裂，须立即停止操作。

四、悬臂吊常见故障及排除方法

悬臂吊常见故障及排除方法见表 3-9-1。

表 3-9-1 悬臂吊常见故障及排除方法

序号	故障现象	故障原因	排除方法
1	悬臂吊无动作	电气接线故障 泵站油箱中油量不足 油压不够 滤油器堵塞	检查电气线路，有无接错或接头接触不良 检查液位高度，补充油量到规定值 调整主控阀，增大油压 检查、清洗或更换滤油器
2	操纵主控阀，执行机构无动作	主控阀的阀芯产生液压卡紧或被污物卡住 主控阀压力偏小 滤油器堵塞或损坏 软管破裂或松动	检查、清洗、修理或更换阀芯，排除液压卡紧、污物 调整主控阀压力 清洗或更换滤油器 检查、拧紧或更换软管
3	手柄不能复位	控制阀弹簧损坏 控制阀的滑阀产生液压卡紧 操纵连杆故障	修理或更换弹簧 修理或更换阀芯 检查、调整或更换操纵连杆
4	软管破裂、漏油	调整压力过大 管子安装不正确 管子松动	重新调整，适当减小压力 拆下重新安装、更换管子 拧紧管接头
5	油温上升、油马达过油	工作油量不够 连续工作时间太长 油马达内部磨损	补充适当的工作油 停机降温 检查修理油马达
6	起升无力或上不去	主控阀中安全阀调压不够 油马达故障	检查，将压力适当增大，但不得超过规定值 检修或更换油马达
7	吊钩下不来	平衡阀动作不正常 油马达故障	检查、清洗、修复平衡阀 检修或更换油马达
8	吊臂不能起升	压力不够 油缸密封破坏	检查并调整压力，但不得超过规定值 检修油缸
9	吊臂不能下降	平衡阀卡住（液压卡紧） 平衡阀控制油压不够	检查、清洗、修理液压卡紧部位或更换有关零件 适当增大压力
10	回转不动或无力	油马达故障 回转机构故障 平衡阀调整不当	检查、更换有关零件或油马达 检查、清洗或更换回转机构 重新调整平衡阀
11	应急下放无动作	没有切换应急截止阀 平衡阀卡住 手摇泵无压力输出	将应急截止阀手柄拧到应下放位置，检修或更换 检修或更换平衡阀 检修手摇泵

第四章
流体装卸辅助系统

第一节 油气回收系统

一、概述

在码头液态油品装载过程中，随着装载的进行，油品挥发的碳氢化合物被排出舱外。油气回收系统的作用是将排放的含有挥发性有机物（volatile organic compound，VOC）的气体进行回收处理。目前，我国的主流回收工艺包括活性炭吸附工艺、冷凝吸附工艺、膜分离工艺等。油气回收系统工作原理如图 4-1-1 所示。

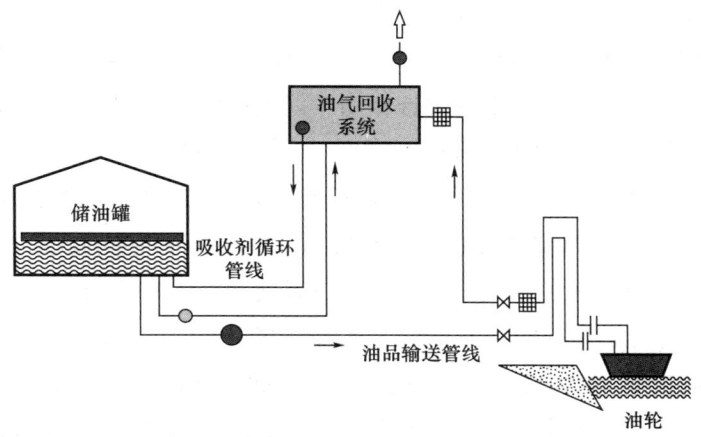

图 4-1-1　油气回收系统工作原理

二、油气回收系统工作原理与工艺流程概况

1. 活性炭吸附工艺

油罐车（船）装载油品的时候，空油罐内原来的油气和空气与装载的液态油品挥发的油气相混合，随着液体注满空油罐，液体将油气和空气从油罐顶部挤出，通过一根油气软管进入集气管道系统。油气通过集气管道系统流入一个气液分离器，它能从油气中分离出液态油品，通过泵抽回油罐。这样，完全不带液体的油气流入油气回收系统。

油气进入油气回收系统后，进入两个吸附塔中的一个。每个吸附塔都装满了特殊的活性炭。空气—油气混合气体中的碳氢化合物被吸引到活性炭表面，并在大气作用下停留在那里。空气—油气混合气体中的空气不受活性炭的影响，通过活性炭后进入大气，不含碳氢化合物。在吸附过程中，特殊的活性炭利用表面动能的动力吸引碳氢化合物。油气回收系统使用特殊的活性炭，有很大的表面吸收面积，平均为 1 800 000 m^2/kg。巨大的表面吸收面积使每千克活性炭可吸附多达 0.5 kg 碳氢化合物。当空气—油气混合气体通过巨大的表面之后，碳氢化合物被吸引到活性炭表面，并停留直到出现更大的反向力。这种碳氢化合物被吸引的现象称为吸附。

空气中一般包含不同浓度的水蒸气。空气不会被活性炭吸附，因此空气通过炭床时不会受到任何影响。空气中不同浓度水蒸气会被部分吸附，但吸附水蒸气不像吸附碳氢化合物那样容易。因此，所有空气和大部分水蒸气通过了炭床，而气相的碳氢化合物和少量水蒸气被吸附在活性炭上。油气回收系统的基本功能是减少空气污染，通过检测进入大气出口的碳氢化合物能证明油气回收系统的有效性。通过测量炭床顶部气流中碳氢化合物的浓度，证明出口气流几乎不含有碳氢化合物，所以油气回收系统可以完全按设计正常运转，微量水蒸气对油气回收系统没有影响。

在吸附过程中，油气被吸附在活性炭的表面。一旦活性炭接近其设计吸附极限，炭床必须再生，以继续作为吸附剂发挥作用。油气回收系统通过使炭床暴露在高真空（负压）下的方式实现炭床再生。高真空能产生足够大的解吸能量，破坏烃分子和活性炭颗粒间分子水平的黏合。一旦这种黏合被打破，碳氢化合物片段就会从活性炭颗粒中释放出来，并通过炭颗粒间的高真空从炭床底部流出。这种再生的现象称为解吸。

从活性炭中解吸出来的油气被送入一个质量转换塔，称为吸收塔。在吸收塔（立式）中，浓缩的气相碳氢化合物不断向上运动，穿过厚厚的、特殊的质量转换随机填料层。同时，通过储藏油品的油罐，抽回油气回收系统，流向吸收塔顶部，在这里，它们被均匀分配，又向下流过填料。填料为向下流动的油品和向上运动的油气提供足够的接触表面积。这种接触使浓缩的气相碳氢化合物不断在油品中溶解，这个过程称为吸收。油品向下流入吸收塔底部，在这里油品被收集并抽回油罐。油罐内的油品被

再次出售，实现投资成本的回收。

活性炭吸附工艺可以根据使用地的排放要求，以及工艺设计的差异（活性炭用量、解吸真空度）控制排放为 50～100 g/m³，如图 4-1-2 所示。

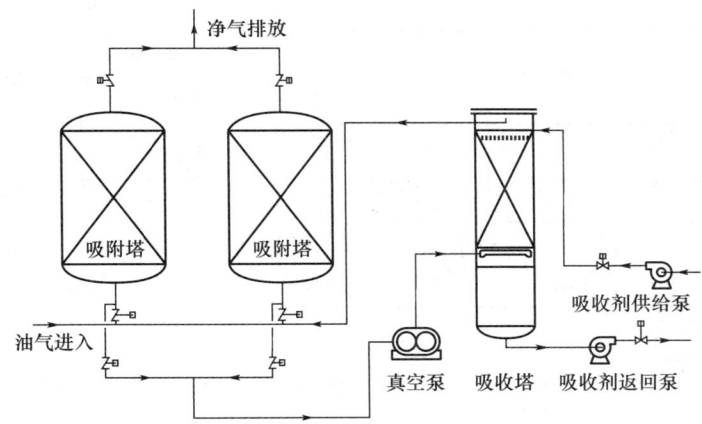

图 4-1-2　活性炭吸附工艺工作原理及工艺流程

2. 冷凝吸附工艺

油气进入油气回收系统后，便进入制冷机组系统的油气冷凝器进行冷凝。制冷机组系统可以为油气冷凝器提供 0 ℃、-15 ℃、-35 ℃、-75 ℃的低温环境，油气按顺序先后经过 0 ℃冷凝器、-15 ℃冷凝器、-35 ℃冷凝器、-75 ℃冷凝器，油气自身的温度分别降到大约 5 ℃、-10 ℃、-30 ℃、-70 ℃。在此情况下，油气中的绝大部分油分子（碳氢化合物）由气相变成液相，经过气液分离器后，液相部分流入储存罐暂存，达到一定液位后由料液泵送到用户的油罐中得以回收。而分离器顶部的不凝气（绝大部分是空气，含少量油分子），经过回收自身一部分冷量后，被送到吸附塔的入口并进行处理。

活性炭中解吸出来的油气是碳氢化合物含量非常高的浓缩气，通常可以达到 60%，甚至 80% 以上。由真空泵解吸出的油气分子被送回油气回收系统前端油气冷凝器的制冷机组系统，重新液化处理。

单独使用 -110 ℃冷凝吸附工艺能够满足 25 g/m³、95% 的排放要求。如果要求达到更高的排放标准，必须使用冷凝吸附工艺 + 活性炭吸附工艺组合的工艺。随着技术标准的提高，完成 VOC 达标排放的最终技术方案，仍需依靠活性炭吸附工艺。冷凝吸附工艺流程如图 4-1-3 所示。

3. 膜分离工艺

膜分离工艺 VOC/油气回收装置（或用于其他碳氢化合物/VOC 回收过程）占地面积小、回收效率高，与活性炭吸附工艺结合可以满足最严格的毫克级排放要求。

以某公司开发的 Vapor Sep 有机蒸气膜系统为例。Vapor Sep 分离膜利用有机蒸气（碳氢化合物/VOC）优先透过的特性（有机蒸气在膜中的透过速率比氮气快许多倍），

将有机蒸气与 N_2、CH_4 等分离，从而实现有机蒸气（VOC）的回收利用，如图 4-1-4 所示。

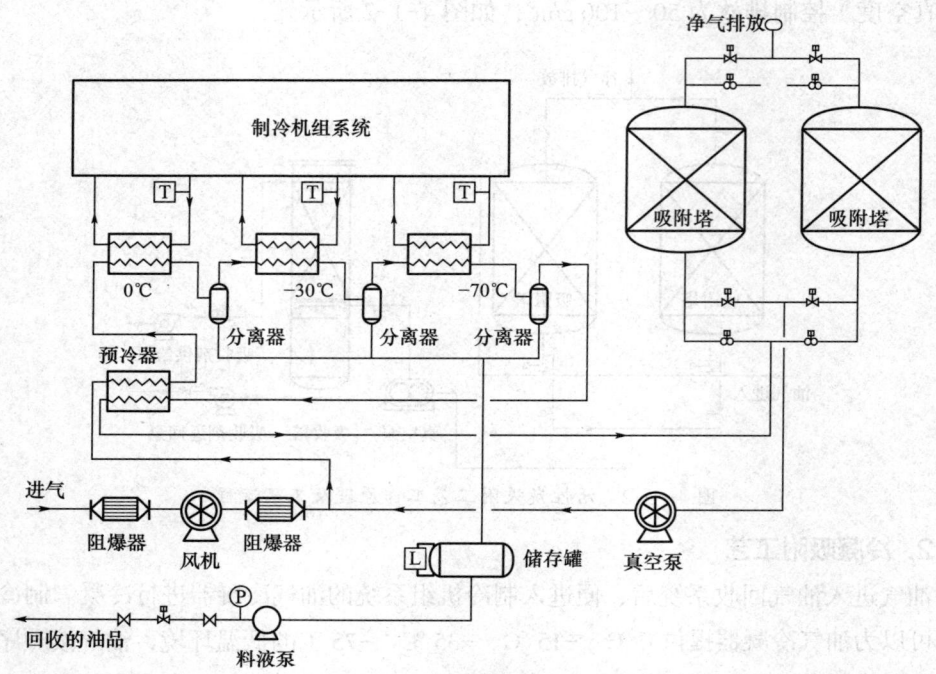

图 4-1-3 冷凝吸附工艺流程

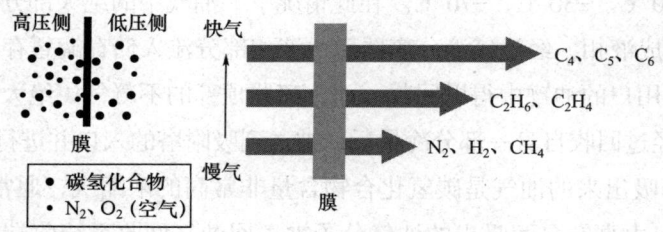

图 4-1-4 膜分离工艺工作原理

膜分离/活性炭变压吸附组合工艺由三部分组成，液体压缩机与吸收塔组成传统的压缩、吸收系统，膜分离系统，活性炭变压吸附系统。

含 VOC 的油气经液体压缩机增压后送入吸收塔用汽油吸收，从吸收塔顶流出的饱和 VOC/空气混合气体进入膜分离器，进一步回收其中的 VOC。经过膜分离器后产生两种气体：富集 VOC 的渗透气体，经过真空泵返回液体压缩机入口进行循环；净化后的空气，其中含有少量的 VOC（约 10 g/m³），进入膜分离/活性炭变压吸附组合系统，可进一步将 VOC 浓度降到 80 mg/m³。

单独使用膜分离工艺可以满足 10 g/m³ 的排放要求。如果需要达到更高的排放标准，则与活性炭变压吸附工艺组合使用。膜分离工艺流程如图 4-1-5 所示。

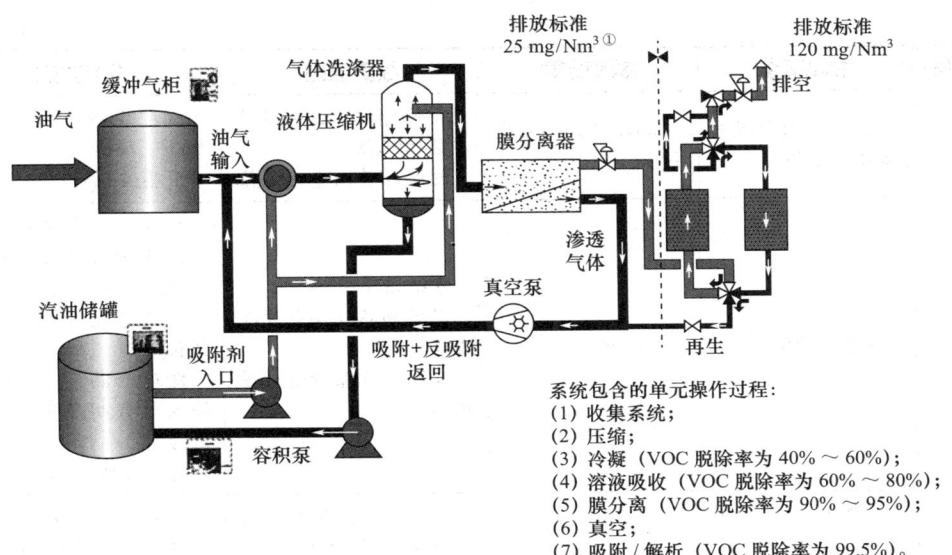

图 4-1-5 膜分离工艺流程

三、油气回收系统常见故障及排除方法

油气回收系统常见故障及排除方法见表 4-1-1。

表 4-1-1 油气回收系统常见故障及排除方法

序号	故障现象	故障结果	故障原因	排除方法
1	吸附塔温度、管道油气温度超过规定值	管道损坏，气体泄漏，人员中毒	管道堵塞 温度表损坏 巡检人员检查不到位	立即停止设备运转 组织维修人员查明原因，进行维修
2	作业结束后，设备无法停机	管道变形、损坏，泵损坏	停机按钮损坏 远程控制失效	采取现场控制停机或按下"急停"按钮停机 立即切断设备总电源 组织维修人员查明原因，进行维修
3	设备运行出现异常响声或报警	设备故障、损坏，设备不工作或回收效率不高	阻火器滤网堵塞 泵故障	立即联系值班人员，远程控制停止设备 组织维修人员进行检查、维修
4	电气系统冒烟	电线发热起火，控制系统烧毁	电线短路 控制系统散热不良	立即停止设备运转，并切断电源 若控制系统起火，则及时扑救 查明原因，进行维修

---

① Nm^3 为标准立方米，指在 1 个大气压下，温度为 0 ℃的气体体积。

续表

序号	故障现象	故障结果	故障原因	排除方法
5	油罐、过滤器等高液位报警	油品泄漏，人员受伤	液位计故障，无法正常显示液位 巡检人员检查不到位	立即现场查看，进行加油、排除 更换液位计
6	可燃气体报警	人员中毒	系统误报警 现场油品或油气发生泄漏 可燃气体探测器故障损坏	组织人员佩戴防护装置，携带可燃气体检测仪到报警位置进行检查，检查无异常后进行复位 发现泄漏后，组织维修人员查明原因，进行维修 更换可燃气体探测器
7	压缩机、罗茨鼓风机、真空泵的液位较低，润滑油变质发黑、乳化	设备损坏	密封不严，发生泄漏 润滑油补充添加不及时 润滑油更换不及时	立即停止设备运转 组织维修人员查明原因，进行维修 及时更换润滑油

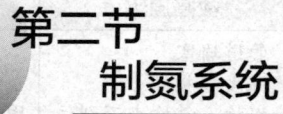

第二节 制氮系统

一、概述

氮气在港口中广泛用作保护气、密封气和清扫介质等，应用氮气可以有效减少油品的蒸发损耗，提高经济效益，保证安全生产和油品质量。

制氮系统以空气为原料，利用物理方法将其中的氧气和氮气分离。

二、制氮系统工作原理与工艺流程

1. 深冷空分制氮

深冷空分制氮是一种传统的制氮方法，以空气为原料，经过压缩、净化，再利用热交换液化空气，制得液态空气。液态空气主要是液氧和液氮的混合物，利用液氧和液氮沸点的不同（在1个大气压下，液氧的沸点为 -183 ℃，液氮的沸点为 -196 ℃），通过对液态空气的精馏、分离制氮。

深冷空分制氮设备复杂、占地面积大、基建费用较高、一次性投资较多、运行成本较高、产气慢（12～24 h）、安装要求高、周期较长。

2. 分子筛空分制氮

分子筛空分制氮是以空气为原料，以碳分子筛作为吸附剂，运用变压吸附原理，利用碳分子筛对氧气和氮气的选择性吸附，而使氮气和氧气分离的方法，又称变压吸附（pressure swing adsorption，PSA）制氮。

分子筛空分制氮与传统的制氮方法相比，具有工艺流程简单、自动化程度高、产气快（15～30 min）、能耗低、可在较大范围内根据用户需要调节氮气纯度、操作维护方便、运行成本较低及制氮设备适应性较强等特点。

3. 膜空分制氮

膜空分制氮是以空气为原料，在一定压力条件下，利用氧气和氮气等不同性质的气体在膜中具有不同的渗透速率，使氧气和氮气分离的方法，其工作原理及工艺流程如图 4-2-1、图 4-2-2 所示。与其他制氮设备相比，膜空分制氮设备具有结构更简单、体积更小、无切换阀门、操作维护更方便、产气更快（≤3 min）和增容方便等优点，因此广泛应用。

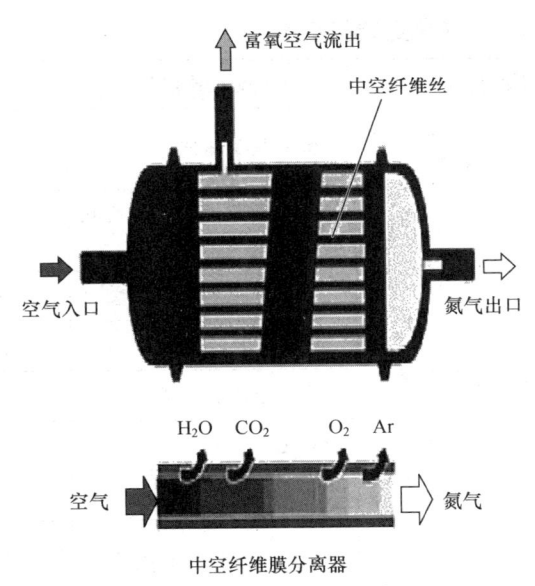

图 4-2-1　膜空分制氮工作原理

膜空分制氮能耗低，比其他制氮方法的能耗低 15%～25%；可靠性高，没有移动部件，可静态运行，只需简单保养；使用寿命长，制氮膜使用寿命一般为 10 年以上；技术性能可靠，操作弹性好，如需增加产氮量，只需增加膜分离器；膜分离系统结构紧凑，基建投资少，安装方便；自动化程度高，氮气的浓度、产量、温度及压力均可自动控制，操作简单；对环境要求低，无明火操作，环境适应性强。

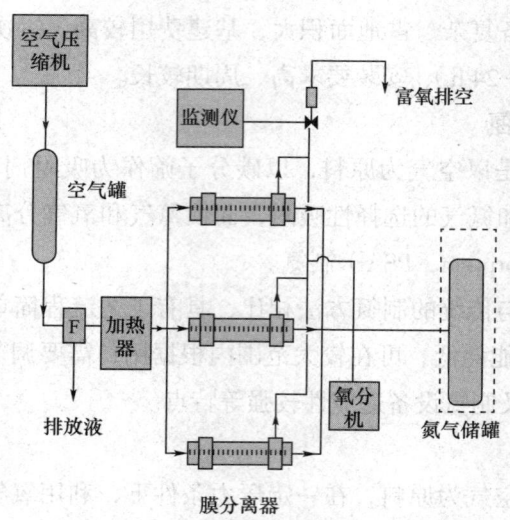

图 4-2-2 膜空分制氮简单工艺流程

三、制氮系统常见故障及排除方法

1. 空气压缩机常见故障及排除方法见表 4-2-1。

表 4-2-1 空气压缩机常见故障及排除方法

序号	故障现象	故障原因	排除方法
1	在加载过程中，冷凝水分离器中没有冷凝水排出	排气软管堵塞	检查并根据需要维修排气软管
2	空气压缩机空气输出量小或压力小于正常值	耗气量超过空气压缩机的排气量	检查相连的设备
		空气过滤器滤芯堵塞	更换空气过滤器滤芯
		电磁阀故障	更换电磁阀
		油气分离器堵塞	更换油气分离器滤芯
		漏气	修补泄漏
		安全阀泄漏	更换安全阀
		空气压缩机机头失灵	联系厂家技术人员维修或更换空气压缩机机头
3	安全阀打开	最小压力阀故障	检查并更换缺陷部件
		油气分离器滤芯堵塞	更换油气分离器滤芯
		油气分离器堵塞	更换油气分离器
		安全阀失灵	检查安全阀，必要时进行更换

2. 制氮设备常见故障及排除方法见表 4-2-2。

表 4-2-2　制氮设备常见故障及排除方法

序号	故障现象	故障原因	排除方法
1	在设计流量下，氮气中氧气含量高	氧分析仪故障	校验氧分析仪，确保用空气校验氧分析仪时，能读出 20.9%
		膜分离器不能除掉设计流量空气里的氧气	缓慢关闭纯度控制阀以减少氮气输出量，直至氧气含量降到要求的值，两次调整之间应间隔 3 min
		操作压力小于设计值	如果有必要增大空气压缩机的输出压力，则重新调整背压阀和纯度控制阀
		膜分离器温度太低	升高膜分离器温度到设定操作温度，等待氮气温度低于膜进气温度
		膜分离器组间不平衡	调整膜分离器组间平衡
2	膜分离系统压力小	空气压缩机输出压力小	按照空气压缩机厂商提供的资料，检查空气压缩机的操作
		膜分离系统中有泄漏	检查管道和接头，并维修
		空气压缩机输出流量小于膜分离系统要求	关闭部分纯度控制阀以减小氮气流量，检查空气压缩机流量是否等于额定流量
		通过凝结过滤器的压差大	更换凝结过滤器滤芯

第三节　含油污水处理系统

含油污水处理系统是将作业中产生的含油污水用沉淀、气浮、吸附等方法进行油水分离处理的系统。

一、概述

含油污水是指受油品污染的废水。其主要来源有在运输过程中的压舱水、洗舱水和顶水卸油的水,在储存过程中,清洗油罐和设备形成的污水、罐底积水、冲刷洒漏油品的水或与雨水混合形成的污水,在质量检验过程中,清洗样品瓶或器具形成的污水。含油污水对水和土壤造成严重的污染,对人及其他动物、植物有显著的毒害作用,因而不能直接排放,需进行处理,使排放水中污染物浓度小于国家规定的最高允许浓度,否则容易造成环境污染。

将含油污水用简单的沉淀池静置,油水重力分离后排放或不处理直接排放,这种处理方法不满足国家规定的排放要求。对含油污水进行科学处理,不仅能防止环境污染,改善作业条件,而且有利于安全生产,回收有利用价值的油品,减少经济损失。因此,在油库区建立含油污水处理设施是十分必要的。

二、含油污水的特性指标

含油污水的特性可以用一些物理及化学指标表示,主要包括色度、pH 值、生化需氧量、化学需氧量、石油类及悬浮物含量等。通过分析化验这些特性指标,就可以对含油污水的特性有较全面的评价,以便制定合理的处理方案。

1. 色度

清洁的水是透明无色的,受到污染常常改变颜色,这种带颜色的污水虽不一定有害,但人不会使用,如碱洗水呈乳白色,汽油罐清洗水呈棕色,重柴油罐清洗水呈偏黑色。

2. pH 值

pH 值范围为 0~14,表示溶液的酸碱度。pH 值能有效地表示溶液的化学及生物特性,因此对排放污水的 pH 值有一定的要求,一般为 6~9。生物有机体只能在接近中性的条件下生存,超出范围将引起毒害。含油污水的 pH 值越低,酸性越强,对设备有较强的腐蚀性。

3. 生化需氧量

生化需氧量(biochemical oxygen demand,BOD)是指利用微生物氧化含油污水中有机物所需的氧量,常用单位体积污水所消耗的氧量表示。生化需氧量越大,表示含油污水中有机物越多。由于在培养下有机物氧化作用相当迟缓,全部氧化需要很长时间,这在实际中很困难,因此规定以培养 5 天的结果作为测定生化需氧量的标准值,又称五日生化需氧量(BOD_5)。

4. 化学需氧量

化学需氧量(chemical oxygen demand,COD)是指利用化学氧化剂氧化含油污水中有机物所需的氧量,常用单位体积含油污水所消耗的氧量表示。通常采用重铬酸钾或高锰酸钾作氧化剂,含油污水的化学需氧量越大,表示所含有机物越多。

化学需氧量不能反映被微生物氧化分解的有机物量,而生化需氧量能反映有机物进入水体后，被微生物氧化分解的有机物量，比较符合实际。在含油污水处理中，采用生化需氧量作为有机物的指标较为合适，但生化需氧量的测定时间较长，因此实际应用中，常用化学需氧量来代替生化需氧量。

5. 石油类含量

石油类进入水体后，漂浮在水面，形成一层薄膜，阻止大气中的氧气溶于水，从而影响水体的自净作用，造成水体污染。石油类通常以浮油、乳化油和溶解油三种状态存在于污水中。浮油是含油污水中的分散油，一般指在 2 h 静置状态下可浮到水面的油珠，粒径为 100～150 μm，在含油污水中呈悬浮状态，依靠它与水的密度差可以很容易地从含油污水中分离出来。浮油是含油污水的主要组分，占含油污水中总油量的 60%～80%。乳化油则是以较小的颗粒存在于含油污水中，粒径一般为 6～7 μm，最大的粒径约为 15 μm，最小的粒径约为 0.5 μm，乳化状态较稳定。乳化油必须先经过破乳处理转化为浮油，然后再加以分离。溶解油是指在含油污水中呈溶解状态的油品，溶解度一般为 5～15 mg/L，一般小于含油污水中总油量的 5%。此类含油污水的处理方法要根据溶解油的种类及物理、化学性质决定。

6. 悬浮物含量

含油污水中的物质，根据它的物理情况，分为可沉物、漂浮物、胶体物和溶解物等。通常用过滤的方法将杂质分为悬浮物和溶解物，截留在滤纸上的为悬浮物，能通过滤纸的为溶解物。悬浮物会堵塞土壤的孔隙，形成淤泥。悬浮物可用沉淀设备去除，去除率是衡量沉淀效果的重要指标。沉淀下来的物质，如果主要是有机物，则称污泥；如果主要是无机物，则称泥渣。油罐污水经沉淀后，有大量的含油污泥。含油污泥成分复杂，一般含油量为 12%～15%，含污泥量为 15%～22%，含水量为 70% 左右，密度为 1.2～1.8 kg/m^3，并且不易沉淀也不易上浮。含油污泥之所以稳定不易沉淀，是因为其表面带有负电荷，胶体物与悬浮物颗粒之间产生排斥作用，阻碍凝聚沉淀。

三、含油污水处理方法

含油污水未经处理，直接进入水体，虽然水体的自净作用会减轻污水直接造成的污染，但是日积月累难免会给环境带来严重危害。根本的解决方法是处理含油污水，使其达到排放标准后才能排放。

含油污水处理最主要的目的是去除含油污水中的油分。所以，处理方法取决于含油污水中石油类的存在状态。广泛采用的含油污水处理方法是物理方法和化学方法，包括隔油、沉淀、气浮、混凝、吸附、生化处理等。

1. 隔油

隔油是利用油与水的密度差异，分离去除含油污水中浮油的方法，是去除含油污水中浮油的主要处理方法。油品的相对密度一般都小于1，如果油珠粒径较大，呈悬浮状态，则可利用重力进行分离，这类设备通常称为隔油池。隔油池的种类很多，普遍采用的是平流式隔油池和斜板隔油池。

（1）平流式隔油池

平流式隔油池处理过程如图4-3-1所示。含油污水从进水管流入，经水槽进入澄清区。由于池内含油污水的水平流速很慢，进水中的轻油滴在浮力作用下上浮，并聚集在池表面，通过设在池表面的集油管和收油机收集浮油，浮油一般可以回收利用。同时，相对密度大于1的固体杂质则沉到池底。

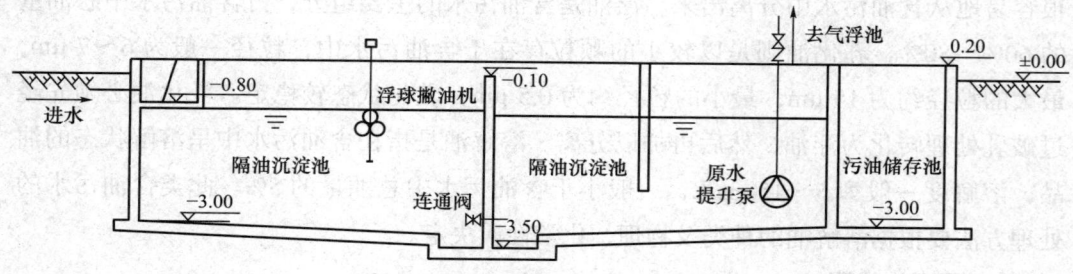

图4-3-1　平流式隔油池处理过程

含油污水在池内停留时间一般为1.5～2 h，水平流速很慢，一般为2～5 mm/s，最快不超过10 mm/s，以利于油品的上浮和泥渣的沉降。池长与池深之比不小于4。

平流式隔油池一般不少于2个，除油率一般为60%～80%，可以去除粒径为150 μm以上的油珠。它的优点是构造简单，运行管理方便，除油效果稳定；缺点是体积大、占地面积大、处理能力弱、排泥难，出水中仍含有乳化油和吸附在悬浮物上的油分，一般很难达到排放标准。平流式隔油池可去除的最小油珠粒径一般不小于100～150 μm。平流式隔油池的进水端一般采用穿孔墙，出水端采用溢流堰。

（2）斜板隔油池

为提高隔油池的单位容积处理能力，采用斜板形式隔油池，称为斜板隔油池，如图4-3-2所示。池内斜板大多采用聚酯玻璃钢波纹板，板间距为20～50 mm，倾角不小于45°；斜板采用异向流形式，含油污水自上而下流入斜板组，油珠沿斜板上浮，而泥渣则滑落至池底。在斜板隔油池内增加斜板，提高了斜板隔油池的单位容积分离面积，即使含油污水处理量增大数倍，斜板间水流仍然处于层流状态。斜板隔油池处理含油污水所需的停留时间为平流式隔油池的1/4～1/2，约为30 min，去除油珠的最小粒径为60 μm。

为防止石油类附着在斜板上，应选用不亲油材料制作斜板，实际上操作比较困难，因此，在斜板隔油池中也常有挂油现象，需定期冲洗，防止斜板间堵塞。污水含油量大时，可采用较大的板间距（或管径）；含油量小时，板间距可以减小。

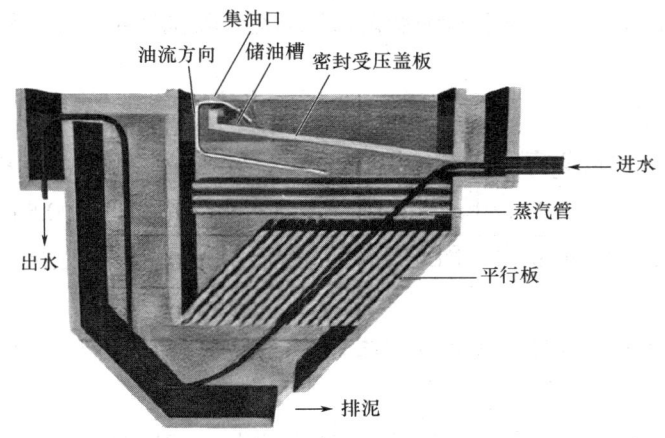

图 4-3-2 斜板隔油池

在含油污水处理中，为进一步处理出水中的残油，通常应采用加压溶气气浮作为隔油后的补充处理方法。

2. 沉淀

悬浮物（suspend solid，SS）是衡量水体水质的一项重要指标，也是含油污水处理的一项重要考核指标。沉淀是利用水中悬浮物与水的密度差进行固液分离的处理方法，是去除悬浮物的重要处理方法之一。当含油污水中悬浮物的密度大于水时，在重力作用下，悬浮物下沉形成沉淀物。沉淀可以去除含油污水中的砂粒、化学沉淀物、混凝形成的絮体和生化处理的污泥，也可用于污泥浓缩。

沉淀主要用于去除粒径为 20～100 μm 的可沉固体颗粒。对胶体粒子（粒径为 1～100 nm）和细微悬浮物（粒径为 100～1 000 nm）来说，由于布朗运动、水合作用、尤其是微粒间的静电斥力等，它们能在水中长期保持悬浮状态，因此不能直接用沉淀分离，而必须投加混凝剂来破坏它们的稳定性，使其相互聚集为数百微米以至数毫米的絮凝体后，才能用沉淀、过滤和气浮等常规固液分离方法去除。

自由沉淀是沉淀的常用方法。自由沉淀是指水中悬浮物的浓度低，颗粒呈离散状态，彼此互不聚合、黏合或干扰，各自完成沉淀过程，且颗粒在下沉过程中的形状、尺寸、密度、不发生任何变化。自由沉淀常发生在悬浮物的浓度不太高、颗粒多为无机物的含油污水中。

3. 气浮

气浮是利用高度分散的微小气泡作为载体吸附油粒或悬浮物，使其密度小于水而上浮到水面，进而实现固液或液液分离的处理方法。气浮又称浮选。

（1）含油污水处理中气浮的应用

1）分离地面水中细小悬浮物、藻类及微絮体。

2）分离回收含油污水中的浮油和乳化油。

3)代替二次沉淀池,分离和浓缩剩余活性污泥,特别适用于那些易产生污泥膨胀的生化处理工艺。

(2)气浮的特点

1)气浮池的表面负荷率可达 12 m³/(m²·h),较一般沉淀池大得多[一般沉淀池的表面负荷率仅为 1.0~3.0 m³/(m²·h)],含油污水停留时间为 0.5 h 以内(一般沉淀池为 1~3 h),池深 2 m 左右,因此气浮池的基建投资少、占地少,在用地紧张的场合比较适用。

2)气浮池有预曝气作用,出水和浮渣含氧量都较高,有利于后续处理或再利用,泥渣不易腐化。

3)能够有效地分离那些不能或难以沉淀的悬浮物,如低浓度含藻水。气浮处理含油污水效率高,有时还可去除浮游生物,出水水质好。

4)浮渣含水率低,一般在 96% 以下,沉淀池的污泥量可减少到原来的 1/10~1/2,有利于污泥的后续处理,而且表面刮渣也比池底排泥方便。

气浮也有缺点,如溶气释放器易堵塞,工艺过程复杂,操作烦琐且要求高,运行费用高等。

气浮分离效率与气泡量、气泡粒径及是否加药剂等因素有关。对于一定量的空气,若气泡粒径小,表面积大,则吸附油机会多,气浮效率就高。

加压溶气气浮是最常用的方法。它通过增大气体压力,使其更多地溶于水中,然后通过溶气释放器的卸压喷射,完成气体的释放,产生众多微气泡。气浮主要用于去除水体中的乳化油,气浮设备常被安放在初级除油设备后面,作为二级处理设备。

4.混凝

在含油污水处理中,混凝与加压溶气气浮同时进行。

含油污水中的微小悬浮物和胶体粒子很难沉淀去除,它们在含油污水中能够长期保持分散的悬浮状态而不自然沉降,具有一定的稳定性。混凝就是向含油污的水中投加混凝剂来破坏这些悬浮物和胶体粒子的稳定性,先使其互相接触而聚集在一起,然后形成絮状物并下沉分离的处理方法。前一过程称为凝聚,后一过程称为絮凝,一般将这两个过程通称混凝。具体来说,凝聚是指使胶体粒子脱稳并聚集为微小絮粒的过程;絮凝则是使微小絮粒通过吸附、卷带和架桥而形成更大聚体的过程。

混凝在含油污水处理中可以用于预处理、中间处理和深度处理的各个阶段。它除了除浊、除色,对高分子化合物、动植物纤维物质、部分有机物质、石油类、微生物、某些表面活性物质、农药,以及汞、镉、铅等重金属都有一定的清除作用,所以它在含油污水处理中的应用十分广泛。

混凝的优点是设备费用低,处理效果好,操作管理简单;缺点是要不断向含油污水中投加混凝剂，运行费用较高。

（1）混凝剂

用于含油污水处理的混凝剂要求混凝效果好，对人体健康无害，价廉易得，使用方便。目前，常用的混凝剂按化学组成分为无机混凝剂和有机混凝剂。

1）无机混凝剂。目前应用最广的无机混凝剂是铁系和铝系金属盐，主要有三氯化铁、硫酸亚铁、硫酸铝、硫酸铝和硫酸钾复盐、聚合氯化铝等。上述5种常用无机混凝剂的规格性质见表4-3-1。

表4-3-1 常用无机混凝剂的规格性质

名称	分子式	密度/($kg \cdot m^{-3}$)	规格	性质
三氯化铁	$FeCl_3 \cdot 6H_2O$	1.50	纯度：45%	黑褐色晶体，吸水性强，极易溶于水，适用pH值为4~11，腐蚀性强
硫酸亚铁	$FeSO_4 \cdot 7H_2O$	1.89	$FeSO_4$含量≥95%	又称绿矾，淡蓝绿色晶体，吸水性强，易溶于水，适用pH值为8.5~11
硫酸铝	$Al_2(SO_4)_3 \cdot 18H_2O$	1.69	精制：Al_2O_3含量≥15.7% 粗制：Al_2O_3含量为14.5%~16.5%	淡绿色粒状晶体或粉末，易溶于水，水溶液呈酸性，含油污水中不宜存在大颗粒悬浮物
聚合氯化铝	$[Al_2(OH)_nCl_{6-n}]_m$	1.1~1.3	氯化铝含量： 固体产品为43%~46% 液体产品为8%~10%	简称PAC，固体产品为白色或黄绿色，易溶于水；液体产品为黄色、褐色或灰白色，应用pH值为6~9
硫酸铝和硫酸钾复盐	$Al_2(SO_4)_3 \cdot K_2SO_4 \cdot 24H_2O$	1.76	纯度：98%~99% Al_2O_3含量≥11%	又称明矾，无色或白色透明晶体或粉末，无臭，溶于水，水溶液呈酸性

2）有机混凝剂。聚丙烯酰胺（polyacrylamide，PAM）是适用范围最广泛的合成有机高分子混凝剂。聚丙烯酰胺一般按0.5~1 kg均匀倒入1 000 kg水，并在转速为60 r/min的搅拌条件下搅拌溶解10~20 min，溶解后加入含油污水并充分搅拌混合，与无机混凝剂或其他有机混凝剂配合使用，其用量一般为1~7 mg/kg（即1~7 ppm）。

（2）助凝剂

助凝剂是指与混凝剂一起使用，以促进水混凝的辅助药剂。助凝剂本身可以起混凝作用，也可不起混凝作用。助凝剂按功能可分为pH值调整剂、絮体结构改良剂和氧化剂3种。

5. 吸附

利用吸附进行含油污水处理，具有适用范围广、处理效果好、可回收有用物料、吸附剂可重复使用等优点。吸附适用于深度处理含油污水中的微油，一般费用较高，在含油污水处理中有较广泛的应用。

（1）吸附的基本概念和原理

固体表面的分子或原子因受力不均衡而具有剩余的表面能，当某些物质碰撞固体表面时，受到这些不平衡力的吸引而停留在固体表面上，这就是吸附。吸附是利用多孔性的固体物质使含油污水中的一种或多种物质吸附在固体表面上而去除的处理方法。这种具有吸附能力的多孔性固体物质又称吸附剂，能被吸附剂吸附的物质称为吸附质。作为吸附剂的固体物质必须具有较大的吸附容量、一定的机械强度及较强的化学稳定性，不溶于水，不能含有毒物质。

吸附分为物理吸附和化学吸附。吸附剂和吸附质之间通过分子间力所产生的吸附称为物理吸附。物理吸附可以形成单分子吸附层和多分子吸附层，由于分子间力是普遍存在的，因此一种吸附剂可以吸附多种吸附质。但物理吸附的吸附力较弱，容易解吸。吸附剂和吸附质之间因化学键作用而产生的吸附称为化学吸附。化学吸附是一个吸热过程，提高温度将促进化学吸附，化学吸附对吸附质有选择性，只能形成单分子吸附层，吸附剂和吸附质之间的吸附力较强，解吸较困难。

（2）吸附剂

吸附剂可分为三类：炭质吸附剂、无机吸附剂和有机吸附剂。对吸附剂的要求是吸油量大，吸水量小，吸油速度快，重复使用性好，压缩回弹性能好等。

1）炭质吸附剂。炭质吸附剂中的活性炭吸附石油类效果较好。活性炭可由木材、木屑、果壳或煤粉等制备。活性炭具有很大的比表面积，它来源于内部的许多孔隙，按孔的大小可分为微孔（$\phi<2.0$ nm），孔体积通常为 0.15~0.50 mL/g；过渡孔（ϕ 为 2~50 nm），孔体积通常为 0.02~0.1 mL/g；大孔（$\phi>50$ nm），孔体积通常为 0.2~0.8 mL/g。比表面积越大，吸附容量越大，孔隙尺寸越大，吸附大分子的容量也越大。

2）无机吸附剂。无机吸附剂按来源可分为天然无机吸附剂、人工型无机吸附剂，其特点是价格便宜，再生容易。天然无机吸附剂有活化矾土、硅藻土、钙质泥岩及褐煤等。人工型无机吸附剂有木屑、胡桃壳碎末等。

3）有机吸附剂。一般来讲，有机吸附剂的除油能力要比无机吸附剂强。目前，合成树脂已大量应用于含油污水处理，如离子交换树脂、吸附树脂、氧化还原树脂、粉状树脂、磁性树脂、炭化树脂、热再生树脂等。其中，吸附树脂利用合成树脂的吸附、解吸作用对水体中的污染物进行分离、浓缩、提纯处理，已用于脱酚、除油及各种含大分子有机杂质的含油污水处理。使用吸附树脂处理含油污水时，应根据被吸附物质的形状、极性和体积，选择合适的吸附树脂。吸附树脂吸附溶质后用溶剂冲洗再生，一般可重复使用上千次。

总体来讲，吸附可以大幅降低出水含油量，采用吸附处理含油污水，处理后的出水含油量可达 5 mg/L 以下。吸附适用于水质较好的水体，一般用于多级处理工艺中的后处理。

6. 生化处理

要实现库区废水达标排放，须应用好氧生物处理。好氧生物处理是目前最常用的、最有效的、运行成本最低的处理方法。好氧生物处理是活性污泥法的变形，由于具有自动化程度高、抗冲击能力强、不产生污泥膨胀等特点，因此，应用在小型的工业含油污水处理中较为合适。特别是考虑到库区废水排放具有间歇性，若应用此方法，则只需间歇供氧，可有效降低运行成本。

第四节 工艺仪表及自动化控制系统

一、压力表与压力变送器

1. 压力表

（1）定义

压力：物理学上的压强，即单位面积上所承受的压力大小。

绝对压力：以绝对压力零位为基准，大于绝对压力零位的压力。

正压：以大气压为基准，大于大气压的压力。

负压（真空）：以大气压为基准，小于大气压的压力。

差压：两个压力之间的差值。

表压：以大气压为基准，小于或大于大气压的压力，表压 = 绝对压力 − 大气压。

压力表：以大气压为基准，用于测量小于或大于大气压的仪表。

我国法定的压力单位为 Pa（N/m^2），称为帕斯卡，简称帕。由于此单位太小，因

此常采用它的 10^6 倍单位 MPa（兆帕）。

（2）分类

1）按测量精度分类。压力表按测量精度可分为精密压力表和一般压力表。精密压力表的测量精度等级分别为 0.1 级、0.16 级、0.25 级、0.4 级，一般压力表的测量精度等级分别为 1.0 级、1.6 级、2.5 级、4.0 级。

2）按指示压力的基准分类。压力表按指示压力的基准可分为一般压力表、绝对压力表、差压表。一般压力表以大气压为基准，绝对压力表以绝对压力零位为基准，差压表用于测量两个被测压力之差。

3）按测量范围分类。压力表按测量范围可分为真空表、压力真空表、微压表、低压表、中压表及高压表。真空表用于测量小于大气压的压力值，压力真空表用于测量小于或大于大气压的压力值，微压表用于测量小于 60 000 Pa 的压力值，低压表用于测量 0～6 MPa 的压力值，中压表用于测量 10～60 MPa 的压力值，高压表用于测量 100 MPa 以上的压力值。

（3）工作原理及应用

1）弹簧压力表。油库最常用的弹簧压力表包括弹簧管压力表、弹簧管式真空表、弹簧管压力真空表。它们的结构、工作原理相似，现以弹簧管压力表为例进行详细介绍。

弹簧管压力表（见图 4-4-1）主要由接头、面板、弹簧管、拉杆、调整螺钉、扇形齿轮、指针、中心齿轮、游丝等部分组成。

被测压力由接头引入，由于空心弹簧受压变形，自由端 B 的弹簧向右上方扩张。自由端 B 的弹性变形位移通过拉杆使扇形齿轮做逆时针偏转，从而在面板的刻度尺上显示被测压力 p 的数值。由于自由端 B 的位移与被测压力 p 之间具有比例关系，因此弹簧管压力表的刻度尺是均匀的。

游丝除起反力矩作用外，还可以消除由扇形齿轮和中心齿轮间隙产生的仪表变差。调整螺钉的作用是通过调整其位置以调整压力表量程。

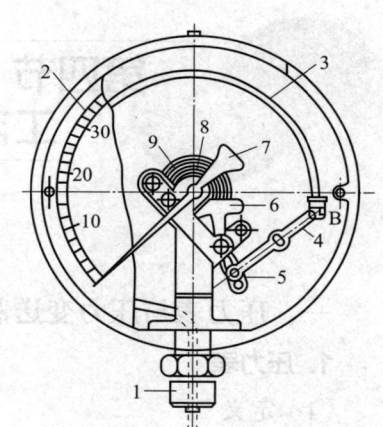

图 4-4-1 弹簧管压力表
1—接头 2—面板 3—弹簧管 4—拉杆
5—调整螺钉 6—扇形齿轮 7—指针
8—中心齿轮 9—游丝

由于弹簧管压力表受压后，自由端 B 的位移量很小，因此，必须通过表内传动机构（机芯）将自由端 B 的位移放大，以提高弹簧管压力表的灵敏度。经传动机构放大后的位移通过扇形齿轮绕固定支点偏移（左右两臂长不等）进行二次放大，最后以中心齿轮带动连在表轴上的指针直观显示压力数值。

2)真空表。真空表是压力表的一种,是以大气压为基准,用于测量小于大气压的压力值的仪表。真空表一般用于负压的地方。

3)耐震压力表。耐震压力表的壳体采用全密封结构,并在壳体内填充阻尼油,由于其阻尼作用,耐震压力表适用于工作环境振动或介质压力(载荷)脉动的测量场所。

4)隔膜压力表。隔膜压力表使用的隔离器(化学密封)能通过隔离膜片,将被测介质与测压部位隔离,以便测量强腐蚀、高温、易结晶介质的压力。

(4)读数

1)读数时,要正视前方,视线与压力表表盘指针保持在同一水平线上。

2)根据压力表量程,确定每刻度线代表的压力大小。

3)将读数的整数位乘以每刻度的大小,即当前压力。

4)最终压力读数精确至每刻度代表压力小数点的下一位。

5)压力表读数和单位组成所测压力值。

6)真空表(负压表)所测压力值由负的压力表读数和单位组成。

(5)注意事项

1)经过一段时间的使用与受压,压力表机芯难免会变形和磨损,压力表就会产生各种误差或故障。为了保证压力表的准确度而不使测量值传递失真,应及时更换新的压力表,以确保指示正确、安全可靠。

2)要定期清洁压力表。压力表内部不清洁,会加剧各机件的磨损,从而影响其正常工作,严重的会使压力表失灵、报废。

3)对于在测压部位安装的压力表,根据《弹性元件式一般压力表、压力真空表和真空表》(JJG 52)规定,检定周期一般不超过半年。

4)对于测压部位介质波动大、使用频繁、准确度要求较高,以及对安全因素要求较高的压力表,可按具体情况,适当缩短检定周期。

2. 压力变送器

(1)定义

一般意义上的压力变送器主要由测压元件传感器(又称压力传感器)、测量电路和过程连接件组成。它能将测压元件传感器感受到的气体、液体等物理压力参数转换成标准的电信号(如4~20 mA DC 等),以供给指示报警仪、记录仪、调节器等二次仪表进行测量、指示和过程调节。

压力变送器是一种接受压力变量,经测压元件传感器转换后,将压力变化量按一定比例转换为标准输出信号的仪表。压力变送器的输出信号传输到中控室进行压力指示、记录或控制。

（2）工作原理

当压力信号作用于压力传感器时，压力传感器将压力信号转换成电信号，经差分放大器和输出放大器放大，最后经 V/A 电压电流转换成与被测介质（液体）的液位压力成线性对应关系的 4～20 mA 标准电流输出信号。

压力变送器主要技术参数见表 4-4-1。

表 4-4-1　压力变送器主要技术参数

序号	参数类型	数据
1	电源	24 V DC 输出 4～20 mA 二线制
2	零位可调范围	±5%F.S
3	量程调节比	3:1 以上
4	量程范围	−100 kPa～0～60 MPa
5	负载特性	负载为 0～600 Ω（24 V DC 供电）维持恒流输出
6	隔爆型	dⅡBT4
7	本安型	iaⅡCT5
8	过压极限	2 倍上限压力
9	温度范围	−20～60 ℃
10	精度等级	±0.5%
11	稳定性	±0.2%F.S
12	质量	约 1 kg

压力变送器如图 4-4-2 所示，压力变送器工作原理如图 4-4-3 所示。

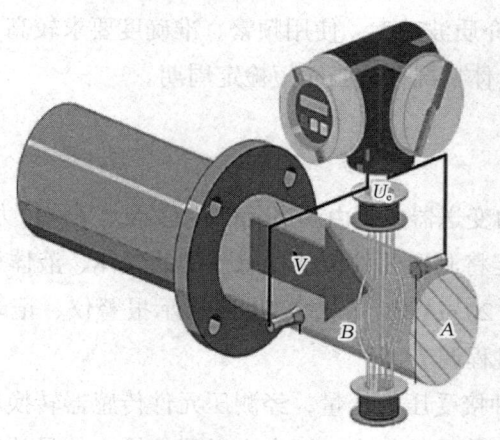

图 4-4-2　压力变送器

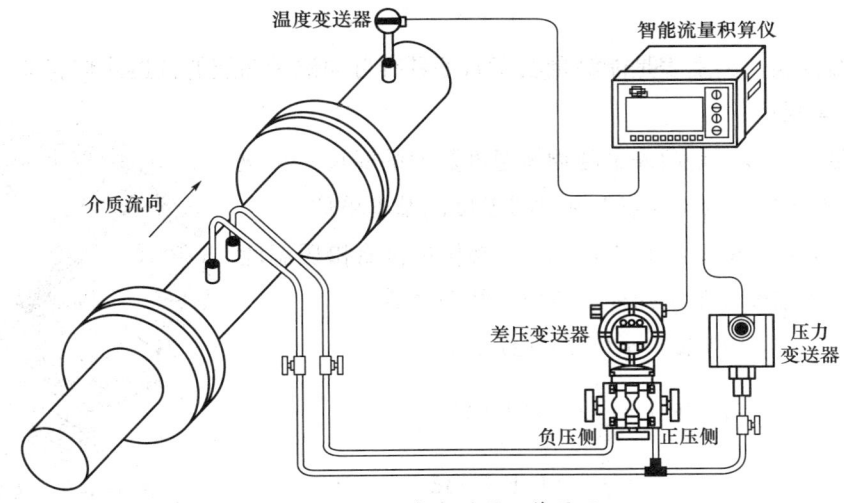

图 4-4-3 压力变送器工作原理

（3）特点

1）精度高。

2）量程、零位外部连续可调。

3）稳定性强。

4）正迁移可达 500%，负迁移可达 600%。

5）超强的测量性能，用于压力、差压、液位、流量测量。

6）数字精度为 ±0.05%。

7）量程调节比为 100∶1。

8）测量速率为 5 次/s。

9）小型化（2.4 kg），全不锈钢法兰，易于安装。

10）过程连接与其他产品兼容，实现最佳测量。

（4）分类及应用

1）分类。压力变送器按测量范围可分为一般压力变送器（0.001～35 MPa）、微差压变送器（0～1.5 kPa）、负压变送器三种；按精度可分为高精度压力变送器（0.1%、0.2% 或 0.075%）和一般压力变送器（0.5%）；按传感器种类可分为电容式压力变送器、扩散硅压力变送器、单晶硅压力变送器。

2）应用。压力变送器将压力信号转换成电信号传输到电子设备，进而在计算机上显示压力值，广泛应用于石油、化工、电力、城市煤气、钢铁等工业过程控制领域。

二、温度表与温度变送器

1. 温度表

（1）定义

1）温度。温度是表示物体冷热程度的物理量，微观上是指物体分子热运动的剧烈程度。

2）温度表。温度表是能测量温度而不具有自动记录功能的仪器或传感器。温度表如图4-4-4所示。

3）温标。温标是用来量度物体温度数值的标尺。它规定了温度的读数起点（零点）和测量温度的基本单位。

温度的国际单位为开尔文（K），常用单位有摄氏温度（℃）和华氏温度（℉）两种。单位换算公式为

$$t(K) = t(℃) + 273.15$$
$$t(℉) = \frac{9}{5} t(℃) + 32$$
$$t(℃) = \frac{5}{9}[t(℉) - 32]$$

图4-4-4　温度表

（2）分类

根据所用测温物质和测温范围，温度表可分为煤油温度表、酒精温度表、水银温度表、气体温度表、电阻温度表、温差电偶温度表、辐射温度表、光测温度表及红外测温仪等。

随着科学技术的发展和现代工业技术的需要，测温技术也在不断地改进和提高。由于测温范围越来越广，根据不同的要求，又制造出不同的温度表。

气体温度表多用氢气或氦气作测温物质，因为氢气和氦气的液化温度很低，接近于绝对零度，所以它们的测温范围很广。气体温度表测量精度很高，多用于精密测量。

电阻温度表分为金属电阻温度表和半导体电阻温度表，都是根据电阻值随温度变化这一特性制成的。金属电阻温度表主要用铂、金、铜、镍等纯金属或铑铁、磷青铜合金作测温物质。半导体电阻温度表主要用碳、锗等作测温物质。电阻温度表使用方便、可靠，已广泛应用。它的测量范围为 $-260 \sim 600$ ℃。

（3）工作原理及应用

温度表利用温差电现象制成。温度表将两种不同的金属丝焊接在一起形成工作端，另两端与测量仪表连接，形成电路。将工作端放在被测温度处，工作端与自由端温度不同时，出现电动势，因此有电流通过回路。温度表通过对电学量的测量，利用已知处的温度，就可以测定另一处的温度。这种温度表多用铜—康铜、铁—康铜、镍铬—康铜、金钴—铜、铂—铑等制成。

（4）读数

1）读数时，要正视前方，视线与温度表表盘指针保持在同一水平线上。

2）观察表盘指针当前所指位置。

3）根据表盘指针所指位置，找到对应刻度线，读取该刻度线上的温度值。

4）机械温度表的读数单位通常是摄氏度（℃）。在读取温度值时，要注意包含单位。

（5）注意事项

1）要定期校验温度表。

2）在寒冷天气，要对温度表传感部位采取防冻措施，防止冻裂。

3）要定期清洁温度表。

2. 温度变送器

（1）定义

温度变送器采用热电偶、热电阻作为感温元件，从感温元件输出的信号传到温度变送器模块，经过稳压滤波、运算放大、非线性校正、V/I 转换、恒流及反向保护等电路处理后，转换成与温度成线性关系的 4～20 mA 电流信号输出。温度变送器如图 4-4-5 所示。

（2）工作原理

感温元件品种繁多，其信号输出类型也多。为了便于自动化检测，需要对各种温度传感器输出信号做统一规定，将输出信号统一为 4～20 mA 电流信号。利用温度变送器使输入的各种电阻和电势信号，转换成统一的 4～20 mA 电流信号输出。

图 4-4-5　温度变送器

（3）特点

1）高精度。温度变送器的测量精度较高、转换能力较强，适用于对温度测量精度要求较高的场合。

2）多功能。温度变送器可以集成多种功能，如温度测量、信号转换、显示、报警等，可以满足不同应用场合的需求。

3）稳定性强。温度变送器能长期稳定地工作，不易受环境温度、电源等因素的影响。

4）抗干扰能力强。温度变送器采用了一系列的抗干扰技术，可以有效地避免外界电磁干扰的影响。

5）安装简便。温度变送器体积小、安装方便，可以安装在不同的位置进行温度测量和信号转换。

6）适应性强。温度变送器适用于不同的温度测量场合，如高温、低温、潮湿等环境，可以满足不同应用场合的需求。

（4）分类及应用

1）分类。温度变送器按测量范围可分为温度变送器和温差变送器两种；按输出信号可分为模拟输出温度变送器和数字输出温度变送器两种。

2）应用。温度变送器是将温度变量转换为可传送的标准化输出信号的仪表，主要用于工业过程中温度参数的测量和控制。

三、基本过程控制系统

1. 概述

基本过程控制系统又称生产自控监控系统，是指用于生产工艺监控的 Citect 组态软件，主要包括阀门、输油泵、搅拌器等设备控制及状态监控，以及压力、温度、可燃气体、应力、液位、批量装车等工艺参数监控。

数据采集控制系统由操作站和输入输出（I/O）数据服务器组成，采用客户端/服务器结构，这些构成信息的采集及显示监控。I/O 数据服务器配置为主/备运行方式，实时采集 PLC 系统数据并对运行异常的设备生成报警信息，向操作站提供数据和报警服务，同时将操作员的操作指令传输到 PLC 系统执行。中控室通过以太网采集整个库区及码头的所有实时监控数据。I/O 数据服务器位于中控室，操作站位于现场生产值班室。

2. 主要功能

（1）监控工艺设备的运行状态。

（2）向计算机控制系统上传经选择的数据和报警信息。

（3）输油过程控制，包括压力和流量控制。

（4）采集和处理工艺及辅助系统变量数据，实时进行显示、报警、存储、记录和打印。

（5）提供站场的运行状态、工艺流程、动态数据的画面或图形显示，以及报警、存储、记录和打印信息。

（6）经通信接口与第三方智能仪表交换信息。

（7）故障自诊断，并把信息传输至调度控制中心。

（8）数据通信管理。

四、安全仪表系统

1. 概述

安全仪表系统作为安全保护系统，实时在线监测重要设备的运行状态。其主要接入罐区进出库阀门、油罐液位开关、油罐罐根阀、机组出口压力信号及机组紧急停车系统（emergency shutdown device，ESD）信号，完成罐区 ESD 相关报警及联锁保护功能。当运行过程出现紧急情况时，ESD 直接发出保护联锁信号，对现场设备进行安全保护，从而确保安全生产，达到提高经济效益的目的。

安全仪表系统主要是将工艺过程从危险状态转为安全状态，保障油罐和输油管道能够在紧急状态下安全地停输，同时使系统安全地与外界截断，不会导致故障发生和危险扩散，将风险降低到可接受范围内，确保工艺装置的生产安全，避免造成重大人身伤害及重大设备损坏事故。

安全仪表系统按故障安全型设计，即在正常状态下控制回路应是励磁的。紧急停车功能由安全仪表系统完成，实时在线监测重要设备的运行状态，当运行过程出现紧急情况时，直接发出紧急停车命令，将油罐、输油泵、现场设备及工艺管道转为安全状态。

ESD 命令优先于就地/远控、手动/自动等任何操作模式，无论安全仪表系统处于何种操作模式，ESD 命令均可直接到达被控设备，并使它们按预定的顺序动作。紧急停车命令应是闭锁信号，机组、库区 ESD 阀门在接到人工现场确认复位的命令前不能再次启动。

安全仪表系统信号（ESD 阀门、ESD 按钮、泵 ESD）应采用点对点硬线连接方式。

2. 主要功能

（1）每个油罐均设置雷达液位计及高高液位开关或低低液位开关，组成比选安全联锁逻辑。当检测到油罐液位高高报警时，联锁关闭油罐罐根电液联动阀；当检测到油罐液位低低报警时，联锁关闭油罐罐根电液联动阀，并联锁关停输油泵。

（2）现场手动关阀按钮设置在油罐火灾危险区域外（防火堤外），用于危险情况时现场手动操作联锁切断油罐罐根电液联动阀。

（3）油罐分布式感温光纤、火焰探测器发出警报或现场手动报警按钮触发，并经人工确认后，下发库区或区域紧急停车命令，由安全仪表系统联锁关闭油罐进、出库电液联动阀及油罐罐根电液联动阀，并关停所有输油泵。

（4）在管道外输工况时，管道首站紧急停车，联动停运正在运行的库区输油泵。

（5）在装船工况时，码头紧急停车，联动停运正在运行的库区输油泵。

（6）在装车工况时，装车平台设施紧急停车，联动停运正在运行的库区装车泵。

五、消防控制系统

1. 概述

消防控制系统通过硬件集成、PLC 软件编程，实时采集和处理现场消防系统的各项相关数据，准确反映现场各消防设备的参数值及变化趋势，及时发布火灾报警信号信息；通过人机界面组态编程，在监控计算机上实时监视和控制相关设备和消防系统参数，通过网络通信系统，使监控人员实时了解作业现场的消防情况。

2. 主要功能

（1）显示作业现场消防流程，对消防信号进行数据采集和处理。

（2）显示作业现场各种消防参数和其他有关参数，显示实时数据和历史趋势曲线，如液位、压力、温度等。

（3）监控各种消防设备的运行状态，如消防电动阀、消防泵、泡沫比例混合装置等，并根据设计要求实现远程控制。

（4）消防泵、消防电动阀的联动控制，消防水罐的液位高低限位报警指示，消防泵、阀门的远程控制，消防水及泡沫管线的压力指示等。

（5）当人工确认作业现场发生火灾报警时，操作人员远程手动或程序联锁自动启动消防泵、消防电动阀、泡沫比例混合装置等，确保现场作业安全。

（6）显示各消防参数的综合报警、故障报警、超限报警、报警摘要、报警一览表等报警信息。

（7）消防辅操台设置在消防值班室，可独立进行集中操作、控制和管理消防设备。

（8）在油库区，消防控制系统与光纤感温系统联锁通信可实现火灾报警联动。

（9）控制权限与访问权限的限定。

（10）操作记录、报警记录、登录记录。

（11）消防 PLC 控制系统诊断。

（12）提供标准 Modbus RS485 或 RS232、Modbus TCP 标准通信接口，能够方便地与现场智能仪表设备通信，如与泡沫比例混合装置通信。

第五节 安全监控系统

一、光纤振动式周界入侵报警系统

1. 概述

光纤振动式周界入侵报警系统是采用振动光纤作为前端探测器，由周界入侵报警主机实时感知周界沿线振动信号并对入侵事件进行报警的系统。光纤振动式周界入侵报警系统基于光纤振动探测的无源及抗干扰性，以及灵活的敷设安装方式，适用于周界环境复杂、安全等级要求高的单位，特别适用于易燃、易爆的油库和雷击多发的野外环境，应用前景较其他周界入侵报警系统广泛。

2. 工作原理

报警主机的激光发射器发出直流单色光波，由光纤耦合器分别沿正向和反向耦合进入两芯传感的光纤，形成正、反向环路马赫－曾德尔干涉光信号；光纤受到沿线外界振动干扰后，引起光波在光纤传输中的相位变化，形成光信号相位调制传感信号，再通过光纤耦合器和光环行器传送至报警主机的光电探测器，检测光信号的光强变化，从而实现光纤振动探测及相应入侵报警。

3. 功能特点

（1）现场监测设备不带电，安全可靠。

（2）能够实时监测周界防护区域非法入侵信息，并进行报警和管理。

（3）能够在作业现场和监控值班室同步显示报警区域。

（4）能够与视频安防监控系统联动，报警现场可视。

（5）能够对报警区域进行布防和撤防操作。

（6）报警主机与扩展主机可通过网络进行通信，可实现网络集中式管理与维护，具有网络后期互联扩展功能，能通过网络连接扩展新的防护区域。

（7）每套报警主机使用一套风雨探测环装置，大幅减少风雨误报警问题，提高光纤振动式周界入侵报警系统的安全性、稳定性和准确性。

二、视频安防监控系统

1. 概述

安防即安全和防范，安全是指没有危险、不受侵害、不出事故，防范是指防盗、防劫、防入侵、防破坏等所采取的措施。安防的基本内涵是通过各种防范措施，达到安全的目的。

安防的三种基本措施包括人防、物防、技防。人防是指通过人力进行防范。例如，保卫人员发现妨害和破坏安全的行为，并通过肢体行为或呼喊进行制止。物防是指实物防范，如围墙、保险柜等。技防是指技术防范，如视频监控、门禁等。

视频安防监控系统是利用视频技术探测、监视防护区域，并实时显示、记录现场图像的电子系统。该系统主要为关键的、敏感的场所提供实时监控和录像，通过实时监控可以及时发现危险行为、违法行为、犯罪行为，录像可以为企业、公安机关、司法机关提供事后取证的重要依据。

视频安防监控系统包括采集设备、传输设备、管理/控制设备和记录/显示设备四部分。视频安防监控系统示意如图4-5-1所示。

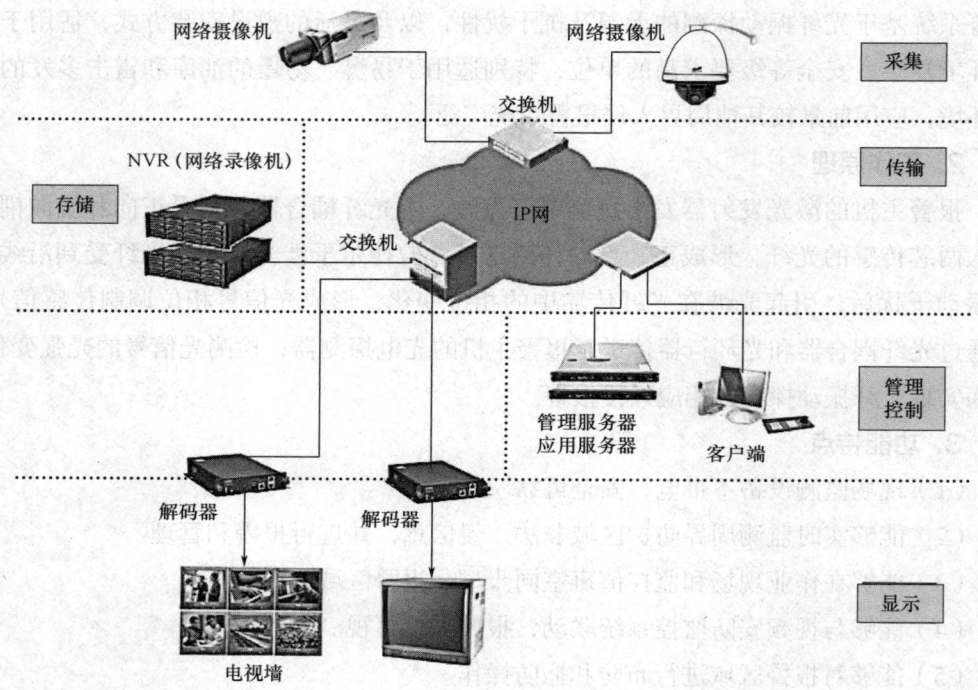

图 4-5-1 视频安防监控系统示意

2. 工作原理

（1）前端采集

采集设备完成对视频信号的获取，包括摄像机及其配套的镜头、云台等设备，完成图像信息、语音信息等的采集。

（2）信号传输

传输设备完成对前端采集的音频、视频，以及控制与状态信号的传送。

（3）视频压缩编码

采用视频压缩编码技术将视频进行压缩，以减小数据量，提高存储和传输效率。

（4）数字图像处理及智能分析

对监控视频进行智能化处理和分析，可以提高监控效率和增强准确性。

3. 功能特点

（1）多路监控功能

视频安防监控系统具有时序性切换功能，可按照时间顺序自动切换，并在监视器上停留固定时间。

（2）视频录像功能

视频安防监控系统能够实时记录全部的视频监控信号，并按照指定编码模式将压缩后的视频保存到磁盘上。

（3）录像检索与回放功能

通过录像检索功能可以完成录像的回放，也可以建立媒体浏览服务器，完成远程查询与回放。

（4）操作功能

视频安防监控系统具有多种显示模式、预警模式、录像方式等，支持图像抓拍打印、智能快速录像回放查询等操作。

（5）监控查看功能

视频安防监控系统支持远程或本地监控中心实时监控、录像或任意回放监控画面，授权的联网计算机也可实现监控功能。

（6）安全性

视频安防监控系统应用图像掩码技术，具有录像备份、网络故障断网缓存等功能，可以有效保护视频的安全性和完整性。

（7）智能报警功能

视频安防监控系统能够根据预设规则自动触发报警，如入侵检测、越界警告、滞留报警等，并联动其他安全设备（如警报器等）做出响应。

此外，视频安防监控系统还具有实时图像控制、视频控制、地图显示等功能，可实现对防护区域的全方位监控和管理。

三、光纤感温火灾探测系统

1. 概述

光纤感温火灾探测系统是一种利用光纤技术探测火灾的系统。它基于光纤的纵向传输模式，在光纤中注入光功率，并利用光纤对温度的敏感特性来探测火灾。当光纤周围的温度发生变化时，光纤的折射率也会随之发生变化，进而改变光的传输特性。这种变化被探测器捕获，并通过内置算法进行处理，从而判断是否发生火灾。光纤感温火灾探测系统示意如图 4-5-2 所示。

2. 工作原理

光纤感温火灾探测系统主要有两种工作原理，基于微弯曲的测温原理和基于布里渊散射的温度测量原理。在基于微弯曲的测温原理中，将光纤绕在被测物体周围，当被测物体温度发生变化时，光纤的微弯曲程度也会发生变化，这种变化被探测器捕获并进行分析处理。而在基于布里渊散射的温度测量原理中，探测器发射光线进入光纤，通过测量散射光的频率变化得出光纤中的温度变化。

3. 功能特点

光纤感温火灾探测系统具有许多优点。首先，它是一种实时的、在线的、连续的温度测量系统，能够实时监测火灾是否发生。其次，它具有测量精度高、测量距离长、

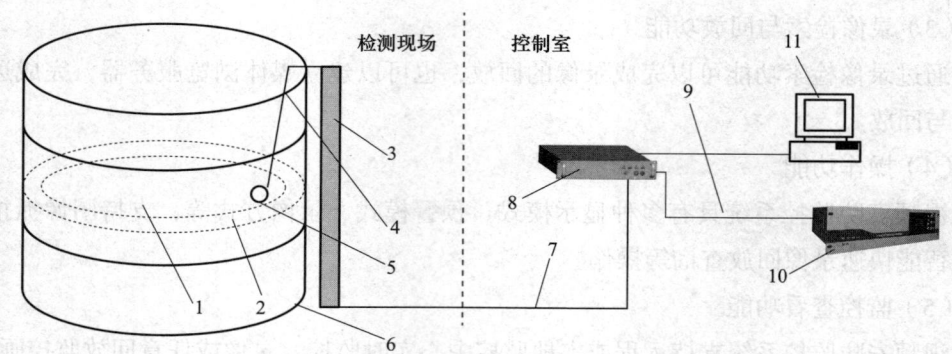

图 4-5-2 光纤感温火灾探测系统示意图
1—油罐浮顶 2—感温光缆 3—光缆保护管 4—传输光缆（长度可调）
5—光缆连接器 6—油罐 7—传输光缆 8—信号处理器 9—电缆
10—报警控制器 11—计算机

可精确定位的特点，能够准确判断火灾的位置和规模。最后，它还具有本质安全和不受电磁干扰的特点，适用于各种复杂环境。

光纤感温火灾探测系统也存在一些缺点。首先，它的初期成本较高，可能造成一定的经济压力。其次，安装时，可能受到工艺设备的限制，需要专业的安装技术和设备支持。最后，光纤本身也可能存在断裂的风险，需要定期检查和维护。

四、雷电预警系统

1. 概述

雷电是危化品行业火灾爆炸的主要致灾因素之一，因此要加强雷电预警系统的建设工作，提高雷电灾害预警和防雷减灾服务能力。雷电预警是雷电防控工作中的重要环节。通过监测大气电场和声波信号的变化，预测雷电活动和雷电灾害，可以有效预防雷击事故。

2. 工作原理

雷电预警系统通过实时监测雷云对地面的电场强度变化情况，采集雷电相关信息，实现对大型油气储运基地及邻近区域雷电活动的实时监测、全面感知、临近预警，当电场强度超过设定安全值时，会发出报警信号。

3. 功能特点

（1）雷电实时监测

雷电实时监测具备实时探测大气电场等雷电特征参数的功能，主要对雷电发生前后大气电场的变化，雷电发生的时间、位置、强度、极性及地闪个数等关键参数进行探测。

（2）雷电临近预警

雷电临近预警包括雷电预警级别、雷电持续时间、预警区域、预警解除等信息，需关注预警区域未来多长时间内有闪电与地闪发生，并根据闪电与地闪发生的概率，定义雷电预警级别和持续时间。雷电预警级别和持续时间关系到预警区域内生产活动的进行，是最基本的预警因素。

（3）雷电历史数据统计查询

雷电历史数据统计查询具备预警区域内雷电预警信息查询、统计分析功能，可以为后期雷电事故调查和雷电活动特征分析提供数据支持。

（4）数据交互

开放的接口具备与危化品风险监测预警平台进行数据交互的功能。

五、可燃气体和有毒气体检测报警系统

1. 概述

可燃气体/有毒气体探测器是重要的安全设备，主要用于实时监测环境中可燃气体/有毒气体的浓度，主要由传感器、报警器和控制器组成。传感器负责感知环境中的气体浓度变化，一旦检测到气体浓度超过安全范围，传感器将发送信号给报警器，同时向控制器发送警报信息，触发警报装置，从而保护人们的生命和财产安全。

在生产或使用可燃气体和有毒气体的生产设施及储运设施区域内，泄漏气体中可燃气体浓度可能达到报警设定值时，应设置可燃气体探测器；泄漏气体中有毒气体浓度可能达到报警设定值时，应设置有毒气体探测器；泄漏气体中既属于可燃气体又属于有毒气体的单组分气体浓度可能达到报警设定值时，应设置有毒气体探测器；可燃气体与有毒气体同时存在的多组分混合气体泄漏时，可燃气体浓度和有毒气体浓度有可能同时达到报警设定值时，应分别设置可燃气体探测器和有毒气体探测器。

可燃气体和有毒气体检测报警系统主要由控制单元、可燃气体和有毒气体检测报警系统工作站、网络设备、通信接口及系统软件等组成。

固定式防爆可燃气体探测器、固定式防爆有毒气体探测器分别如图4-5-3、图4-5-4所示。

2. 工作原理

可燃气体探测器有催化型可燃气体探测器、红外光学型可燃气体探测器两种类型。催化型可燃气体探测器利用难熔金属铂丝加热后的电阻变化来测定可燃气体浓度。当可燃气体进入催化型可燃气体探测器时，可燃气体在铂丝表面发生氧化反应（无焰燃烧），产生的热量使铂丝的温度升高，铂丝的电阻便发生变化。

有毒气体探测器按原理不同可分为化学传感器和物理传感器。化学传感器利用化学反应的特性，使被检测气体与传感器内部的化学物质发生反应，产生电信号，从而实现气体浓度的检测。物理传感器通过测量气体与光、热或其他物理性质的相互作用

来检测气体浓度。例如，红外气体传感器使用特定波长的红外光来测量气体的吸收率，根据吸收率的变化确定气体浓度。

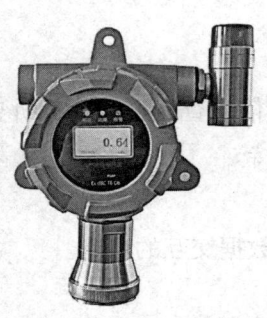 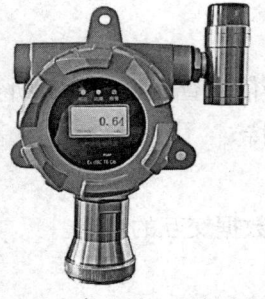

图 4-5-3　固定式防爆可燃气体探测器　　　图 4-5-4　固定式防爆有毒气体探测器

可燃气体和有毒气体检测报警系统控制单元采用 PLC 控制，主要由中央处理器（CPU）、I/O 模块、网络通信模块、电源模块、安装附件等组成。为保证可燃气体和有毒气体检测报警系统的可靠性，控制单元的中央处理器、电源模块、网络通信模块按冗余设计。远程机架和控制器采用光纤介质连接，组成光纤以太环网。可燃气体检测报警系统独立设置局域网，可燃气体和有毒气体检测报警系统的控制单元与工作站通过网络交换机局域网（LAN）相连。

在消防值班室设置一套可燃气体和有毒气体检测报警系统工作站，用于显示可燃气体和有毒气体探测器的故障、浓度、高报警、高高报警等，并进行数据存储、报警和事件记录。操作人员可在可燃气体和有毒气体检测报警系统工作站中监视可燃气体和有毒气体探测器数据，当发生气体泄漏报警时，触发声光报警器报警。

3．功能特点

（1）为可燃气体和有毒气体探测器及其附件供电。

（2）接收可燃气体和有毒气体探测器的输出信号，持续监测气体浓度并发出声光报警。

（3）手动解除声光报警信号，再次有报警信号时仍能发出声光报警。

（4）采集和处理气体浓度变量数据、故障等诊断信息，实时进行显示、报警、存储、记录和打印。

（5）向可燃气体和有毒气体检测报警系统工作站上传送经选择的数据和报警信息。

（6）实时及历史数据的采集、归档、管理及趋势图显示。

（7）经通信接口与第三方设备交换信息。

六、溢油监测系统

1．概述

海上溢油造成的环境污染是严重的，溢油监测系统对防止溢油造成的环境污染具有重要意义。目前，溢油监测技术主要有视频监测技术、热成像监测技术、紫外光诱导荧光监测技术和遥感监测技术等。

2．视频监测技术

（1）原理

视频监测技术是指以高清摄像头监控海上、实时录像，利用可见光遥感技术监测海上溢油。目前，这种技术在国内外都有成功应用的经验。例如，我国很多港口都建立了视频溢油监测系统。

（2）特点

视频监测技术对于海上溢油的预警作用有限，视频溢油监测系统目前很难识别海上溢油的图像信息，视频溢油监测系统通常需要依靠操作人员的经验，判断、识别溢油情况。因此此技术多用于狭窄、特殊海域监测，如港区溢油监测。视频监测海上溢油时，在一般情况下是由现场值班人员通过控制键盘对云台、镜头进行遥控，实施对海上现场的跟踪监视。近些年，随着图像识别技术的发展，虽然视频监测技术也具备了自动识别海上溢油的功能，但其仍在实验阶段。

3．热成像监测技术

（1）原理

热成像监测使用的设备主要有激光荧光传感器、电磁能量吸收传感器和热像仪。通过热像仪监测油污与海水的温差显示物体图像轮廓。任何物体只要温度高于绝对零度（$-273\ ℃$）就能辐射电磁波。热成像监测技术主要通过采集热红外波段（$8\sim14\ \mu m$）的光，来监测物体的热辐射；把热辐射转化为灰度值，再利用各物体的灰度值差异来成像，从而发现和识别目标，通过先进的图像识别技术，对油、海水、设备进行实时监测。热成像监测为视频监测的一种，利用热成像摄像头，对海上和作业管道设备进行实时监测和测温，通过监测油、海水和设备的温度差异，对溢油现象进行监测并及时报警，具有可视化应用、方便快捷、准确度高的特点。同时，热成像监测技术结合图像识别技术，也可以用异物进入差异法，发现海上溢油。

（2）特点

热成像监测技术的优点是可以实现 24 h 在线、自动溢油监测和报警记录，监测的油品种类多；缺点是采用热成像监测技术时，只显示物体热轮廓，短时间后油污温度便会与海水温度一样，致使监测困难、误报率高。采用异物进入差异法时，需要有全面的数据库进行对比，目前该数据库尚不完整，存在漏报、误报的可能。

4．紫外光诱导荧光监测技术

（1）原理

紫外光诱导荧光监测技术是基于水面荧光技术和快速筛选法，主要由脉冲紫外发光二极管（light emitting diode，LED）灯、接收光学系统、控制处理电路等组成。该技术采用 365 nm 的脉冲紫外光束激发监测水域中的油分子产生荧光，接收光学系统收集所产生的荧光信号做进一步的处理，将接收到的荧光信号立即传送至集成分析控制器软件进行分析。

（2）特点

紫外光诱导荧光监测技术的优点是可以实现 24 h 在线、自动溢油监测和报警记录，监测的油品种类多，同时可以在复杂的有机组合物中，以高灵敏度和高选择性区分单个组分的光谱特性；缺点是紫外光诱导荧光监测只可定点监测，监测范围小，抗干扰能力较差，容易误报警。

5．遥感监测技术

（1）原理

遥感溢油监测有卫星遥感溢油监测、船舶遥感溢油监测、飞机遥感溢油监测和雷达遥感溢油监测。目前，适用于海上平台的固定式雷达组网溢油监测技术已经进入应用阶段，它对油膜的存在比较敏感，雷达影像经过处理，就能够辨别出溢油区域，这是遥感监测技术主要的监测手段。雷达波穿透力强，受天气影响较小，也不受白天、黑夜的影响。

（2）特点

雷达遥感溢油监测技术的优点是可以实现 24 h 在线、自动溢油监测和报警记录，不受天气、视线等影响，更加高效，且监测范围较大；缺点是监测周期长，分辨率低。

第五章 流体货物储运操作

第一节 流体货物储运工艺

一、概述

流体货物储运工艺主要涉及流体货物的装载、储存、运输和卸货等全过程的管理和控制。流体货物通常指气体或液体,这些介质具有较强的可压缩性和流动性,能够通过各种形状、大小的管道和设备进行流动和输送。

在流体货物储运工艺中,流体货物的装载是关键环节之一,需重点关注流体货物装载过程的安全,防止在运输过程中发生意外。储存是另一个重要环节,要确保储存设施的安全和稳定,防止流体货物泄漏和损坏。运输则是流体货物储运工艺的核心环节,需要根据流体货物的特性和运输需求,选择合适的运输方式。

二、运输方式及特点

流体货物的运输方式主要有公路运输、铁路运输、水路运输和管道运输。

1. 公路运输

公路运输是指采用油罐车或气罐车运输流体货物。公路运输较为灵活,可以将流体货物运输到铁路、水路及管道不经过的地区。但是,公路运输输送量较小、成本较高,因此无法作为主要的流体货物运输方式。

2. 铁路运输

铁路运输是指采用油罐列车或气罐列车运输流体货物。铁路运输可以实现定时、定点、定量运输，运输量比公路运输大很多。但是，它受铁路建设的限制，只能在铁路经过的地区采用。

3. 水路运输

水路运输是指采用油船运输流体货物。水路运输能耗低、运营人员少，是最经济的运输方式。它受地理环境的限制，只能在沿海地区及河流区域采用。

4. 管道运输

管道运输是指采用管道长距离运输流体货物。管道运输整体性较强，能将油气田、炼油厂、港口、铁路、公路和用户连接起来，形成网络，是最常见的、经济高效的且相对安全的运输方式。

此外，对于天然气，还有一种特殊的运输方式——液化天然气（LNG）运输，是指天然气经压缩、冷却液化，在特殊存储条件下，以液化天然气的方式进行运输。这种运输方式可以选择通过船舶或油罐车进行远距离运输，用于需要将天然气运输到没有管道的地方或进行跨海运输的时候。

三、基本工艺流程

工艺流程是指流体货物沿管道的流动方向，反映的是流体货物运输过程及各工艺系统间的相互关系。基本工艺流程如图 5-1-1 所示。

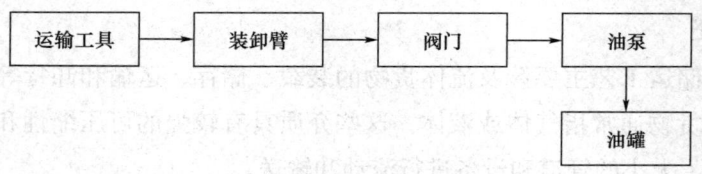

图 5-1-1　基本工艺流程

四、工艺流程图及图例

反映工艺流程的图纸称为工艺流程图。工艺流程图是流体装卸工必须掌握的，一般不按比例绘制，但各区域内设备方位应尽可能与总平面布置图一致，以便与实际联系，获得比较形象的概念。

工艺流程图中常用的名称及图形符号见表 5-1-1。

表 5-1-1　工艺流程图中常用的名称及图形符号

序号	名称	图形符号	序号	名称	图形符号
1	截止阀	⊳⊲	4	球阀	⊳⊲
2	闸阀	⊳⊲	5	蝶阀	/
3	节流阀	▼	6	隔膜阀	⊳⊲

续表

序号	名称		图形符号	序号	名称	图形符号
7	旋塞阀		{width=60}	12	角阀	
8	止回阀			13	三通阀	
9	安全阀	弹簧式		14	四通阀	
		重锤式				
10	减压阀			15	电动阀	
11	疏水阀			16	电磁阀	

第二节 水路运输收发油工艺

一、水路运输主要设备

1. 油船

（1）概述

油船又称油轮，是一种主要用于运输石油及其产品（如柴油、汽油和重油等）的船舶。其结构特点是使用油泵通过管道装卸流体货物，因此甲板上没有起货设备和大的货舱口，但设有入孔舱口。由于石油及其产品具有易挥发、易燃和易爆性质，因此，油船对防火安全的要求非常严格。例如，载重量超过2万t的新造油船必须配备惰性气体防爆设施，并且机舱通常设置在船尾。

油船的主要功能是安全有效地存储和运输大量的石油及其产品。它通常具有大型货仓和专用油舱，以确保石油及其产品在运输过程中的安全。

（2）主要参数

油船的主要参数包括船长、型宽、吨位、主机功率、载油能力等。这些参数是衡量油船性能和规模的重要指标。船长和型宽决定油船的整体尺寸；吨位代表油船的装载能力；主机功率反映油船的动力性能，对于航行速度和效率具有重要影响；载油能力是油船的核心参数，决定其能够运输的石油及其产品数量。

（3）油船分类

1）按作业货种分类

①原油船（原油运输船）。原油船主要从事原油的运输。其特点是船舶主尺度大、舱容大。

②成品油船。成品油船主要从事成品油的运输。其特点是船舶主尺度较小、舱容小，但舱多，可同时载运多种成品油。成品油船的吨位一般在6万t左右，以2万~4万t居多。

③混装船。混装船只有一部分舱容（一般为边舱）专门用来载运流体货物，其余舱容用来载运矿砂或散货。

④化学品船/淡水船。化学品船/淡水船以散装形式载运大宗食用类或工业用液体货物。

⑤储油船。储油船是集生产处理、储存外输及生活、动力供应于一体的浮式生产储存卸货装置。

⑥加油船。加油船是专门从事补给燃油等服务的船舶。加油船上装有特殊的输油软管和专用设备。

⑦转载船。转载船专门从事转载作业。转载船上安装有船用流体装卸臂、软管、大型碰垫等专用设备。

⑧油驳。油驳用于内河运输油类，一般没有自航能力。

⑨液化气船。液化气船是从事液化气运输的专用船舶，分为液化天然气船、液化石油气船两种。

2）按载重吨（dead weight tonnage，DWT）分类

①通用型油船：载重吨为1万t以下。

②灵便型油船：载重吨为1万~5万t。

③巴拿马型油船：载重吨为6万~8万t，船型以巴拿马运河通航条件为上限（如运河对船宽、吃水的限制）。

④阿芙拉型油船：载重吨为8万~12万t，该船型平均运费指数最高，经济性最佳，是适合在白令海海冰区航行的最佳船型，又称"运费型船"或"美国油轮船"，可以停靠大部分北美港口。

⑤苏伊士型油船：载重吨为12万～20万t，船型以苏伊士运河通航条件为上限。

⑥大型油船（very large crude carrier，VLCC）：载重吨为20万～30万t，又称巨型原油船。

⑦超大型油船（ultra large crude carrier，ULCC）：载重吨为30万t以上，又称超巨型原油船。

2. 船用流体装卸臂

船用流体装卸臂是油船收发油专用设备，在本书第三章第一节有详细介绍。

二、水路运输收发油工艺流程

1. 装船工艺流程

装船工艺流程如图5-2-1所示。

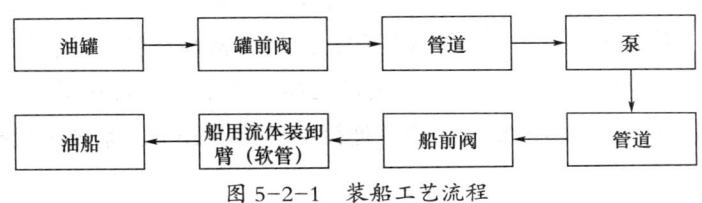

图5-2-1 装船工艺流程

2. 卸船工艺流程

卸船工艺流程如图5-2-2所示。

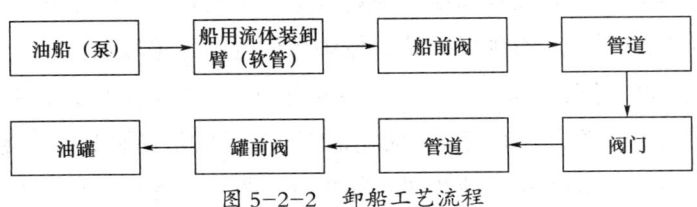

图5-2-2 卸船工艺流程

3. 船船直取工艺流程

船船直取工艺流程如图5-2-3所示。

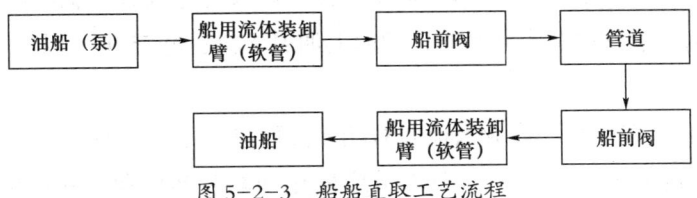

图5-2-3 船船直取工艺流程

4. 自流装船工艺流程

自流装船工艺流程如图5-2-4所示。

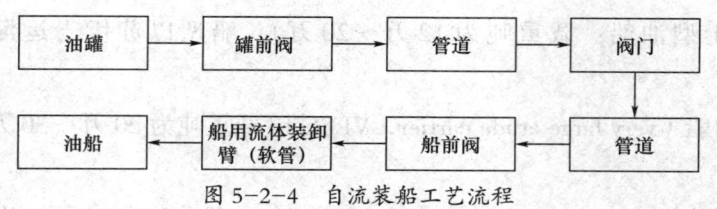

图 5-2-4　自流装船工艺流程

三、水路运输收发油工艺注意事项与要求

1. 装（卸）船工艺注意事项与要求

（1）油船靠好后，及时连接船岸跨接线，测试接地电阻应不大于 4 Ω，合格后做好记录并及时上报。

（2）作业人员按照船用流体装卸臂安全技术操作规程、复合软管安全使用管理规范的要求进行操作，与油船法兰对接。对接前，对油船法兰处进行可燃气体检测，不得超标。对接中，使用防爆工具要轻拿轻放，以防撞击产生火星。传递工具时，要用绳子系牢传递，不准撇上摔下。对接完毕后，进行气密性试验，并确保合格。

（3）使用的垫片应确保口径匹配、完好无损。船用流体装卸臂（复合软管）及油船端口法兰上不应有任何不平整物。法兰连接的螺栓要齐全，紧固螺栓时用力要均衡，对称依次紧固。

（4）油船在港期间，值班人员要时刻加强对油船缆绳状态、油船位移的监控，遇恶劣天气，及时通报船方防范，督促油船加缆，做好应急处置准备。设有油船缆绳应力检测系统及大型油船位移监控系统，值班人员应密切监控油船位移状况，出现警报，立即上报调度人员或联系船方现场确认，按中控调度指令采取措施。

（5）油船倒舱时，值班人员应注意压力变化并及时告知中控调度（泵房）。装卸船时，调度人员要及时提醒相关方采取措施，防止抽空引起船用流体装卸臂、复合软管振动。

（6）在卸船作业中罐区调整流程时（如投罐、投线、退罐、退线等），中控调度要提前通知调度人员减速或通知值班人员注意压力变化，以防超压或船用流体装卸臂抽空振动。

（7）作业人员要掌握流体货物的理化特征，以及应急处置和急救知识。

（8）作业人员装卸高凝点油品时，油船上油温不应超过 75 ℃，以防船用流体装卸臂密封圈受损。

（9）油船装卸作业时，作业人员要对船岸界面进行重点巡视。

（10）风力达到 15 m/s 时，作业人员应停止油船装卸作业；在港油船装卸作业暂停 4 h 以上时，作业人员应收回船用流体装卸臂或复合软管。

（11）当通信联络突然中断时，作业人员使用高频电话（或其他方式）立即报告调度人员及船方人员，按调度指令进行操作。

（12）在作业过程中，值班人员须每小时对油船舱位、工艺状态、人员作业、监护情况、船用流体装卸臂或复合软管状态等内容进行一次检查。

（13）扫线作业结束后，作业人员应先拆卸船用流体装卸臂或复合软管，再拆接地线。无特殊情况，油船应及时离港。油船在靠、离、装、卸过程中发生的问题，值班人员应及时报告值班领导和调度人员。

2. 船舶直取工艺注意事项与要求

（1）准备工作全部就绪后，作业人员打开船前阀，通知船方开泵。

（2）在作业过程中，作业人员应密切关注温度、压力、流量变化。

（3）作业人员与船方加强信息沟通，确保通信畅通。

3. 自流装船工艺注意事项与要求

（1）作业人员需确认油罐内油品液位与油船存在适当的压差。

（2）在装船过程中，要加强与库区、船方的联系，作业人员利用调节罐前阀或船前阀的措施满足安全装货要求。

（3）装船结束时，作业人员先缓慢关闭船前阀，直到全部关闭，再关闭罐前阀，以防管道中流体货物流到油船造成管道亏空，引起计量误差。

第三节 公路运输收发油工艺

一、公路运输主要设备

1. 油罐车

（1）概述

油罐车是一种专门设计的、用于运输流体货物的特种车辆，主要用于运输和储存石油、柴油、汽油、润滑油、食用油等液态化工品。其罐体部分通常采用高强度材料制成，以确保运输过程中的安全性和耐用性。油罐车不仅可以在炼油厂、加油站等地方进行流体货物的运输，还可以进行流体货物的配送，将流体货物从一个地方运输到另一个地方，以满足不同地点的需求。

（2）主要参数

罐体由 3 mm 厚的钢板制成，油罐车内装有两个带孔的挡板，把油罐车隔成三个可以相通的隔间，以减小油品在运输途中的水力冲击。在罐体前端装有量油孔，并用导尺筒直通到罐底；在油罐车中部设有人孔及安全阀；在油罐车底部设有排水阀、排油阀。

油罐车通常配备多种安全设施，如防溢装置、安全阀、紧急切断阀等，防止在运输过程中发生泄漏或其他安全事故。此外，油罐车还具备防火、防爆、防静电等安全措施，以确保运输和储存过程中的安全性。

（3）油罐车分类

1）按载重量分。油罐车按载重量分为轻型油罐车、小型油罐车、中型油罐车、中大型油罐车、大型油罐车。

2）按罐体材质分。油罐车按罐体材质分为碳钢罐体油罐车、铝合金罐体油罐车、不锈钢罐体油罐车、衬塑罐体油罐车、耐腐蚀性罐体油罐车。

2. 陆用流体装卸臂

陆用流体装卸臂（鹤管）是油罐车收发油专用设备，在本书第三章第二节有详细介绍。

二、公路运输收发油工艺流程

1. 装车工艺流程

装车工艺流程如图 5-3-1 所示。

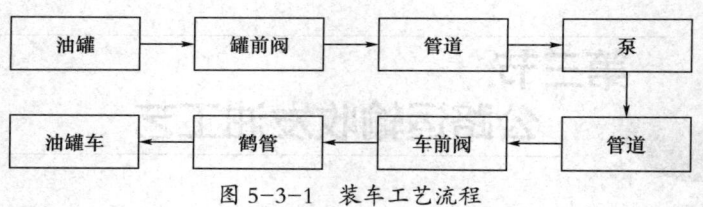

图 5-3-1 装车工艺流程

2. 卸车工艺流程

卸车工艺主要是指成品油卸车，卸车工艺流程如图 5-3-2 所示。

3. 自流装车工艺流程

自流装车工艺流程与启泵装车工艺流程基本相似。自流装车是启泵装车的创新，利用油罐的高液位与装车线的压差完成装车工作，可节约能源，实现低碳生产。

自流装车工艺流程如图 5-3-3 所示。

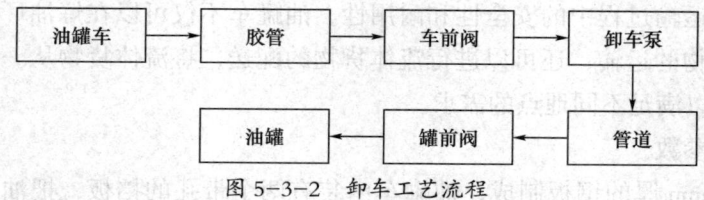

图 5-3-2 卸车工艺流程

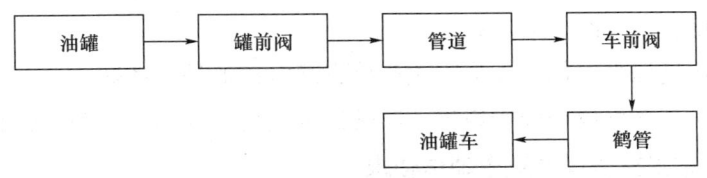

图 5-3-3　自流装车工艺流程

4. 车船直取工艺流程

车船直取工艺流程如图 5-3-4 所示。

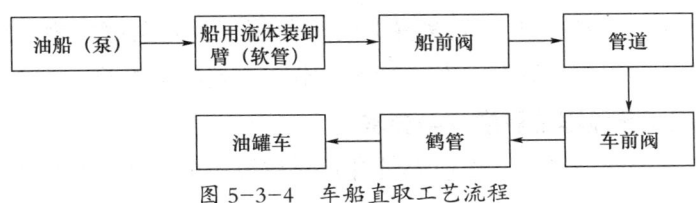

图 5-3-4　车船直取工艺流程

三、公路运输收发油工艺注意事项与要求

1. 装车工艺流程注意事项与要求

（1）作业人员根据调度指令，配合门卫做好油罐车进场工作。

（2）值班人员要安排作业人员指挥油罐车进场。

（3）根据装车计划，安排作业人员在平台进行装车作业。

（4）作业人员指挥油罐车依次进入装车鹤位。

（5）作业人员提醒司机做好接地，将车钥匙放入钥匙管理器，佩戴安全帽，穿戴安全带，放置鹤管，以及做好其他安全防范工作。

（6）作业人员根据油品设置密度，输入装车量，按下启动按钮，打开车前阀。

（7）油罐车装满后，作业人员应关闭电磁阀，显示装车结束，及时关闭车前阀。

（8）油罐车付油装满后，应静置 2 min。

（9）待司机归位鹤管，关闭舱门，取下接地线，取出车钥匙后，作业人员指挥重车离开鹤位、空车进入鹤位。

（10）全部油罐车装车完毕后，作业人员根据调度指令进行置换作业，对高凝点油品进行扫线作业。

（11）作业人员注意清理鹤管余油和现场卫生。

2. 卸车工艺流程注意事项与要求

（1）作业前，作业人员应进行盘泵，防止离心泵抽空。

（2）作业人员应严格控制流速，汽油卸车初始流速不大于 1 m/s，正常流速不大于 3 m/s。

（3）作业人员利用可燃气体探测器检测周围气体浓度，超出标准立即停止作业，检查是否存在跑、冒、滴、漏现象。

（4）在作业过程中，作业人员应注意检查静电接地是否良好。

（5）作业人员严格执行操作规程，穿戴好劳动防护用品，防止事故的发生。

3. 自流装车工艺流程注意事项与要求

（1）作业人员需确认油罐内油品液位与装车线存在适当的压差。

（2）在装车过程中，要加强与库区、车方的联系，作业人员利用调节罐前阀或车前阀的措施满足安全装车要求。

（3）装车结束时，作业人员先缓慢关闭车前阀，直到全部关闭，再关闭罐前阀，以防管道中流体货物流到油罐车上造成管道亏空，引起计量误差。

4. 车船直取工艺流程注意事项与要求

（1）准备工作全部就绪后，作业人员打开船前阀和车前阀，通知船方开泵、卸船、装车。

（2）在作业过程中，作业人员应密切关注温度、压力、流量变化。

（3）作业人员要控制好油罐车进出速度，保证装车作业。

（4）作业人员与船方加强信息沟通，确保通信畅通。

第四节 铁路运输收发油工艺

一、铁路运输主要设备

1. 铁路油罐车

（1）概述

铁路油罐车是运输散装油品的铁路专用车辆，又称铁路油槽车。它是油品铁路运输的主要工具，具有容量大、安全性高等特点，但使用范围受铁路和装卸设施的限制。铁路油罐车主要用于炼油厂和军用油库发运散装油品。

（2）主要参数

铁路油罐车的主要参数包括载重量、罐体容积、整车尺寸（长、宽、高）、自重、最高运行速度、制动距离、轨距等。这些参数都是根据铁路油罐车的设计和使用需求确定的，以确保其能够安全、高效地运输油品。载重量和罐体容积决定铁路油罐车能够运输的油品数量，整车尺寸影响铁路油罐车在铁路上行驶的稳定性和通过性，自重影响铁路油罐车的牵引能力和能耗，最高运行速度决定铁路油罐车的运输效率，制动距离是确保铁路油罐车在紧急情况下能够安全停车的关键参数，轨距确保铁路油罐车能够在特定的铁路线上行驶。

（3）铁路油罐车分类

1）按用途分。铁路油罐车按用途分为轻质油类铁路油罐车、黏油类铁路油罐车、酸碱类铁路油罐车、液化气体铁路罐车。

2）按结构分。铁路油罐车按结构分为上卸式铁路油罐车和下卸式铁路油罐车。

3）按载重量分。铁路油罐车按载重量分为60吨级铁路油罐车、70吨级铁路油罐车和80吨级铁路油罐车。

2. 陆用流体装卸臂

陆用流体装卸臂（鹤管）是铁路油罐车收发油专用设备，在本书第三章第二节有详细介绍。

二、铁路运输收发油工艺流程

1. 铁路装车工艺流程

铁路装车工艺流程如图 5-4-1 所示。

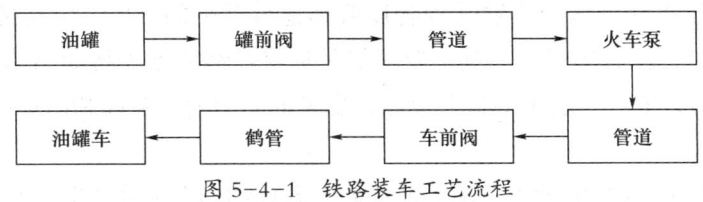

图 5-4-1 铁路装车工艺流程

2. 铁路卸车工艺流程

铁路卸车工艺流程如图 5-4-2 所示。

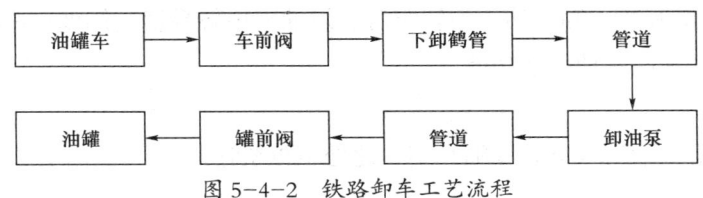

图 5-4-2 铁路卸车工艺流程

三、铁路运输收发油工艺注意事项与要求

（1）准备工作全部就绪后，作业人员与铁路装车人员联系，打开罐前阀、开启火车泵。

（2）在铁路装车过程中，作业人员与铁路装车人员保持通信畅通，根据调度指令调整流量。

（3）铁路装车完成后，作业人员根据调度指令，关闭火车泵。

（4）全部作业完成后，作业人员关闭罐前阀，将流程恢复。

第五节 油罐储运工艺

一、油罐储运主要设备设施

1. 油罐

油罐在本书第三章第五节有详细介绍，此处不再赘述。

2. 泵房

（1）概述

泵房是用于将油品从油罐输送到管道或其他容器中的设施。泵房通常由输油泵、配电设备、阀门、仪表等组成，其主要功能是提供足够的动力将油品从油罐中抽取并输送出去。泵房是油库工程中的重要部分，也是油品运输、装卸和储存的关键设施。

（2）分类

1）泵房按输送油品的种类分为原油轻质油泵房和润滑油液体散化泵房。

2）泵房按建筑形式分为开放式泵房和封闭式泵房。

3）泵房按作业性质分为装（卸）油泵房、发油泵房、中转泵房和综合泵房。

4）综合泵房有装（卸）油—中转泵房、发油—中转泵房、卸油—中转—发油泵房三类，它具有两种或两种以上功能。

3. 泵

泵在本书第三章第八节有详细介绍，此处不再赘述。

二、油罐储运工艺流程

1. 进罐工艺流程

进罐工艺流程如图 5-5-1 所示。

2. 出罐工艺流程

出罐工艺流程如图 5-5-2 所示。

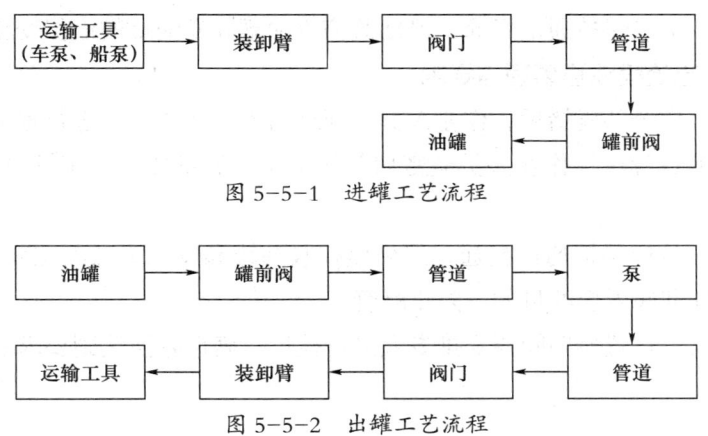

图 5-5-1 进罐工艺流程

图 5-5-2 出罐工艺流程

3. 倒罐工艺流程

倒罐工艺流程如图 5-5-3 所示。

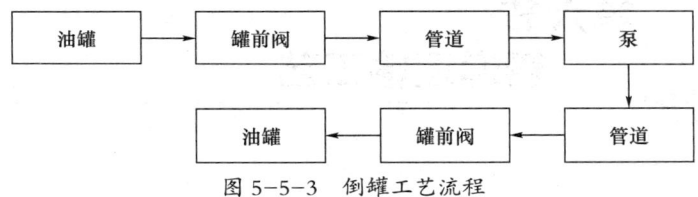

图 5-5-3 倒罐工艺流程

4. 置换工艺流程

置换工艺流程如图 5-5-4 所示。

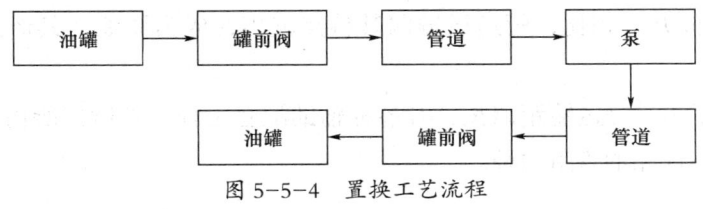

图 5-5-4 置换工艺流程

三、油罐储运工艺注意事项与要求

1. 进（出）罐工艺流程注意事项与要求

（1）准备工作全部就绪后，作业人员须保持联系，打开罐前阀，启动泵，进行进（出）罐作业。

（2）在作业过程中，作业人员应密切关注温度、压力变化。

（3）根据调度指令，作业人员及时更改开泵的数量，控制装卸流量。

2. 倒罐工艺流程注意事项与要求

（1）准备工作全部就绪后，作业人员打开罐前阀，启动泵，进行倒罐作业。

（2）在作业过程中，作业人员应密切关注温度、压力变化。

（3）作业人员应保持通信畅通，严格监控收油罐和发油罐的液位变化。

3. 置换工艺流程注意事项与要求

（1）准备工作全部就绪后，作业人员打开罐前阀，启动泵，进行置换作业。

（2）在置换过程中，作业人员应密切关注液位、流量变化；流量力求平稳，便于控制置换量。

（3）作业人员应保持通信畅通，严格监控收油罐和发油罐的液位变化，确保液位符合要求，达到彻底置换的目的，防止凝管。

（4）作业人员在置换期间要安排专人进行检尺，确保置换达到要求液位。

第六节 管道运输工艺

一、概述

原油及成品油的运输有公路运输、铁路运输、水路运输和管道运输四种运输方式。与其他几种运输方式相比，管道运输因其特点突出，成为原油及其产品的理想运输方式。

管道一般管径大，运输距离长，有各种辅助配套工程。管道按所输油品的种类可分为原油管道与成品油管道两种。

1. 特点

（1）运输量大。

（2）管道大部分埋设于地下，占地少、受地形地物的限制少，可以缩短运输距离。

（3）密闭安全，能够长期连续稳定运行。管道运输受恶劣气候的影响小，无噪声，油品损耗少，对环境污染少。

（4）便于管理，易于实现远程集中监控。现代化管道运输系统的自动化程度很高，劳动生产率高。

（5）能耗低，运费低。

（6）适用于大量、单向、定点运输石油等流体货物。

2. 组成

管道由输油站、线路及辅助系统设施组成。管道的起点输油站又称首站，它的任务是收集原油或石油产品，经计量后向下一站输送。首站的主要组成部分有油罐区、输油泵房和油品计量装置。有的管道为了加热油品还设有加热系统。

油品沿着管道向前流动，压力不断下降，需要在沿途设置中间输油泵站继续加压，直至将油品送到终点；为了继续加热，需要设置中间加热站。中间加热站与中间输油泵站设在一起的，称为热泵站。

管道的终点输油站又称末站，它可能是管道的转运油库，也可能是其他企业的附属油库。末站的任务是接受来油和向用油单位供油，所以设有较多的油罐与准确的计量系统。

为了满足沿线地区用油，可从中间输油泵站或沿线阀室分出一部分油品，输往它处；也可在中途接收附近矿区或炼油厂来油，汇集于中间输油泵站或干管，输往末站。

线路部分包括输油管道本身，沿线阀室，通过河流、公路、山谷的穿（跨）越构筑物，阴极保护设施，以及沿线的管道伴行道路、通信与自控线路、巡线人员住所等。

二、管道运输工艺流程

管道运输工艺流程如图 5-6-1 所示。

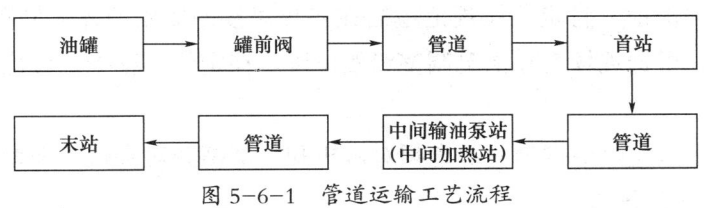

图 5-6-1 管道运输工艺流程

三、管道运输工艺注意事项与要求

（1）全部操作控制须遵循中心控制、站场控制和就地控制三级管理的原则。

（2）管道运输工艺流程的操作与切换必须遵循集中调度、统一指挥的原则。

（3）管道运输工艺流程操作须遵循先开后关的原则，确认新管道运输工艺流程已导通后，方可切断旧流程。

（4）正常开关阀门时，必须缓开缓关，以防发生水击，损坏管道或设备。

（5）输油泵切换应遵循先启后停的原则，输油泵机组的出口压力和出站压力不得大于管道设计压力。

（6）输油泵启动时，应遵循从低压向高压依次启动的原则，停运时，应遵循从高压向低压依次停运的原则。

（7）首站应遵循先启给油泵再启外输泵的原则，停泵时，应遵循先停外输泵再停给油泵的原则。

（8）站场进行管道运输工艺流程切换操作时，应执行操作票制度。实际操作时，一人操作，一人监护。

（9）通信中断时，未经允许不得启停设备或倒换管道运输工艺流程，作业人员应及时与调控中心或站场取得联系。

第七节 辅助作业

一、船舶靠离泊作业

1. 船舶靠泊流程

（1）船舶靠泊前，将定位旗规范地插在将要对接的船用流体装卸臂接口正下方。在靠泊过程中，根据现场实际情况调整船舶位置。在定位过程中，应确保船舶至少有一处备用接口。

（2）作业人员应至少携带一部全频对讲机和一部高频对讲机（大型船舶须一用一备），确保船岸通信畅通。

（3）在靠泊过程中，应及时与引航员联系，依照引航员要求将高频对讲机调到相应频道，听候引航员指令，服从引航员指挥，时刻保持通信畅通，应答应准确、简洁。

（4）根据船舶载货和潮汐情况，安排作业人员。在通常情况下，对于大型船舶，由船方撇缆，对于小型船舶，由码头撇缆。在受风向制约的情况下，顺风方优先撇缆。

（5）缆绳要求

1）前后倒缆。对于大型船舶，根据船舷导缆孔位置调整带缆位置，小型船舶，根据系缆桩位置调整船舷导缆孔位置。要充分考虑缆绳长度，通常应确保钢缆绳长度大于尼龙缆绳两倍，防止缆绳断裂及出现脱钩现象。

2）横缆。要依据缆绳受力方向选择系缆桩。

3）头尾缆。通常缆绳与码头纵向夹角以25°~45°为宜。

4）船舶靠泊系缆需严格落实系缆布置要求。在带缆过程中，加强与船方的联系，确保船方引缆上系有回头缆。

（6）按照引航员的指令有序进行船舶系缆作业。

（7）船舶第一根缆绳带好时为靠泊开始时间，最后一根缆绳带好后为靠泊结束时间，船舶靠泊结束后，作业人员要及时将靠泊时间及靠泊情况反馈至中控调度。

（8）值班人员或驻船调度在船舶靠泊后及时通知布放围油栏。

2. 船舶离泊流程

（1）值班人员或中控调度在船舶卸货后，及时通知解除围油栏。

（2）船舶离泊前，驻船调度组织船方代表、现场值班班长共同对船舶进行评价，书面送达船方。

（3）对离泊海域进行清泊，将高频对讲机按引航员要求调至相应频道，听候引航员指令，服从引航员指挥，时刻保持通信畅通，不得无故占用频道。

（4）作业人员必须穿戴好劳动防护用品，提前半小时到位。

（5）根据缆绳松缆情况，与引航员及船方解缆人员确认后进行解缆操作。

（6）解缆后，及时检查系缆设备设施，确认系缆桩有无异常，复位并固定脱缆钩，清理设备表面积水及尘土。

（7）解缆后，作业人员列队欢送。

二、扫线作业

1. 扫线流程

（1）装卸作业完毕，作业人员报告值班调度后，联系氮气站值班人员输送氮气进行扫线作业。

（2）装船作业。原则上作业人员须向船舱扫线。

（3）卸船作业。卸货完毕后，需商检人员或货主确认的，作业人员应在征求商检人员或货主同意后，将船用流体装卸臂、外臂或软管内的余油扫入船舱。

（4）液化石油气装船作业。原则上作业人员须向船舱扫线，要连续吹扫三遍。

（5）扫线结束后，作业人员站在上风位将压力排出，确认管道内无介质、无压力后方可拆管道。

2. 注意事项

（1）扫线作业必须严格监控压力，防止憋压。

（2）严格控制扫线速度，防止油品飞溅。

（3）与船方保持密切联系，防止冒舱。

三、清管器收（发）球作业

1. 盲板的打开

（1）打开盲板之前，必须确保容器已经放空，观察球筒上方压力表，显示压力为零。根据球筒及附件的存油量对比污油罐液位上涨幅度，以此判断球筒排油是否完成；拧松保险螺杆，判断是否有残压。

（2）如果判定有残压，则把保险螺杆拧紧，容器重新泄压，同时检查放空阀和排污阀状态并等待放空完成。

（3）当判定无残压时，可以安全打开盲板，将保险螺杆拧下，轻微晃动镶块，使镶块离开锁槽。

（4）把手柄插入驱动扳手，逆时针扳动180°，锁环收紧并离开锁槽，卡在盲板盖斜梢处。

（5）把手柄插入转臂下板的孔，旋转打开盲板盖。

2．盲板的关闭和锁定

（1）关闭盲板之前，确保密封面和机加工面上的锈蚀和杂物已经被清除，并用干净的布擦干净表面。

（2）检查密封圈是否有裂口、鼓包、化学损伤或老化，若老化则需更换密封圈。

（3）确保密封槽干净没有锈蚀，并在密封槽和密封面上轻轻涂抹一层油脂（如黄油、凡士林等）。

（4）确保锁环已经全部收紧在盲板盖斜梢处。

（5）调整盲板盖连接球筒本体的合页活动轴，在正面观察使盲板盖均匀地停留在球筒中心，保持上、下、左、右的缝隙一致；向内旋转盲板盖，将锁环关闭并确认收紧在盲板盖斜梢处；手握住插在转臂下板上的把手（加力杆），使盲板盖和筒体短节平行，向筒体短节内推动盲板盖。

（6）把左手放在盲板盖中心，注意防止盲板盖在推动过程中发生偏移，右手操作手柄，用一定的力将门推进，把手柄插入驱动扳手，顺时针扳动手柄，锁环张开并进入锁槽。

（7）安装保险螺杆组件及镶块。

（8）拧紧保险螺杆。

3．注意事项

（1）盲板的操作必须由经过培训并取得快开门式压力容器操作证的人员进行。

（2）保险螺杆不能用作泄压口，作业人员应侧向站立，确保自身与周围人员处于安全位置。

（3）必须定期维修以保持开关灵活。

（4）开关盲板时，不能使用锤子等工具敲击。

第六章
流体装卸常用工具

第一节 工具的种类及规格

一、扳手

扳手是一种应用非常广泛的五金工具。不同类型的扳手，具有不同的功能，适用于不同的场合，因此分清楚不同类型扳手的功能、规格及使用方法，有助于更好地选用扳手。下文对常用扳手的功能、规格和使用方法进行详细的介绍。

1. 活扳手

活扳手的钳口宽度可在一定范围内调节，是用来拧紧和旋松不同规格螺母和螺栓的一种工具，如图 6-1-1 所示。

图 6-1-1　活扳手

（1）功能

活扳手用来旋转六角或方头螺栓、螺钉、螺母。

（2）规格

4"、6"、8"、10"，对应钳口宽度分别为 1.3 cm、1.93 cm、2.4 cm、3 cm。

（3）使用方法

使用时，活扳手的钳口与螺栓或螺母的边缘完全对齐，避免存在间隙；不要使用过大的活扳手去拧尺寸较小的螺钉。扭动活扳手时，要确保固定钳口受主要作用力，防止活动钳口松动造成作业人员受伤及部件损坏。不要将活扳手当作锤击工具使用，也不要随意接长活扳手手柄，应使拉力作用在钳口较厚的一边，以防钳口出现"八"字形。

2. 呆扳手

呆扳手是一端或两端制有固定尺寸的钳口，用来旋拧一定尺寸螺母或螺栓的工具，如图 6-1-2 所示。

（1）功能

呆扳手是通用工具，是装配机床或备件及设备日常维修必需的手动工具。

（2）规格

4×5、5.5×7、8×10、9×11、12×14、13×15、14×17 等（以 mm×mm 为单位）。

（3）使用方法

使用时，可以上下套入或直接插入。

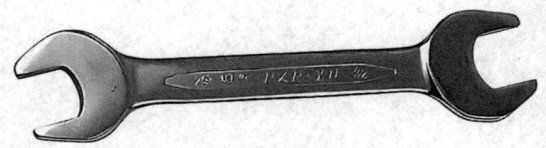

图 6-1-2　呆扳手

3. 梅花扳手

梅花扳手两端为带六角孔或十二角孔的工作端，当拆装螺母和螺栓的空间狭小，不能容纳普通扳手时，可用来拆装一般标准规格的螺母和螺栓，如图 6-1-3 所示。

图 6-1-3　梅花扳手

（1）功能

梅花扳手通常用于螺丝（帽）的最初放松与最后锁紧。

（2）规格

8×10、10×12、12×14、14×17、16×18、17×19（以 mm×mm 为单位）。

（3）使用方法

使用时，左手推住梅花扳手与螺栓连接处，保持梅花扳手与螺栓完全贴合，右手握住梅花扳手另一端并加力旋拧。

4. 两用扳手

两用扳手为呆扳手与梅花扳手的组合形式，其两端分别为呆扳手和梅花扳手，因此兼有两者的特点,是设备安装、装配、检修、维修的必需工具,如图 6-1-4 所示。

图 6-1-4　两用扳手

(1) 功能

利用杠杆原理,拧紧或旋松螺栓、螺钉或螺母,以实现螺纹间的紧固或松动,从而完成装配、维修、拆卸和安装零件等工作。

(2) 规格

4"、6"、8"、10"、12"、15"、18"、24" 等。

(3) 使用方法

使用时,要确保用力均衡且稳定,用力过猛可能导致螺栓或螺母损坏。同时,要保持两用扳手与螺栓或螺母之间良好接触,避免在转动过程中发生滑脱。

5. 内六角扳手

内六角扳手又称艾伦扳手,是一种通过扭矩施加对螺丝的作用力,降低使用者用力强度的工具,如图 6-1-5 所示。

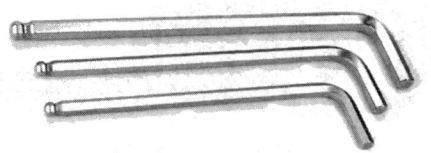

图 6-1-5　内六角扳手

(1) 功能

内六角扳手适用于六角插口头螺丝。它的两端都可以使用,具有六个接触面,使螺丝和内六角扳手之间受力充分且不容易损坏。同时,内六角扳手的六角外切直径和长度决定了它的扭转力,因此可以用来拧深孔中或非常小的内六角螺丝。

(2) 规格

高度为 10～70 mm,长度为 32～175 mm,六角对边为 0.7～19 mm。

(3) 使用方法

将内六角扳手放在螺丝的内六角槽内,顺时针紧固螺丝,逆时针松动螺丝。

6. 套筒扳手

套筒扳手是一种非常实用的工具,主要由套筒头、手柄及接杆等部件组成。套筒头是一个凹六角形的圆筒,用于套入螺栓或螺母的六角孔,手柄则提供旋转套筒头的力量,如图 6-1-6 所示。

(1) 功能

套筒扳手的一个显著特点是其头部可以根据需要随时更换,以适应不同规格的螺栓或螺母，使它在各种维修和安装工作中都能发挥出色的作用；此外，有些套筒扳手还配备额外的接杆，可以增加力臂长度，从而提供更大的扭矩，使拧紧或旋松螺栓变得更加轻松。

（2）规格

套筒扳手分为大、中、小三个类型，常见的有 6.3 mm 系列、10 mm 系列和 12.5 mm 系列。

（3）使用方法

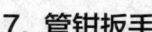
图 6-1-6　套筒扳手

使用套筒扳手时，首先根据螺栓或螺母的大小选择合适的套筒头；然后将其插入手柄；接着，将套筒头对准螺栓或螺母，并确保它们紧密贴合；最后，通过旋转手柄，就可以轻松地拧紧或旋松螺栓或螺母。

7. 管钳扳手

管钳扳手的形状类似活扳手，但两爪面有刻齿可增加握夹力，且前颚为活动爪，通过调节螺帽来调整钳口大小，如图 6-1-7 所示。

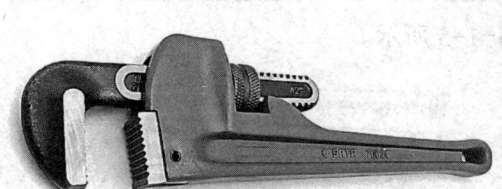
图 6-1-7　管钳扳手

（1）功能

管钳扳手用于夹持旋转钢管或其他圆形工作物。

（2）规格

管钳扳手 8"~48"，总长度为 200~1 200 mm。

（3）使用方法

使用时，应检查固定销钉是否牢固，将钳力转换为扭力，用在扭动方向的力更大，将管道钳得更紧。

8. 防爆 F 扳手

防爆 F 扳手因形状像英文字母 F 而得名，又称 F 形扳手、阀门扳手、F 形阀门扳手、F 阀门扳手、阀门钩、阀门钩子、阀门钩扳手等，如图 6-1-8 所示。

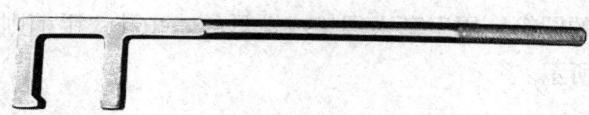
图 6-1-8　防爆 F 扳手

(1) 功能

防爆 F 扳手由防爆铜合金精铸而成，是阀门专用扳手，是设备安装、检修、维修工作中的必需工具。

(2) 规格

直径 ϕ 为 14～25 mm，长度为 200～1 200 mm。

(3) 使用方法

使用防爆 F 扳手操作阀门时，确保防爆 F 扳手与阀门轮卡牢以防止脱开。同时，作业人员应两脚分开并站稳，两腿合理支承以防止摔倒；两手应紧握手柄，并合理、均衡地用力，避免使用猛力或暴力。此外，防爆 F 扳手的手柄应与阀门轮保持在同一水平面上，以确保力量能够合理地作用在阀门轮上，防止因用力过大而损坏阀门轮。

9. 室外地上消火栓专用扳手

室外地上消火栓专用扳手是一种特殊的工具，通常由金属材料制成，呈卡扣和十字形，用于消防设施维护和使用中的紧急操作和管道连接等。室外地上消火栓专用扳手可以连接消火栓与消防水带，同时可方便地卸下消火栓阀门，如图 6-1-9 所示。

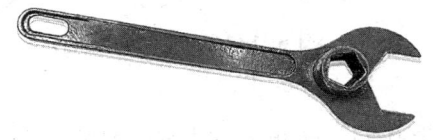

图 6-1-9　室外地上消火栓专用扳手

(1) 功能

室外地上消火栓专用扳手是一种公共消防设施工具，火灾发生时，便于消防人员就近取水灭火，以尽量减少火灾损失；火灾发生时，打开水口外盖，用室外地上消火栓专用扳手将室外消火栓打开，将消防水带接头和出水口接头连接，便于远距离灭火。

(2) 规格

总长度为 335～440 mm，钳口为 53～55 mm，五边形边长为 20 mm。

(3) 使用方法

在应对火灾等紧急情况时，首先，迅速将消火栓上的卡扣解开，使用室外地上消火栓专用扳手将消火栓的接口盖拧开，确保消防设施能够正常工作并发挥其应有的效能；然后，将消火栓与消防水带连接，并打开阀门，以便立即进行紧急灭火。

二、绳扣

1. 绳扣的种类

码头常用绳扣主要有平结、缩帆结、8 字结、拖材结、单索花、双索花、单套结、撇缆活结等种类。

2. 绳扣的操作

（1）平结

平结由两根粗细相似的短绳相接，一般用在不经常解开的地方，如图 6-1-10 所示。

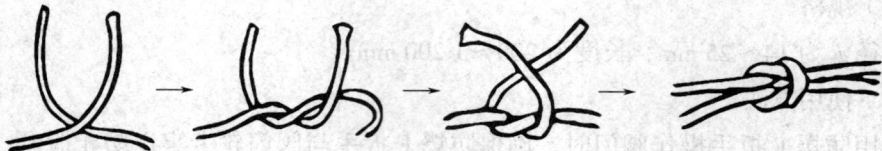

图 6-1-10 平结

（2）缩帆结

缩帆结由两根粗细相似的短绳相接，用在需要经常解开的地方，特点是容易解开、使用方便，不如平结牢固，如图 6-1-11 所示。

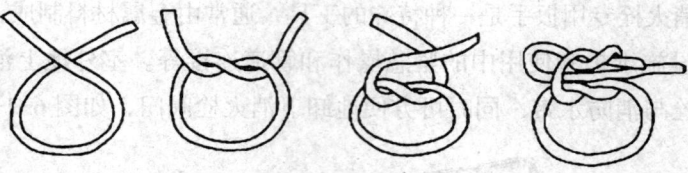

图 6-1-11 缩帆结

（3）8 字结

8 字结使绳索穿过圆形孔洞，防止绳索滑脱，特点是打法简单、使用牢固、松解方便，如图 6-1-12 所示。

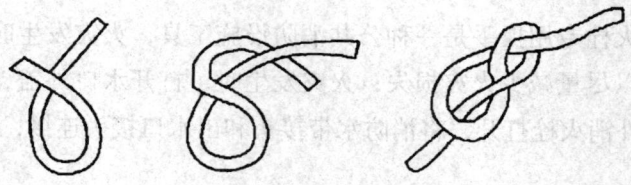

图 6-1-12 8 字结

（4）拖材结

拖材结用于吊拖较长的木材及其他圆柱形物体，如图 6-1-13 所示。

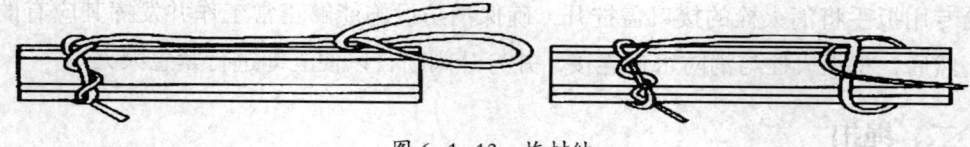

图 6-1-13 拖材结

（5）单索花

单索花由两根大小或粗细不同的绳索相接，或者绳索与眼环临时相接，特点是能将大小或粗细不同的绳索连接且松解方便，牢固性较差，如图 6-1-14 所示。

（6）双索花

双索花与单索花基本相同，用在受力较大的地方，如上高绳的升降结及连接座板，特点是能将粗细不同的绳索连接，如图6-1-15所示。

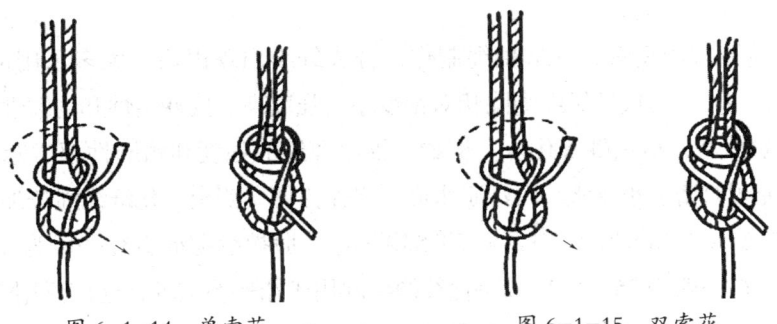

图 6-1-14　单索花　　　　图 6-1-15　双索花

（7）单套结

单套结常用于高空、舷外作业时的临时安全带，或者绳索与绳索、绳索与环临时连接及临时琵琶头带缆。单套结在船舶上用途很广，如图6-1-16所示。

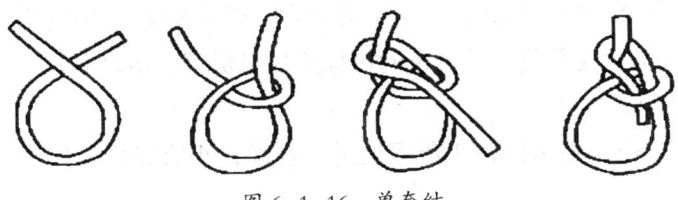

图 6-1-16　单套结

（8）撇缆活结

撇缆活结用来固定双系缆桩上的钢缆绳，防止钢缆绳弹出，特点是系结简单、松解迅速，如图6-1-17所示。

图 6-1-17　撇缆活结

三、缆绳

缆绳是生活和工作中不可缺少的一种工具，特别是在码头上的应用更是必不可少的，因此作业人员需要加深对缆绳的了解及认识。

1. 定义

缆绳具备抗拉、抗冲击、耐磨损、柔韧轻软等性能，是用于船舶系泊的多股绳索。

2. 特点

缆绳的特点是强度高、耐磨、耐用、耐霉烂、耐酸碱、简易轻便。

使用方法：每次使用前，必须做一次外观检查。在使用过程中，也需注意查看，半年至一年要试验一次。

过去的缆绳常用钢索、麻或棉绳制作，合成纤维出现以后，大多采用锦纶、丙纶、维纶、涤纶等制作。合成纤维缆绳除相对密度小、强度高、抗冲击性和耐磨性强以外，还有耐腐蚀、耐霉烂、耐虫蛀等优点。例如，锦纶缆绳的强度和耐磨性超过麻、棉缆绳数倍；丙纶缆绳相对密度小于水，可浮于水面，操作方便、安全。化纤缆绳按加工结构分为3股、多股拧绞缆绳和8股、多股编绞缆绳两类。3股拧绞缆绳直径一般为4~50 mm，8股编绞缆绳直径一般为35~120 mm。化纤缆绳除用于船舶系泊外，还广泛用于交通运输、工业、矿山、体育和渔业等方面。根据特种用途需要，还可以在缆芯编入金属材料。

3. 分类

（1）植物纤维绳

1）白麻绳强度最高，易吸水腐烂，且天热时变脆。

用途：多用白麻绳作不暴露在风雨中的动索，以及船舱内的捆绑绳、梯子扶手等。

2）白棕绳一般为浅黄色。乳白色的白棕绳质量最好，质轻柔软，有一定的浮力和弹性，受潮后会膨胀。

用途：大直径白棕绳可以作小艇系船缆、拖缆，小直径白棕绳可以作板绳、捆绑绳、调整稳索。

3）油麻绳吸水性弱、脆性大、弹性差、强度较低，低温时容易发硬。

用途：油麻绳通常用作吊放小艇的滑车索、小艇锚缆，大船上一般作静索及包缠用。

4）棉麻绳防腐、耐磨、坚韧、抗老化、抗拉伸，织成品透气性好、使用寿命长。

用途：棉麻绳一般用作撇缆绳、测深绳和旗绳。

（2）化纤绳

1）尼龙绳又称锦纶绳，强度高、柔软、弹性好、耐腐蚀、抗疲劳性强，摩擦后静电大、易脏、吸水性强、不耐风吹日晒。

2）乙纶绳耐低温、吸水性弱、能浮于水面，不能日晒。

3）丙纶绳耐热性差，综合性能较好，广泛用于海船作缆绳。

4）维纶绳耐低温、耐腐蚀、抗日晒、吸水性强、回弹性差。

5）涤纶绳耐腐蚀、耐气候性较好、强度高、吸水性弱，多用作拖缆。

（3）钢缆绳

1）结构形式及特点

钢缆绳多为右搓绳、镀锌，有的有油麻芯；其强度高、体积小、经久耐用，受外力扭曲变形易发生绞缠，使用不便。

2）使用方法

①切断钢缆绳末端前，应捆扎（捆扎长度应达绳径 3 倍以上）。

②绞缆时，应避免钢缆绳急顿、反向弯曲，不可扭结、过度弯曲。

③收缆时，滚筒上的钢缆绳应绕 4 圈以上，且排列整齐，不可叠压。

四、撇缆绳

1. 定义

撇缆是指借助人力将撇缆绳抛出的动作，把缆索抛向码头或其他船。船舶靠码头时，使用撇缆绳传递大缆。撇缆绳长 30～50 m，直径在 8 mm 以下，一端做一个眼环，另一端系结一个撇缆头。

2. 用途

船舶靠码头时，必须用缆绳系在码头桩/柱上，然后将船舶拖近并靠拢码头。若无小艇将缆绳直接送到码头上，就要使用撇缆绳来引送大缆。因此，要求撇缆必须迅速、准确，距离要远，成功率要高。特别是在气象、外界条件不利时，迅速带上缆绳的关键在于撇缆，这对保证船舶操纵的安全非常重要。

3. 撇缆头的类型

撇缆头常采用硬橡皮制成，或者用绳索编制，还可以用小帆布袋装满细砂，用细绳编结外层制成。

4. 撇缆的方式

撇缆的方式有抛投式（又称船舶式或过头式）、离心式（包括旋转离心式、水平离心式、垂直离心式）、摆动式（又称码头式或大连式）三大类。

（1）抛投式

将撇缆绳按顺时针方向由尾端开始盘在左手上，盘到一半后用大拇指和食指隔开，然后再盘后半盘；盘妥后，尾端单套结扣在左手中指或手腕上（根据当时情况确定），左手持前半盘，右手握后半盘，撇缆头稍长于撇缆绳圈，以防打结。抛投式如图 6-1-18 所示。

图 6-1-18 抛投式

撒缆时，作业人员左侧对着目标，左脚在前，右脚在后，两脚距离稍宽于肩；右手在身体后方摆动，将撒缆头摆动起来，然后蹬伸右腿，躯干向左转并挺胸，使用全身力量将撒缆头投向目标；右手抛出撒缆头时，左手应乘势同时送出撒缆绳圈。这种撒缆的方式适合在 25 m 距离内采用。

（2）旋转离心式

旋转离心式在抛投式的基础上，增加了身体的旋转动作，类似投掷铁饼的动作，使撒缆头摆动速度、撒缆绳抛出速度加快，将撒缆头抛出更远的距离。旋转离心式如图 6-1-19 所示。

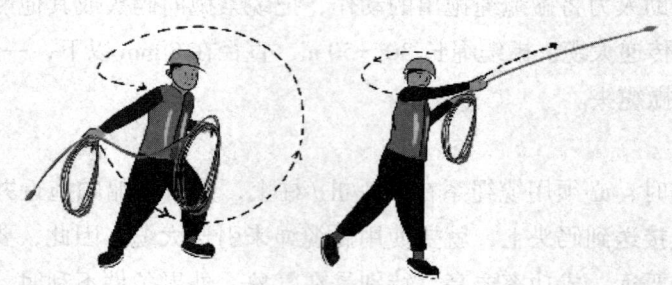

图 6-1-19　旋转离心式

首先，把撒缆绳以顺时针方向盘在左手上，然后在距离撒缆头约 1 m 处折一个环状，把环套在撒缆头上，用食指和中指勾住，尾端单套结套扣在右手中指或右手腕上（根据当时情况确定）。

撒缆时，作业人员左侧对着目标，左脚在前，右脚在后，两脚距离稍宽于肩；身体向右转动，右手在身体后方摆动，将撒缆头摆动起来，然后蹬伸右腿，以左脚前脚掌为轴，身体形成以左侧为轴的单腿支承向左旋转；当躯干右侧转到对着目标时，右腿向前迈一步，继续向左旋转；当躯干左侧转到对着目标时，最后用力，将全身的力量集中在撒缆上，以最快速度 30° 角将撒缆头抛向目标。或者作业人员右侧对着目标，两脚左右分开，距离稍宽于肩，摆动双臂使撒缆头随着摆动；当撒缆头摆动到身后时，开始蹬伸右腿，以左脚前脚掌为轴，身体形成以左侧为轴的单腿支承向左旋转，当躯干左侧转到对着目标时，最后用力，将全身的力量集中在撒缆上，以最快速度 30° 角将撒缆头抛向目标。

（3）摆动式

先将撒缆绳按顺时针方向盘在左手上，盘至一半后逐渐缩小盘圈，左手中指扣牢尾端琵琶头，右手持于距撒缆头约 0.9 m 处，作业人员左侧对着目标，左脚在前，右脚在后，两脚距离稍宽于肩；以逆时针方向摆动右臂数次，将撒缆头垂直转动并加速；当左臂扬至最高点向下摆动时，右脚向前踏一步身体向左转（约转 180°），撒缆绳从身体前摆过至左侧，撒缆头摆到身体左侧后，摆动右臂向右，用全身的力量将撒缆头抛向目标，左手顺势将撇缆绳送出。摆动式如图 6-1-20 所示。

图 6-1-20　摆动式

第二节　管道及其附件

一、管道的分类

1. 按管道设计压力分类

（1）真空管道

真空管道一般指表压小于 0 的管道，如泵的吸入管。

（2）低压管道

低压管道一般指表压为 0～1.6 MPa 的管道，如油泵的出口管道和自流发油管道，目前油库管道大多为低压管道。

（3）中压、高压和超高压管道

中压管道一般指表压为 1.6～10 MPa 的管道，高压管道一般指表压为 10～100 MPa 的管道，超高压管道一般指表压大于 100 MPa 的管道。例如，炼油厂反应塔出口管道大多为中压、高压管道，而油井出口管道大多为超高压管道。

2. 按管道材质分类

（1）金属管道

金属管道的种类很多，主要有碳素钢管道、低合金钢管道、铸铁管道等，特点是规格多、强度高。油库管道主要采用碳素钢管道和铸铁管道。

（2）非金属管道

常用的非金属管道主要是耐油橡胶管。它耐腐蚀性强，通常用在卸油码头及汽车收发油场所等。

二、管道常用的管材及规格

管道常用的管材有钢管、铸铁管和胶管等。

1. 钢管

流体输送钢管主要用于输送带有压力的流体。它除了要具有符合相应要求的强度与刚度外，还要保证密封性，在出厂前要求逐根进行水压试验。管道输送的常常是易燃、易爆、有毒、有温度、有压力的流体，所以应选用流体输送钢管。

钢管可分为无缝钢管和焊接钢管两大类。钢管的外径一般用大写字母 D 表示，其后加外径数值。例如，外径为 159 mm 的钢管，用 D159 表示。钢管的内径用小写字母 d 表示，其后加内径数值。例如，内径为 149 mm 的钢管，用 d149 表示。

（1）无缝钢管

无缝钢管是采用穿孔热轧等热加工方法制成的不带焊缝的钢管。必要时，热加工后的钢管还可以进一步冷加工到所要求的形状、尺寸和性能。目前，无缝钢管（DN15～DN600）是石油化工生产装置中应用最多的钢管。

（2）焊接钢管

焊接钢管又可分为对缝焊接钢管和螺旋焊接钢管两种。对缝焊接钢管一般用于小直径低压管道，螺旋焊接钢管常用于大直径低压管道。

2. 铸铁管

铸铁管分为普通铸铁管和硅铁管两类。铸铁管的规格一般以公称尺寸表示。

（1）油库常将普通铸铁管用在给排水、消防和冷却水系统中。普通铸铁管一般用灰口铸铁铸造，耐腐蚀性强，质脆、不抗冲击。普通铸铁管一般分为低压铸铁管（p=0.45 MPa）、普压铸铁管（p=0.75 MPa）和高压铸铁管（p=1.0 MPa）三种，直径为 50～1 500 mm，壁厚为 7.5～30 mm，管长有 3 m、4 m、6 m 三种。普通铸铁管按管端形状分为承插式铸铁管、法兰式铸铁管，法兰式铸铁管又分为单盘式铸铁管、双盘式铸铁管。

（2）硅铁管常用在耐酸管道中。

3. 胶管

油库常用胶管有耐油夹布胶管（耐油平滑胶管）、耐油螺旋胶管和耐油钢丝胶管三种。它们均由丁腈橡胶制成。胶管按功用可分为承压胶管、吸引胶管和排吸胶管等。

（1）耐油夹布胶管

耐油夹布胶管由内、外和中间胶布组成，工作压力一般为 1 MPa，用于低压输油。

（2）耐油螺旋胶管

耐油螺旋胶管由胶管和内、外层或中间螺旋钢丝组成，工作压力一般为 0.5 MPa，可用于压力输送和吸入管。

（3）耐油钢丝胶管

耐油钢丝胶管的钢丝较细，外表面螺纹痕迹明显，它与耐油平滑胶管相似。这种胶管比耐油螺旋胶管轻一半，工作压力高一倍，真空度为 50 kPa，变形时，椭圆度不大于 20%。

（4）吸引胶管

吸引胶管一般用于泵的进口，有良好的挺性及弯曲性能，能承受负压；同时管内有一根铜线用于接地，使用时铜线必须与法兰螺栓连接。

三、法兰

法兰又称凸缘，是用于连接管件、设备等的带螺栓孔的凸缘状零件。法兰连接是把两个管道、管件或器材，各自固定在一个法兰盘上，两个法兰盘之间加垫片，用螺栓紧固在一起的一种可拆卸的连接方式。法兰接头是可拆卸的接头，适用范围广，成本较高，主要用在管件与带法兰的配件或设备的连接处，以及不宜采用焊接和螺纹连接的接口处。

对法兰的基本要求是在管道内介质的压力和温度作用下，保证接口安全可靠和严密不漏。

法兰有以下几种分类方式。

1. 按连接方式分类

法兰按连接方式可分为平焊式法兰、对焊式法兰、螺纹式法兰、承插焊式法兰和松套式法兰，如图 6-2-1 所示。

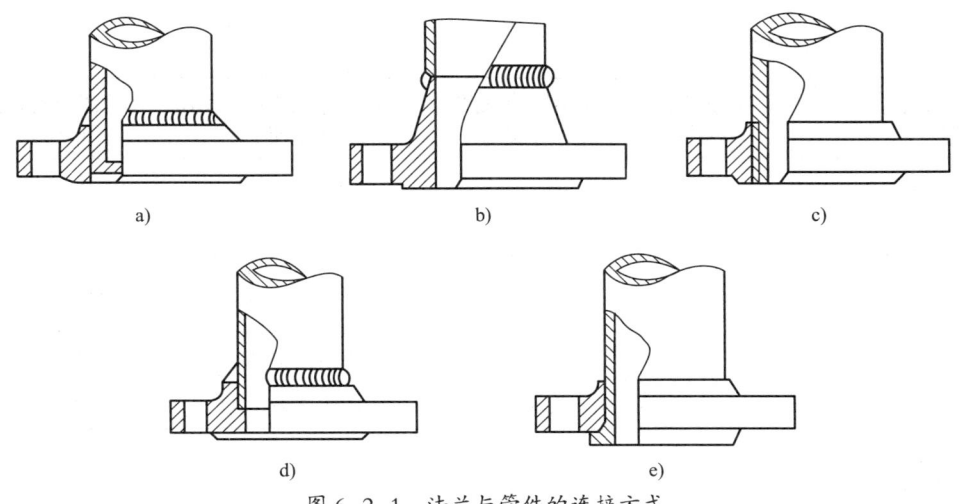

图 6-2-1　法兰与管件的连接方式

a）平焊式法兰　b）对焊式法兰　c）螺纹式法兰　d）承插焊式法兰　e）松套式法兰

2. 按密封面型式分类

法兰的密封面型式可分为凹凸面、榫槽面、平面、突面和环连接面等，如图 6-2-2 所示。我国同时存在四种标准：国家标准（GB/T）、机械行业标准（JB/T）、中国石油化工总公司标准（SH）和化工行业标准（HG）。各标准规定的法兰密封面名称有所不同，法兰密封面名称对照见表 6-2-1。

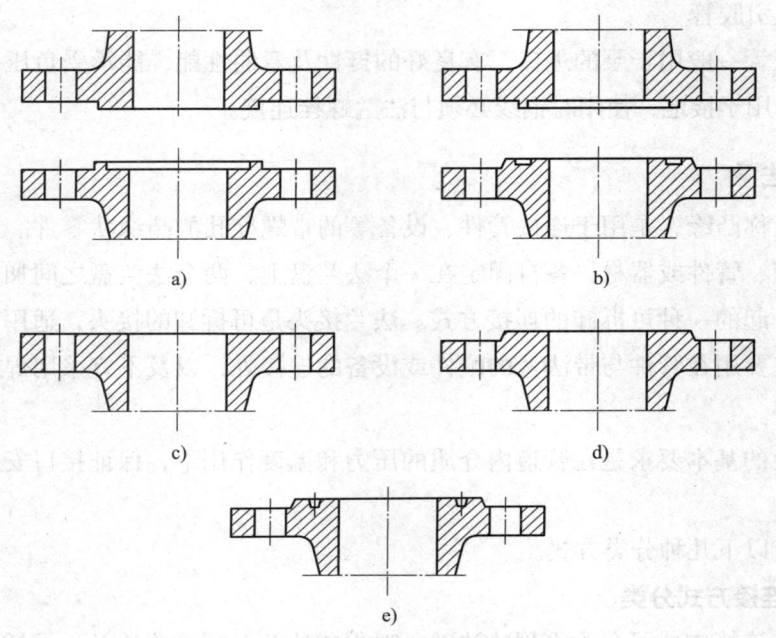

图 6-2-2 法兰的密封面型式

a）凹凸面 b）榫槽面 c）平面 d）突面 e）环连接面

表 6-2-1 法兰密封面名称对照

密封面名称	国家标准 （GB/T）	机械行业标准 （JB/T）	中国石油化工总公司标准（SH）	化工行业标准 （HG）
平面	平面（FF）		全平面（FF）	全平面（FF）
突面	突面（RF）	凸面	凸台面（RF）	突面（RF）
凹凸面	凹凸面（MF）	凹凸面	凹凸面（MF）	凹凸面（MFM）
榫槽面	榫槽面（TG）	榫槽面	榫槽面（TG）	榫槽面（TG）
环连接面	环连接面（RJ）	环连接面	环连接面（RJ）	环连接面（RJ）

3. 按结构形式分类

法兰按结构形式可分为板式平焊法兰（PL）、带颈平焊法兰（SO）、带颈对焊法兰（WN）、整体法兰（IF）、承插焊法兰（SW）、螺纹法兰（Th）、对焊环松套法兰（PJ/SE）、平焊环松套法兰（PJ/RJ）、法兰盖（BL）、衬里法兰盖［BL（S）］等，如图6-2-3所示。法兰类型及代号见表6-2-2。

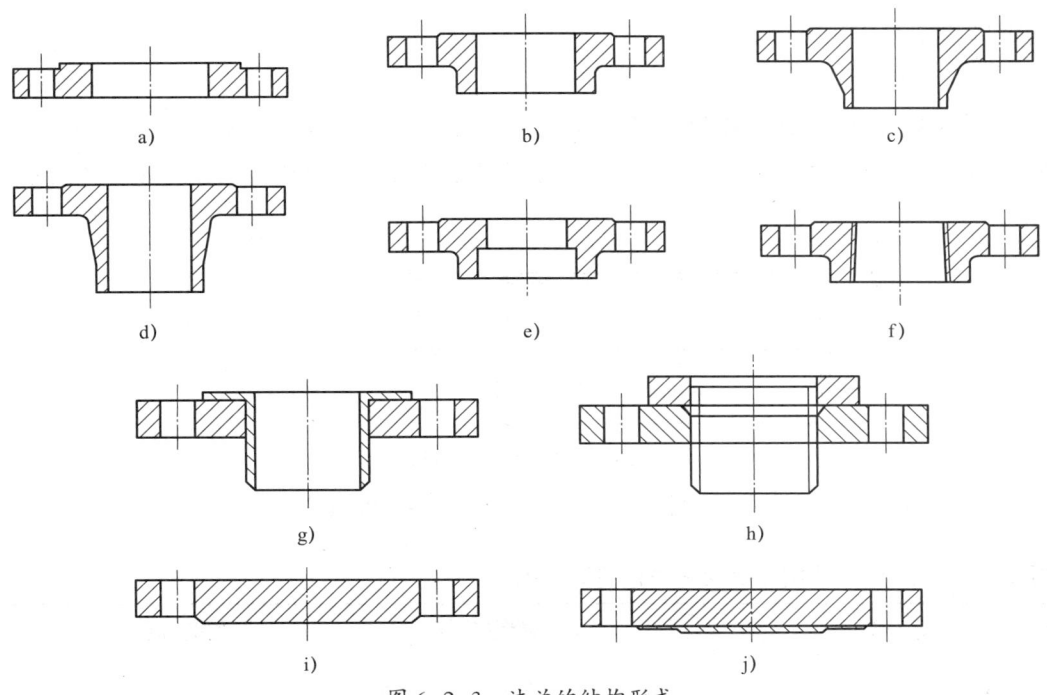

图6-2-3 法兰的结构形式

a）板式平焊法兰（PL） b）带颈平焊法兰（SO） c）带颈对焊法兰（WN） d）整体法兰（IF）
e）承插焊法兰（SW） f）螺纹法兰（Th） g）对焊环松套法兰（PJ/SE）
h）平焊环松套法兰（PJ/RJ） i）法兰盖（BL） j）衬里法兰盖［BL（S）］

表6-2-2 法兰类型及代号

法兰类型	法兰类型代号	法兰类型	法兰类型代号
板式平焊法兰	PL	螺纹法兰	Th
带颈平焊法兰	SO	对焊环松套法兰	PJ/SE
带颈对焊法兰	WN	平焊环松套法兰	PJ/RJ
整体法兰	IF	法兰盖	BL
承插焊法兰	SW	衬里法兰盖	BL（S）

4. 按制作材料分类

法兰按制作材料可分为铸铁法兰、钢法兰、塑料法兰、铜法兰等。

四、螺栓

1. 紧固件型式

钢制管法兰用紧固件型式包括六角头螺栓、等长双头螺柱、全螺纹螺柱、1型六角螺母和 2 型六角螺母。

（1）六角头螺栓

六角头螺栓的型式和尺寸应符合《六角头螺栓》（GB/T 5782）和《六角头螺栓 细牙》（GB/T 5785）的要求，六角头螺栓的端部应采用倒角端，如图 6-2-4 所示。

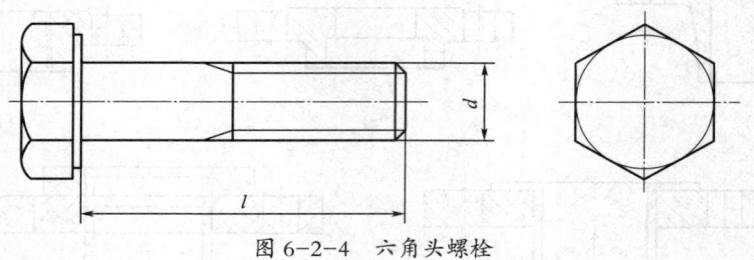

图 6-2-4 六角头螺栓

六角头螺栓的螺纹规格和性能等级应符合表 6-2-3 的规定。

表 6-2-3 六角头螺栓的螺纹规格和性能等级

标准编号	螺纹规格	性能等级（商品级）
GB/T 5782（粗牙）A 级和 B 级	M10、M12、M16、M20、M24、M27、M30、M33	5.6、8.8、A2-50、A4-50、A2-70、A4-70
GB/T 5785（细牙）A 级和 B 级	M36×3、M39×3、M45×3、M52×4、M56×4	

（2）等长双头螺柱

等长双头螺柱的两端都加工螺纹，外形呈柱形，所以又称双头螺柱。当拉紧力较大时，单头螺栓容易在螺杆和螺头连接处断裂，所以不能用在中、高压法兰上。等长双头螺柱不仅可用在中、高压法兰上，而且还便于从双向拧紧。等长双头螺柱的型式和尺寸应符合《等长双头螺柱 B 级》（GB/T 901）的要求，螺柱的两端应采用倒角端，如图 6-2-5 所示。等长双头螺柱的螺纹规格和性能等级应符合表 6-2-4 的规定。

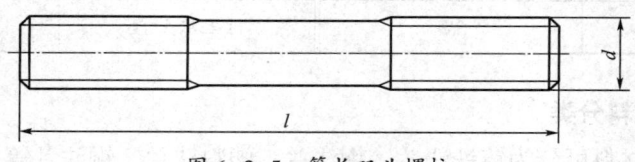

图 6-2-5 等长双头螺柱

表 6-2-4　等长双头螺柱的螺纹规格和性能等级

标准编号	螺纹规格	性能等级（商品级）
GB/T 901	M10、M12、M16、M20、M24、M27、M30、M33、M36×3、M39×3、M45×3、M52×4、M56×4	8.8、A2-50、A2-70、A4-50、A4-70

（3）全螺纹螺柱

全螺纹螺柱如图 6-2-6 所示，螺纹规格和材料牌号应符合表 6-2-5 的规定。

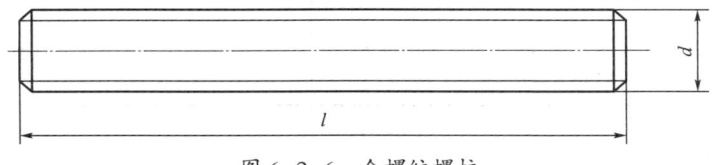

图 6-2-6　全螺纹螺柱

表 6-2-5　全螺纹螺柱的螺纹规格和材料牌号

标准编号	螺纹规格	材料牌号
HG/T 20613（全螺纹螺柱）	M10、M12、M16、M20、M24、M27、M30、M33、M36×3、M39×3、M45×3、M52×4、M56×4	35CrMo、42CrMo、25Cr2MoV、0Cr18Ni9、0Cr17Ni12Mo2、A193，B8 C1.2、A193，B8M C1.2、A320，L7、A453，660

（4）六角螺母

与六角头螺栓、等长双头螺柱配合使用的 1 型及 2 型六角螺母如图 6-2-7 所示，且应符合《1 型六角螺母》（GB/T 6170）和《1 型六角螺母　细牙》（GB/T 6171）的要求。与全螺纹螺柱配合使用的钢制管法兰专用螺母如图 6-2-8 所示。六角螺母的螺纹规格和性能等级、材料牌号应符合表 6-2-6 的规定。

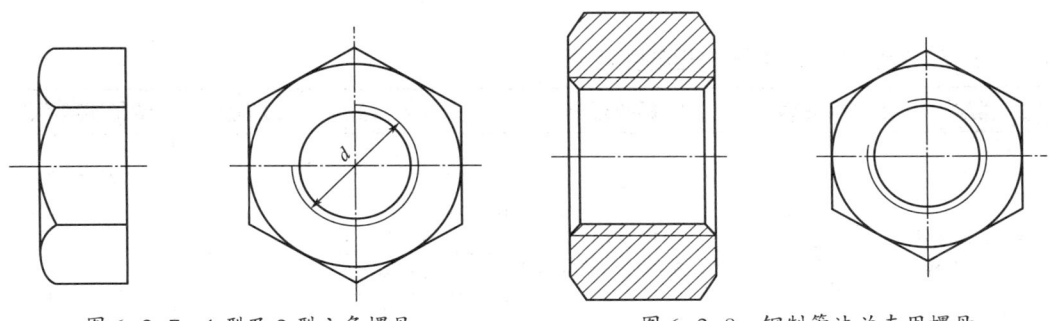

图 6-2-7　1 型及 2 型六角螺母　　　图 6-2-8　钢制管法兰专用螺母

表 6-2-6 六角螺母的螺纹规格和性能等级、材料牌号

标准编号	螺纹规格	性能等级	
		商品级	专用级材料牌号
GB/T 6170	M10、M12、M16、M20、M24、M27、M30、M33	6、8、A2-50、A2-70、A4-50、A4-70	
GB/T 6171	M36×3、M39×3、M45×3、M52×4、M56×4		
GB/T 6175	M10、M12、M16、M20、M24、M27、M30、M33		30CrMo、35CrMo、0Cr18Ni9、0Cr17Ni12Mo2、A194，8、8M、A194，7
GB/T 6176	M36×3、M39×3、M45×3、M52×4、M56×4		

2. 紧固件的选用

（1）商品级六角头螺栓及 1 型六角螺母

商品级六角头螺栓及 1 型六角螺母的使用条件应符合下列要求。

1）公称压力等级小于或等于 PN16。

2）非有毒、非可燃介质及非剧烈循环场合。

3）配用非金属垫片。

（2）商品级等长双头螺柱及 1 型六角螺母

商品级等长双头螺柱及 1 型六角螺母的使用条件应符合下列要求。

1）公称压力等级小于或等于 PN40。

2）非有毒、非可燃介质及非剧烈循环场合。

（3）专用级紧固件

商品级六角螺栓及 1 型六角螺母、商品级等长双头螺柱及 1 型六角螺母的使用条件不能满足者，应选用专用级全螺纹螺柱和 2 型六角螺母。

（4）紧固件的使用压力和温度范围

紧固件的使用压力和温度范围应符合表 6-2-7 的规定。

表 6-2-7 紧固件的使用压力和温度范围

型式	标准编号	螺纹规格	性能等级	公称压力	使用温度 /℃
六角头螺栓等长双头螺柱	GB/T 5782、GB/T 5785、GB/T 901	M10～M33、M36×3～M56×4	5.6	≤PN16	−20～300
			8.8		
			A2-50		−196～400
			A4-50		
			A2-70		
			A4-70		

续表

型式	标准编号	螺纹规格	性能等级	公称压力	使用温度/℃
等长双头螺柱	GB/T 901	M10～M33、M36×3～M56×4	8.8	≤PN40	−20～300
			A2−50		−196～400
			A4−50		
			A2−70		
			A4−70		
全螺纹螺柱	HG/T 20613	M10～M33、M36×3～M56×4	35CrMo	≤PN160	−100～525
			25Cr2MoV		−20～575
			42CrMo		−100～525
			0Cr18Ni9		−196～800
			0Cr17Ni12Mo2		−196～800
			A193，B8 Cl 2		−196～525
			A193，B8M Cl 2		
			A320，L7		−100～340
			A453，660		−29～525
1型六角螺母	GB/T 6170、GB/T 6171	M10～M33、M36×3～M56×4	6	≤PN16	−20～300
			8		
			A2−50	≤PN40	−196～400
			A4−50		
			A2−70		−196～400
			A4−70		
2型六角螺母	GB/T 6175、GB/T 6176	M10～M33、M36×3～M56×4	30CrMo	≤PN160	−100～525
			35CrMo		−100～525
			0Cr18Ni9		−20～800
			0Cr17Ni12Mo2		−196～800
			A194，8、8M		−196～525
			A194，7		−100～575

（5）六角头螺栓、螺柱与螺母的配用

六角头螺栓、螺柱与螺母的配用应符合表 6-2-8 的规定。

表 6-2-8　六角头螺栓、螺柱与螺母的配用

六角头螺栓、螺柱		螺母	
型式（标准编号）	性能等级或材料牌号	型式（标准编号）	性能等级或材料牌号
六角头螺栓 GB/T 5782、GB/T 5785 双头螺柱 GB/T 901 B 级	5.6、8.8	1 型六角螺母 GB/T 6170、GB/T 6171	6、8
	A2-50、A4-50		A2-50、A4-50
	A2-70、A4-70		A2-70、A4-70
全螺纹螺柱 HG/T 20613	42CrMo	2 型六角螺母 GB/T 6175、GB/T 6176	35CrMo
	35CrMo		30CrMo
	25Cr2MoV		
	0Cr18Ni9		0Cr18Ni9
	0Cr17Ni12Mo2		0Cr17Ni12Mo2
	A193，B8 Cl 2		A194，8、A194，8M
	A193，B8M Cl 2		
	A453，660		
	A320，17		A194，7

五、垫片

1. 法兰连接的密封原理和影响密封性的因素

（1）密封原理

防止介质泄漏的基本原理是在连接处增大介质流动的阻力。当压力介质通过密封口的阻力大于密封元件两侧的介质压力差时，介质就被密封了。这种阻力的增大是通过增大密封面积上的密封比压实现的。

在一般情况下，介质在密封口处泄漏有两个原因：一是垫片渗漏，又称渗透泄漏；二是压紧面泄漏，又称界面泄漏，如图 6-2-9 所示。

垫片渗漏是由于垫片材质具有微小缝隙。常用的垫片材料多为植物纤维（棉、麻、丝等）、矿物纤维（石棉、石墨、玻璃、陶瓷等）和化学纤维（尼龙、聚四氟乙烯、各种塑料等），纤维间都具有一定的微小缝隙，所以渗漏是难免的。在垫片材料中添加某些填充垫片材料是很重要的，而对腐蚀性介质来说，垫片的选择则更重要。

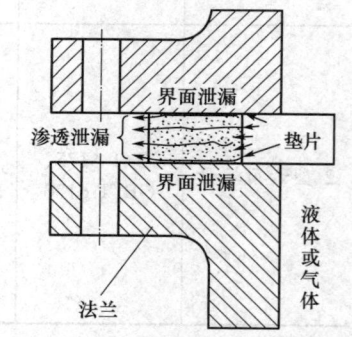

图 6-2-9　渗透泄漏与界面泄漏

压紧面泄漏是密封失效的主要形式。由于压紧面不可能做到严格平行且表面绝对

光滑，因此，当垫片的预紧比压低于某一限度时，介质便会发生泄漏。

若要使法兰连接紧密不漏，就必须将压紧面紧紧地压在垫片上，使垫片变形，从而使介质填满压紧面上凹进的缝隙，增大密封处的阻力，进而达到密封的目的。密封中的垫片变形过程如图 6-2-10 所示。

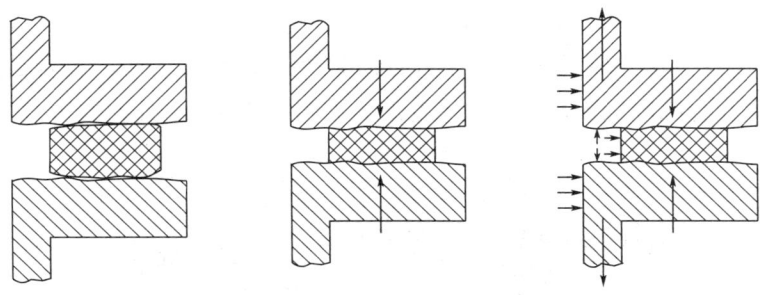

图 6-2-10 密封中的垫片变形过程

（2）影响密封性的因素

钢制管法兰在实际工作中，影响密封性的因素是多方面的，有正常因素也有非正常因素。从设计角度应考虑的因素有垫片性能、压紧面型式、螺栓预紧力、法兰刚度、操作条件等；从施工角度应考虑的因素有安装方法、螺栓上紧次序及施力的均匀度、压紧面和垫片的损伤程度等。

1）**垫片性能**。垫片是构成密封的重要零件。适宜的垫片变形和回弹力是形成密封的必要条件。垫片变形包括弹性变形和塑性变形，其中仅弹性变形具有回弹力。

回弹力是指在施加介质压力时垫片能否适应法兰面的分离，它可用来衡量垫片密封性。回弹力大，便能适应操作压力和温度的波动，密封性好。

垫片变形和回弹力与垫片材料、形状、结构、初始预紧力、压紧面提供的表面约束、操作条件（压力、温度、介质）等有关。

2）**压紧面型式**。压紧面即密封面，直接与垫片接触，是传递螺栓力使垫片变形的表面约束。为了达到预期的密封效果，压紧面型式和表面粗糙度应与选用的垫片相适应。使用金属垫片的压紧面，法兰尺寸精度要求高，法兰加工要求高，压紧面粗糙度要求达到 $Ra\ 0.4 \sim 1.6\ \mu m$；对于软质垫片，压紧面过于光滑反而不利于密封，一般压紧面粗糙度要求达到 $Ra\ 3.2 \sim 12.5\ \mu m$。压紧面粗糙度过小，界面上阻力变小，对阻止介质的泄漏不利。有时为了防止泄漏，在平面法兰压紧面上加工 2~3 圈密封线（又称水线）。压紧面上不允许有径向刀痕或划痕。

实践证明，压紧面的平直度和压紧面与法兰中心轴线垂直同心，是保证垫片均匀压紧的前提；减小压紧面与垫片的接触面积，可以有效减小预紧力。如果接触面积过小，则易压坏垫片。如果压紧面型式、尺寸和表面质量与垫片匹配不当，则导致密封失效。

3）**螺栓预紧力**。螺栓预紧力是影响密封性的一个重要因素。螺栓预紧力必须使连接处满足初始密封条件,并保证垫片不被压坏或挤出。提高螺栓预紧力,可以增强垫片的密封性,其原因是减小了压紧面的间隙,促使垫片变形,使渗透性垫片材料的缝隙缩小,并且提高了操作时垫片的工作密封比压,使压紧面保持良好的密封状态。螺栓预紧力必须均匀地作用在垫片上,因此,在密封所需的预紧力一定时,减小螺栓直径,增加螺栓个数,对密封是有利的。

4)法兰刚度。法兰刚度不足,会引起轴向翘曲变形,特别是当螺栓数目较少时,螺栓间的压紧面会因刚度不足产生波浪变形(见图6-2-11),使密封失效。

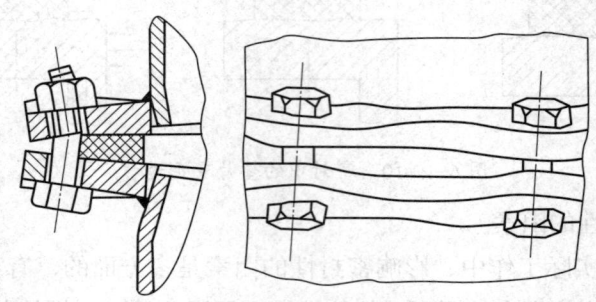

图6-2-11 法兰波浪变形

提高法兰刚度可以采取加大法兰厚度、减小螺栓力作用的力臂(即减小螺栓中心圆直径)和增大带颈法兰的长颈部分尺寸等措施。但是,过分提高法兰刚度,将使法兰笨重,增加操作难度,提高法兰的造价。

5)操作条件。操作条件是指连接系统的压力、温度及介质的物理、化学性质。单纯的压力或介质因素对密封性的影响并不是苛刻的,只有在与温度联合作用时,尤其是在波动的高温作用下,才会严重影响密封性。

温度对密封性的影响是多方面的。高温介质黏度小、渗透性强,易导致泄漏。介质在高温下对垫片和法兰的溶解与腐蚀作用加剧,增加了泄漏的可能性。在高温下,法兰、螺栓、垫片可能会产生蠕变和应力松弛,从而使密封比压下降。一些非金属垫片,在高温下还会加速老化或变质,甚至被烧毁。此外,在温度作用下,密封组合件各部分的膨胀量不一致,对密封也是不利的。如果温度和压力联合作用且有波动,垫片会疲劳,使密封失效。在低温下工作的法兰,组合件收缩变形不一致,垫片在低温下弹性降低及管道冷却收缩,都会导致泄漏。

2. 常用垫片

(1)非金属平垫片

1)非金属平垫片的材料。钢制管法兰用非金属平垫片的材料有以下几种。

①天然橡胶、氯丁橡胶、丁腈橡胶、三元乙丙橡胶、氟橡胶等。

②石棉橡胶板和耐油石棉橡胶板。

③非石棉纤维橡胶板。

④聚四氟乙烯板、膨胀聚四氟乙烯板或带、填充改性聚四氟乙烯板。

⑤增强柔性石墨板。

⑥高温云母复合板。

2）非金属平垫片的型式。非金属平垫片按密封面型式分为 FF 型、RF 型、MFM 型、TG 型和 RF-E 型，分别适用于平面、突面、凹凸面、榫槽面，如图 6-2-12 所示。

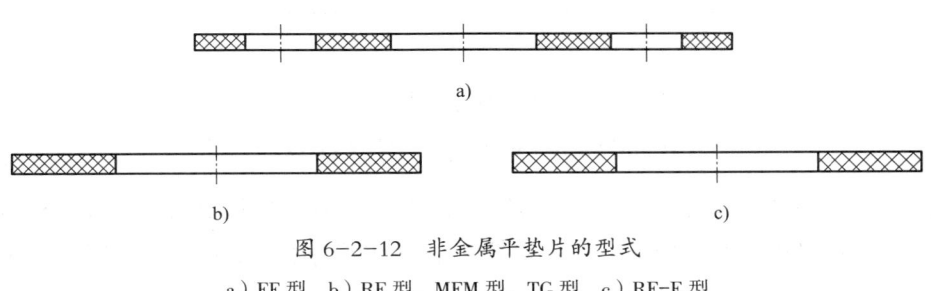

图 6-2-12　非金属平垫片的型式

a）FF 型　b）RF 型、MFM 型、TG 型　c）RF-E 型

（2）包覆垫片

1）聚四氟乙烯包覆垫片。聚四氟乙烯包覆垫片是采用聚四氟乙烯作包覆层，嵌入层或芯材一般为石棉橡胶板或非石棉纤维橡胶板的垫片，适用于公称压力为 PN6～PN40、工作温度小于或等于 150 ℃的突面钢制管法兰。

聚四氟乙烯包覆垫片的型式按加工方法分为剖切型、机加工型和折包型，分别用 A 型、B 型和 C 型表示（见图 6-2-13）。A 型和 B 型适用于公称尺寸小于或等于 DN500 的场合，推荐选用 B 型，C 型适用于公称尺寸大于或等于 DN350 的场合。

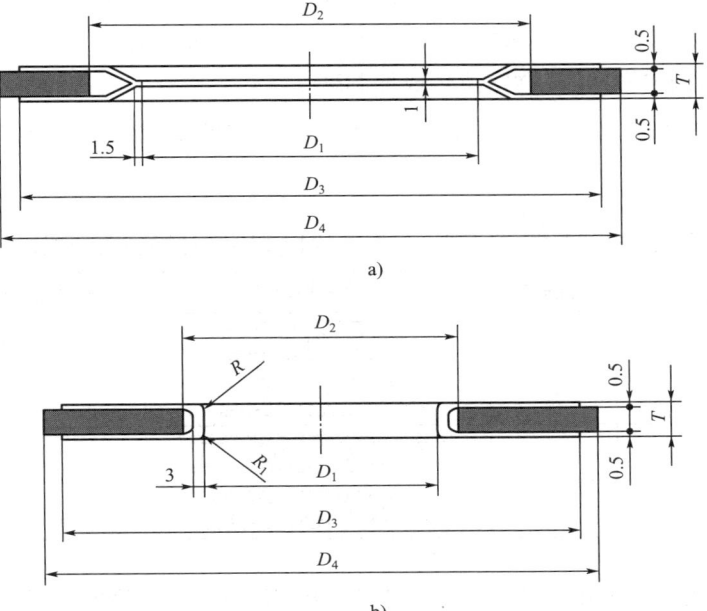

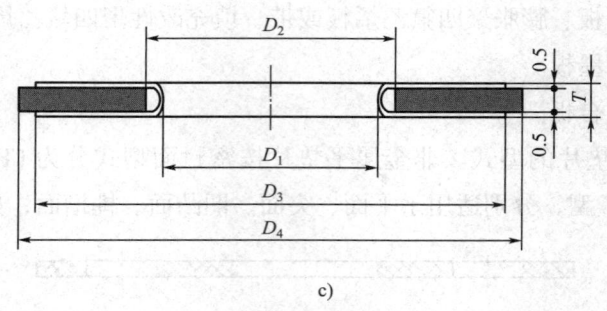

图 6-2-13 聚四氟乙烯包覆垫片的型式
a）A 型—剖切型　b）B 型—机加工型　c）C 型—折包型

2）金属包覆垫片。金属包覆垫片是采用金属薄板作包覆层材料，内部填充石棉橡胶板、柔性石墨板、非石棉纤维橡胶板等非金属材料制成的垫片，适用于公称压力为 PN25～PN100 的突面钢制管法兰。

金属包覆垫片分为 I 型和 II 型，如图 6-2-14 所示。

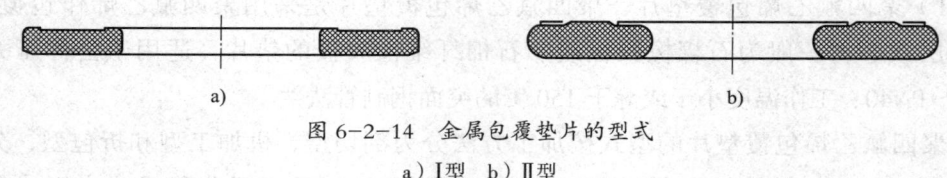

图 6-2-14 金属包覆垫片的型式
a）I 型　b）II 型

（3）缠绕式垫片

1）缠绕式垫片属于半金属垫片，缠绕式垫片主体由 V 形或 M 形金属带填充不同的软填料（非金属带）用缠绕机螺旋绕制而成。为加强缠绕式垫片主体并准确定位，设有金属制内环和外环（又称定位环或控制环）。

缠绕式垫片的类型、代号、截面形状和适用法兰的密封面型式应符合表 6-2-9 的规定。

表 6-2-9　缠绕式垫片的类型、代号、截面形状和适用法兰的密封面型式

类型	代号	截面形状	适用法兰的密封面型式
基本型	A		榫槽面
带内环型	B		凹凸面
带对中环型	C		突面、平面
带内环和对中环型	D		突面、平面

2）缠绕式垫片适用的公称压力为 PN16、PN25、PN40、PN63、PN100、PN160。

缠绕式垫片的类型和材料应根据介质、操作工况、材料、法兰的密封面型式、表面粗糙度及螺栓荷载选取。

（4）金属垫片

1）具有覆盖层的齿形组合垫片。具有覆盖层的齿形组合垫片适用于公称压力为 PN16～PN160 的钢制管法兰。

2）金属环形垫片。金属环形垫片适用于环槽密封面、公称压力为 PN63～PN160 的钢制管法兰。金属环形垫片按其截面形状分为八角形和椭圆形两种，如图 6-2-15 所示。

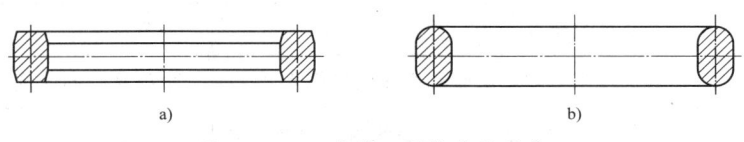

图 6-2-15　金属环形垫片的型式
a）八角形　b）椭圆形

3. 垫片的选用

（1）选用垫片应满足的要求

1）垫片的型式和适用范围应满足相关国家标准的规定。

2）垫片的型式和材料应根据介质、使用工况（压力、温度）及法兰接头的密封要求选用。法兰的密封面型式和表面粗糙度应与垫片的型式和材料相适应。

3）垫片的密封荷载应与法兰的额定值、密封面型式、使用温度及法兰接头的密封要求相适应。紧固件的材料、强度及上紧要求应与垫片的型式、材料及法兰接头的密封要求相适应。

4）聚四氟乙烯包覆垫片不应用于真空或其嵌入层材料易被介质腐蚀的场合，一般采用 PMF 型，PMS 型对减少管内介质滞留有利，PFT 型用于公称尺寸大于或等于 DN350 的场合。

5）石棉或柔性石墨垫片用于不锈钢和镍基合金法兰时，垫片材料中的氯离子含量不得超过 50 ppm。

6）柔性石墨材料用于氧化性介质时，最高使用温度应不超过 450 ℃。

7）石棉和非石棉垫片不应用于极度或高度危害介质和高真空密封场合。

8）具有冷流倾向的聚四氟乙烯平垫片，其密封面型式宜采用平面、凹凸面或榫槽面。

9）公称压力小于或等于 PN16 的钢制管法兰，采用缠绕式垫片、金属包覆垫片等半金属垫片或金属环形垫片时，应选用带颈对焊法兰等刚性较大的法兰结构形式。

（2）标准法兰用紧固件和垫片的选配

标准法兰用紧固件和垫片的选配见表 6-2-10。

表 6-2-10　标准法兰用紧固件和垫片的选配

公称压力 PN	垫片类型	螺栓强度等级
2.5～16	非金属平垫片、聚四氟乙烯包覆垫片	低强度、中强度、高强度
	缠绕式垫片	中强度、高强度
25	非金属平垫片、聚四氟乙烯包覆垫片	中强度、高强度
	缠绕式垫片、具有覆盖层的齿形组合垫片或金属平垫片	中强度、高强度
	金属包覆垫片	高强度
40	非金属平垫片、聚四氟乙烯包覆垫片	中强度、高强度
	缠绕式垫片、具有覆盖层的齿形组合垫片或金属平垫片	中强度、高强度
	金属包覆垫片	高强度
63	增强柔性石墨板、高温蛭石复合增强板	中强度、高强度
	缠绕式垫片、具有覆盖层的齿形组合垫片或金属平垫片	中强度、高强度
	金属包覆垫片、金属环形垫片	高强度
≥100	缠绕式垫片、具有覆盖层的齿形组合垫片或金属平垫片	中强度、高强度
	金属包覆垫片、金属环形垫片	高强度

六、过滤器

1. 用途

过滤器的作用是滤净输送油品中的机械杂质，如铁屑、泥渣等。过滤器可以有效阻止杂质进入管道最低处和阀体，防止阀体关闭不严，甚至损坏阀体或阻塞管道，使油品能够顺利通过。

在油库中过滤器通常设置在泵前和流量计前。这是因为若机械杂质进入泵，一方面会加速泵的磨损，另一方面也会影响泵的正常工作；若机械杂质进入流量计，将直接影响流量计的精度和使用寿命，严重时将影响流量计的正常工作。

2. 分类与选用

过滤器一般由滤网、网架和过滤器壳体组成。滤网一般为金属丝网。金属丝网的阻挡作用，增大了介质流动阻力，金属丝网的面积应大于管道截面积的 5～6 倍，以减小阻力。

滤网一般用目数表示网孔的大小,目数是滤网 1 in[①] 长度上所具有的网孔数。例如,目数为 10,表示该过滤器的滤网 1 in 长度上有 10 个网孔,每个网孔为大约 2.5 mm 的方孔。

油库常用过滤器有 Y 形过滤器、U 形过滤器和钢板过滤器 3 种,结构如图 6-2-16 所示。钢板过滤器常用于大泵前,Y 形过滤器常用于小流量计前,U 形过滤器则常用于小泵或大流量计前。

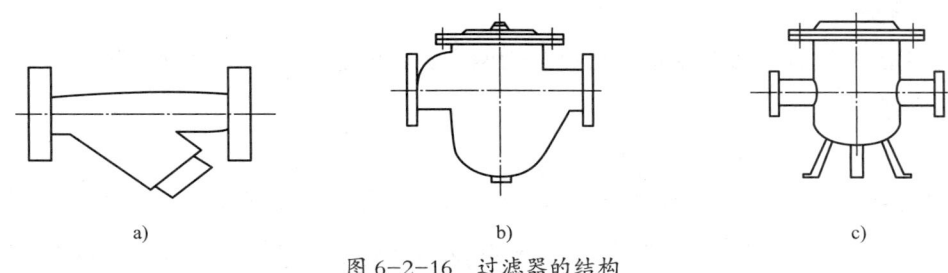

图 6-2-16 过滤器的结构
a）Y 形过滤器 b）U 形过滤器 c）钢板过滤器

3. 使用与检修

过滤器壳体底部一般设有排污口,经滤网过滤下来的杂质可以从排污口排出。在使用中,应经常清除过滤器中的杂质,而且每隔一段时间,必须清洗过滤器,否则容易堵塞或产生静电。对于泵前过滤器,平时要观察真空表的数值变化;对于流量计前过滤器,要常观察流量的变化。

输油泵钢板过滤器的清洗步骤如下。

（1）了解生产情况并将检修计划报告调度,得到允许指令后方可实施情况。

（2）将输油泵的进、出口阀门全部关闭,将电动阀门开关锁定在"停"位置,防止误动作。

（3）开启时,先打开钢板过滤器上的放气阀放气,确保输油泵、钢板过滤器内无压力。

（4）打开钢板过滤器或泵体上的放液阀放液,确保液位低于钢板过滤器盖 0.5 m 以上。

（5）缓慢打开钢板过滤器盖,仔细观察钢板过滤器液面是否有气泡或是否液位上升,以判断输油泵的进、出口阀门是否关闭严密,以便采取措施。

（6）抽出滤网冲洗干净,同时清除钢板过滤器内沉积的杂质。

（7）滤网常被黏油粘住,严禁直接用蒸汽冲洗过滤器,以免发生静电爆炸事故。

---

① 1 in=2.54 cm。

七、波纹管膨胀节

波纹管膨胀节常用在大直径高温管道上,用于吸收管道热胀导致的伸长。在石化生产装置中,有一些大直径高温管道很难用自然补偿方法来吸收其热胀位移,或者用自然补偿方法不经济,又或者即使能够吸收其热胀位移,但管系反力已超出相连设备的允许值,在这些情况下就应考虑使用波纹管膨胀节。

1. 分类

常用的波纹管膨胀节基本上可以分为两大类,即非约束型波纹管膨胀节和约束型波纹管膨胀节。

(1)非约束型波纹管膨胀节

非约束型波纹管膨胀节的特点是管道的内压推力(又称盲板力)由固定点或限位点承受,因此不适宜用在与敏感机械设备相连的管道上。非约束型波纹管膨胀节主要用于吸收轴向位移和少量的角向位移。常用的非约束型波纹管膨胀节一般为自由型波纹管膨胀节。

(2)约束型波纹管膨胀节

约束型波纹管膨胀节的特点是管道的内压推力没有作用于固定点或限位点处,而是由约束型波纹管膨胀节用的金属部件(拉杆)承受。它主要用于吸收角向位移和拉杆范围内的轴向位移。常用的约束型波纹管膨胀节有单式铰链型波纹管膨胀节、单式万向铰链型波纹管膨胀节、复式拉杆型波纹管膨胀节、复式铰链型波纹管膨胀节、复式万向铰链型波纹管膨胀节、弯管压力平衡型波纹管膨胀节、直管压力平衡型波纹管膨胀节等。

2. 约束型波纹管膨胀节的形式

(1)单式铰链型波纹管膨胀节

单式铰链型波纹管膨胀节由一个波纹管及销轴、铰链板组成,能吸收单平面角位移,如图 6-2-17 所示。

(2)单式万向铰链型波纹管膨胀节

单式万向铰链型波纹管膨胀节由一个波纹管及万向环、销轴和铰链板组成,能吸收多平面角位移,如图 6-2-18 所示。

(3)复式拉杆型波纹管膨胀节

复式拉杆型波纹管膨胀节由用中间管连接的两个波纹管及拉杆组成,能吸收多平面横向位移和拉杆间波纹管膨胀节自身的轴向位移。

(4)复式铰链型波纹管膨胀节

复式铰链型波纹管膨胀节由用中间管连接的两个波纹管及销轴、铰链板组成,能吸收单平面横向位移和波纹管膨胀节自身的轴向位移。

图 6-2-17　单式铰链型波纹管膨胀节

图 6-2-18　单式万向铰链型波纹管膨胀节

（5）复式万向铰链型波纹管膨胀节

复式万向铰链型波纹管膨胀节由用中间管连接的两个波纹管及销轴、铰链板组成，能吸收互相垂直的两个平面横向位移和波纹管膨胀节自身的轴向位移。

（6）弯管压力平衡型波纹管膨胀节

弯管压力平衡型波纹管膨胀节由一个工作波纹管或用中间连接的两个工作波纹管及一个平衡波纹管组成，工作波纹管与平衡波纹管之间装有弯头或三通，平衡波纹管一端有封头并承受管道内压力，工作波纹管和平衡波纹管外端间装有拉杆。这种波纹管膨胀节能吸收轴向位移和横向位移，拉杆能约束波纹管压力、推力，常用在管道方向改变处。

（7）直管压力平衡型波纹管膨胀节

直管压力平衡型波纹管膨胀节一般由位于两端的两个工作波纹管及有效面积等于两倍工作波纹管有效面积的、位于中间的一个平衡波纹管组成，两套拉杆分别将每个工作波纹管与平衡波纹管连接起来。这种波纹管膨胀节能吸收轴向位移，拉杆能约束波纹管压力、推力。

八、其他附件

1. 弯头

弯头是在管道安装中需求量最大的部件。油库中常用的弯头主要有无缝弯头、冲压焊接弯头和焊接弯头三种，如图 6-2-19 所示。

油库中最常用的是无缝弯头，又称冲制弯头，有 45° 无缝弯头和 90° 无缝弯头两种类型。无缝弯头的弯曲半径 R 根据管道公称尺寸 DN 确定，常见的有 $R=1.5$ DN 和 $R=1.0$ DN 两种，前者更为常用。例如，DN 100 的管道通常选用 $R=150$ mm 的无缝弯头。

焊接弯头一般较少使用，仅用于占地条件受限的场合，因为采用焊接弯头会产生很大的阻力。

对于弯头，目前尚无国家标准，根据公称尺寸、弯曲半径及公称压力选用即可。

2. 三通

三通主要用于从主管上接出分管或支管。油库中也采用在主管上开孔直接焊接分管或支管的形式，但会增大流动阻力。

三通一般采用铸、锻、焊、顶拉、挤等方法制成。

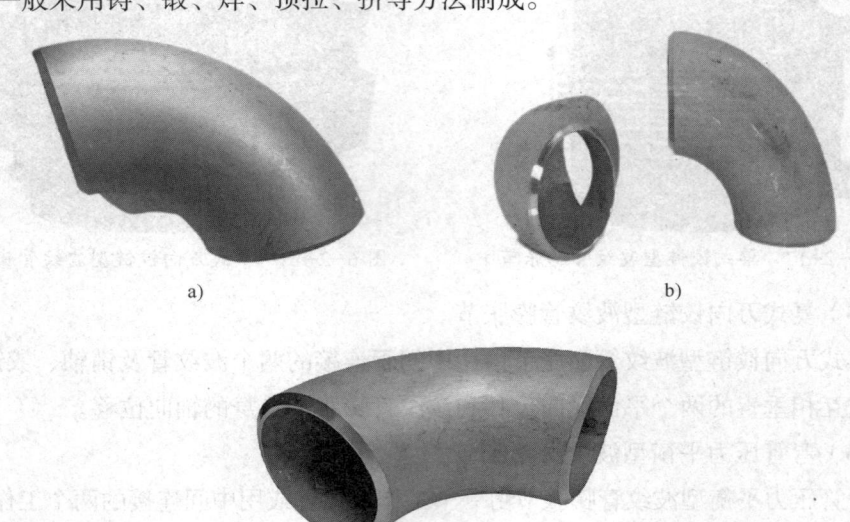

图 6-2-19 弯头
a) 无缝弯头 b) 冲压焊接弯头 c) 焊接弯头

三通可分为等径三通和不等径三通两大类,如图 6-2-20 所示。等径三通规格仅注明公称尺寸 DN 即可,不等径三通规格一般为 DN 主管(DN1)× 分(支)管(DN2)× 主管(DN1),如三通 DN 150×100×150。

3. 大小头

大小头又称变径管,有同心大小头和偏心大小头两种形式,如图 6-2-21、图 6-2-22 所示。大小头采用铸造、车削、模板、冲击等方法制成,主要用在变径管道上。例如,泵的出口管道大多采用同心大小头。

大小头的规格通常用大头和小头的公称尺寸表示。例如,DN 150×100,表示大头公称尺寸为 150 mm,小头公称尺寸为 100 mm。对于大小头,目前尚无国家标准。

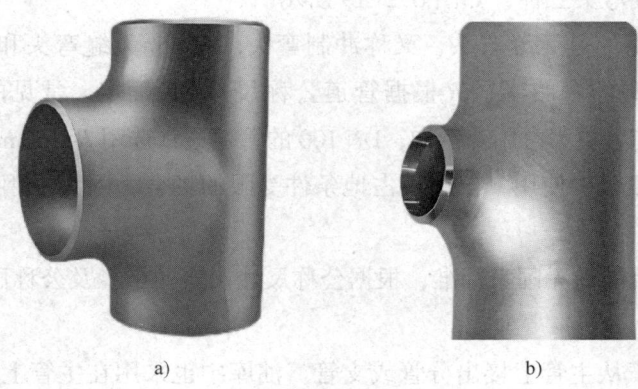

图 6-2-20 三通
a) 等径三通 b) 不等径三通

图 6-2-21　同心大小头

图 6-2-22　偏心大小头

第三节　计量器具

一、油品计量器具分类

在油品交接计量中已列入《中华人民共和国强制检定的工作计量器具目录》的计量器具有尺（套管尺、钢卷尺、带锤钢卷尺）、玻璃液体温度计、秤（台秤、地秤等）、轨道衡、密度计、流量计（液体流量计、气体流量计等）等。

二、油面高度的人工测量（油罐检尺）

量油尺是用于测量容器内油面高度或空距高度的专用尺。

1. 量油尺的结构

量油尺由限位杆、摇杆、转盘、量尺、手柄、连接杆、尺架、尺砣等部件组成，如图 6-3-1 所示。其中，尺砣由黄铜制成，测量低黏度油品的量油尺采用轻型尺砣，重 700 g，测量高黏度油品的量油尺采用尺砣的重 1 600 g，用挂钩将尺砣连接在尺带上。尺砣呈圆柱形或棱柱形，下端呈圆台形，底端是量油尺的零位，所以尺砣和旋转闭合的转动钩必须连接固定，不能调换或松动。尺架一侧通过连接杆固定的部件是手柄，尺架中部可转动的部件是转盘，尺架外侧是用于转动转盘的摇杆，转盘上缠绕柔性量尺，柔性量尺的端部连接尺砣，尺架上有用于限制柔性量尺位置的限位杆。

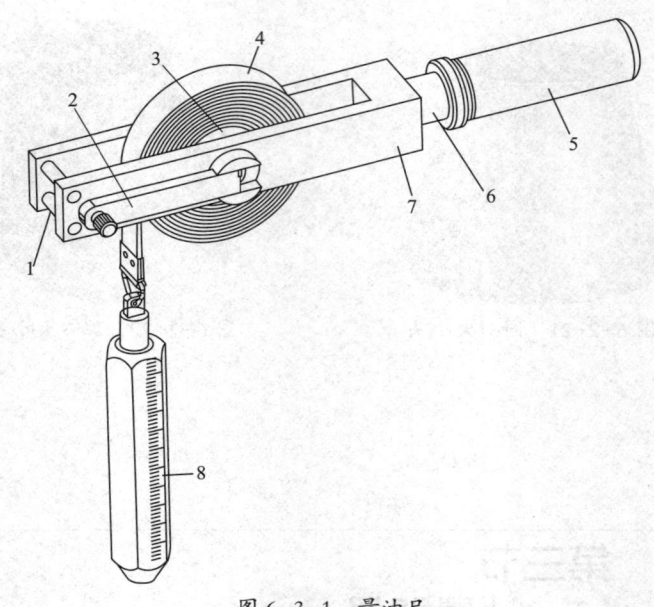

图 6-3-1 量油尺

1—限位杆 2—摇杆 3—转盘 4—量尺 5—手柄 6—连接杆 7—尺架 8—尺砣

量油尺的建议长度为 5 m、10 m、15 m、20 m、25 m、30 m、40 m 和 50 m。尺带材质为碳钢或不锈钢,尺架材质为铝合金。尺带的宽度为 13 mm±0.05 mm,厚度为 0.25 mm±0.05 mm。

2. 量油尺的使用规定

使用量油尺前,应注意检查量油尺是否合格。量油尺必须符合以下条件。

(1)尺带不允许扭折、弯曲和搭接。

(2)刻度线、数字应清晰。

(3)尺砣端部无损坏。

(4)备有检定周期内的修正值表。

(5)使用量油尺前,应校对零位,并检查尺砣与转动钩是否连接牢固。

(6)使用量油尺后,应擦净、收卷好,放在固定的尺架上。

(7)油品交接计量使用的量油尺检定周期最长不超过 6 个月。

3. 油面高度的测量作业方法

人工测量又称人工检尺,采用量油尺进行测量,按测量方法不同分为直接测量和间接测量两种。

(1)直接测量(检实尺)

检实尺主要用于测量轻质油(如汽油、柴油、石脑油等)的油面高度,测量位置应在计量口下尺槽。作业人员下尺前,要了解油罐的参照高度(检尺口总高),并估计油面的大致高度；检实尺操作时，作业人员站在上风头（避免吸入油气），一只手握住手柄，另一只手提尺带，将尺带放入下尺槽，尺砣不要摆动；在尺砣重力的作用下，尺带下落，待尺带落到油面估计高度时，将估计高度上下的一段尺带擦干净，如果测量轻质油可涂上试油膏；当尺砣触及油面时，放慢尺砣下降速度，以免油面波动；尺砣进入油面后，距离罐底 20 cm 左右时停止下尺，待尺砣稳定后，再将手与量油尺一起慢慢下落，当手感觉尺砣触及罐底后，应迅速提量油尺读数。读数时，尺带不应平放或倒放，以防液痕上升，视线应垂直于尺带，先读毫米数，再读厘米数、分米数和米数。轻质油易挥发，读数应迅速、准确。连续测量两次，两次读数相差不大于 1 mm 时，取第一次测量值作为油面高度；两次测量的读数相差大于 1 mm 时，应重新检实尺。

（2）间接测量（检空尺）

检空尺主要用于测量原油、重质燃料油的油面高度。高黏的原油、重质油会影响尺带顺利下达油罐底部，以致无法准确测量油面高度。检空尺即测量油面至参照点之间的空距高度，尺砣不是下到检尺底板位置，而是当尺带进入油面后，尺砣、尺带少许沾油即停止下尺，读取尺带到油面的空距高度及尺砣、尺带沾油的高度，通过计算得到油面高度。间接测量时的投尺操作与直接测量基本相同，具体操作方法是，一只手握量油尺，小心地沿参照点的下尺位置下尺。作业人员下尺时，尺砣不要摆动，尺砣接近油面时应缓慢下尺，以防静止的油面被破坏；当尺砣和部分尺带进入油层后，卡住尺带，用另一只手指压住尺带，对准计量口的参照点停留 3~5 s 后，读取与参照点重合的尺带刻线示值（下尺）H_1，H_1 最好是整数，否则可将尺带继续下伸，当 H_1 的刻线读数是厘米以上的整数时，再提起尺带读数。同样，作业人员检空尺读数时，也要注意尺带不应平放或倒放，视线应垂直于尺带，先读毫米数，再读厘米数、分米数和米数，尺带被油浸没部分的高度（黏油）为 H_2。连续测量两次，两次读数相差不大于 1 mm 时，取第一次测量值作为油面高度；两次读数相差大于 1 mm 不大于 2 mm 时，取两次测量平均值作为油面高度；两次测量的读数相差大于 2 mm 时，应重新检空尺，直到两次连续测量的读数相差不大于 2 mm。

检空尺油面高度 h 为

$$h = H - H_1 + H_2$$

式中：h——油面高度，m；

H——参照高度，m；

H_1——尺带对准计量口上部参照点读数（下尺），m；

H_2——尺带被油浸没部分读数（沾油），m。

注：计算油量时，还需要对量油尺进行修正。

4. 检尺的操作要点

（1）对于高凝点原油，检尺时作业人员应注意油面处有无凝油，防止出现假油面。

（2）当油罐内油品输转后，油品表面有大量泡沫，在测量油面高度之前，必须等到泡沫消失或把检尺口下油面上的泡沫除掉。轻质油油面稳定时间一般不少于 15 min，重质油一般不少于 30 min。

（3）浮顶油罐的油品交接计量，应避开油罐浮顶起浮的非计量段。

5. 油面高度的自动测量方法

自动测量油面高度，不仅可以降低作业人员的劳动强度，提高生产率，也有利于通过生产自动化实现集中管理。

油品自动测量仪表一般由两大部分组成，即一次仪表和二次仪表。

一次仪表的作用是感受被测参数的变化，并把它转化成可供远距离传送的物理量发送出去；二次仪表的作用是接收、放大，把被测参数记录或显示出来。

目前，所采用的自动计量器具有雷达液位计和大罐外标尺两种。

三、油品温度的测量

温度对油品体积影响较大，温度每变化 1 ℃，油品体积变化 6/10 000～18/10 000，所以，准确地测出油品温度对油品交接计量有重要意义。

1. 定义

温度是用来表示物体冷热程度的量。

温度计是利用物质的某些物理性质随温度变化而变化的特性制成的专用温度计量器具。

2. 温度计的使用规定

用于油品交接计量的温度计应选择最小分度值为 0.2 ℃的玻璃全浸水银温度计，并符合以下规定。

（1）玻璃内的毛细管水银柱不允许断裂。

（2）感温泡无裂痕。

（3）刻线和数字应清晰。

（4）备有检定周期内的修正值表。

3. 油品温度的测量方法

为了准确地测量油品温度，作业人员必须正确地选用测温仪表和测量位置。

四、油品密度的测量

1. 定义

密度是单位体积内所含物质的质量，单位为 g/cm^3 或 kg/m^3。

石油密度计是用来测量油品密度的专用计量工具。

2. 密度计的结构和工作原理

密度计又称浮计,由躯体、压载室、干管三部分组成。躯体是圆柱形的中空玻璃管,下端是压载室,室内充满金属丸,用胶固物或玻璃板封固,躯体上端有直径均匀的干管,指示读数的分度表贴于干管内。

测量油品密度最常用的工具是石油密度计,其技术标准应符合《石油密度计技术条件》(SH/T 0316)。目前所采用的石油密度计多是SY-5型。

3. 油品密度的测量方法

测量油品密度时,原油温度应为实际油温±3℃。黏稠试样应达到足够的流动性,如果原油仍黏稠,应加热到原油倾点以上9℃。作业人员将均匀的试样小心地倾入量筒,把水银温度计插入试样并使水银温度计读数示值保持全浸;然后将选好的、清洁的、干燥的石油密度计轻轻地放在试样中,待石油密度计静止后,将石油密度计压入试样两个刻度,再放开,应有充分的时间让石油密度计静止,使其达到平衡;当石油密度计静止并离开量筒自由漂浮时,读取试样弯月面上缘与石油密度计刻度相切的点,即为石油密度计读数。读数时,视线要与试样弯月面上缘在同一水平面。

五、地磅计量

地磅系统又称无人值守称重系统,是不需要人为干预便可自动完成监控、称重、记录、放行等系列步骤的全自动系统。其主要功能与特点是计量系统分为空、重两个计量衡。每台地磅配备三套红外检测器、一台自动识别标签阅读器、两台信号灯及两台摄像设备。自动识别标签阅读器放在地磅适当位置,车辆上磅之前,信号灯为红色,当自动识别标签阅读器感应到车辆的车牌时,自动启杆,车辆通过红外检测器上磅。如果车辆没有完全上磅,则红外检测器会自动感应到,地磅系统不允许称重。自动识别标签阅读器自动识别车辆身份,此时计算机管理系统调出该车的车号及相关的预置信息(如车牌号、皮重、货种来源等),称重仪表测出车辆的质量。如果车辆的皮重与上次的质量误差超出皮重预警值(根据企业情况设定)则会提醒。如果没有问题,地磅系统将称重结果自动存入数据库。称重车出磅时,打印机将打印单据,地磅系统所有流程完成,信号灯变为绿色,大屏幕显示车辆质量信息。起落杆打开,车辆驶离磅台。

六、流量计

1. 按测量原理分类

流量计按测量原理可分为力学原理流量计、热学原理流量计、声学原理流量计、电学原理流量计、光学原理流量计、原子物理学原理流量计等。

2. 按结构原理分类

（1）容积式流量计

容积式（positive-displacement，PD）流量计又称定排量流量计，简称 PD 流量计，在流量仪表中属于精度最高的一类。它利用机械测量元件把流体连续不断地分割成单个已知的体积部分，根据测量室逐次、重复地充满和排放该体积部分流体的次数来测量流体体积总量。

应用：容积式流量计与差压式流量计、浮子流量计并列为使用量最大的流量计，常应用于昂贵流体（油品、天然气等）的总量测量。

（2）差压式流量计

差压式流量计是根据安装在管道中流量检测件产生的差压、已知的流体条件，以及检测件与管道的集合尺寸来计算流量的仪表。

应用：差压式流量计应用范围特别广泛，在封闭管道流量测量的各方面都有应用，流体方面如单相、混相、洁净、脏污、黏性流等；工作状态方面如常压、高压、真空、常温、高温、低温等；管径方面如从几毫米到几米；流动方面如亚声速、声速、脉动流等。它在各工业部门的用量占流量计全部用量的 1/4～1/3。

（3）浮子流量计

浮子流量计又称转子流量计，是变面积式流量计的一种，在一根由下向上扩大的垂直锥管中，圆形横截面浮子的重力是由液体动力承受的，从而使浮子可以在垂直锥管中自由地上升和下降。

应用：浮子流量计应用范围仅次于差压式流量计，特别是在测量小、微流量方面有举足轻重的作用。

（4）涡轮流量计

涡轮流量计是速度式流量计中的主要种类，是采用多叶片的转子（涡轮）感受流体平均流速，从而推导出流量或总量的仪表。它一般由传感器和显示仪器两部分组成，也可做成整体式。

应用：涡轮流量计在测量石油、有机液体、无机液、液化气、天然气和低温流体方面获得广泛应用。

（5）质量流量计

质量流量计分为直接式质量流量计和间接式质量流量计两种。直接式质量流量计利用与质量流量直接有关的原理进行测量，间接式质量流量计通过测量密度与体积总量，运算求得质量流量。

应用：在现代工业生产中的高温高压情况下，由于材质和结构等方面的原因，直接式质量流量计的应用遇到困难；而间接式质量流量计由于密度受湿度和压力适用范围的限制，也不宜实际应用。

第七章
安全、健康与环保知识

第一节 安全生产知识

安全生产是社会主义企业管理中的一项基本原则。它要求企业的各级领导和岗位员工,在生产建设中把安全和生产看成一个统一体,要树立"生产必须安全,安全促进生产"的指导思想,必须贯彻"安全第一,预防为主,综合治理"的方针,将安全生产落到实处,只有这样才能确保各项生产和建设任务的顺利完成。

一、安全生产管理

1. 安全生产的概念

安全生产主要是指依靠科学技术进步和科学管理,采取技术、组织措施,消除劳动过程中危及人身安全和健康的不良条件与行为,防止发生伤亡事故和职业危害等,保障劳动者在劳动过程中的安全和健康。其含义:一是企业必须为员工提供必要的安全生产条件和劳动保护措施;二是员工必须遵守企业的生产规章制度,了解安全生产知识,确保生产不出事故,人身不受伤害。

2. 安全生产管理的意义

安全生产管理是企业经营管理中的一项重要工作。做好安全生产管理和劳动保护工作具有以下重要的意义:做好安全生产管理和劳动保护工作是党和国家的一项重要政策,是一项重要而艰巨的任务;做好安全生产管理和劳动保护工作是企业日常生产经营活动的重要保证;做好安全生产管理和劳动保护工作是现代企业文明的重要标志;

做好安全生产管理和劳动保护工作是企业经济效益最直接的体现；做好安全生产管理和劳动保护工作是员工思想稳定和社会安定的一个重要因素。

3. 安全生产管理的原则

（1）"安全第一，预防为主"的原则

所谓"安全第一"，就是在生产经营活动中，在处理保证安全与生产经营活动的关系上，要始终把安全放在首要位置，优先考虑从业人员和其他人员的人身安全，遵循"安全第一"的原则，在确保安全的前提下，努力实现生产的其他目标。

所谓"预防为主"，就是按照系统化、科学化的管理思想，根据事故发生的规律和特点，千方百计地预防事故的发生，做到防患于未然，将事故消灭在萌芽状态，将事故和危害的事后处理转变为事故和危害的事前控制。

（2）生产与安全齐抓共管的原则

生产与安全是辩证统一的关系。在生产过程中，生产与安全既有矛盾性，又有统一性。所谓矛盾性，一是在生产过程中，不安全因素与生产安全顺利进行的矛盾；二是安全工作与生产工作的矛盾。所谓统一性，一是安全工作是伴随生产过程而产生、存在和发展的；二是做好安全工作有利于生产的正常进行。因此，两者是一个统一的有机整体，既不能分割，更不能对立。同时，该原则也是进行安全事故责任追究的一个重要依据。

（3）事故"四不放过"的原则

事故"四不放过"的原则是指在调查处理事故时，必须坚持事故原因分析不清不放过，事故责任者和群众没有受到教育不放过，没有采取切实可行的防范措施不放过，事故责任者没有受到严肃处理不放过。

4. 安全生产管理的内容及任务

安全生产管理应做好以下内容及任务。贯彻执行国家法律规定的工作时间，法定的休息、休假制度和国家对女职工及未成年工特殊保护的法令；参与制定并组织实施安全法规、制度，预防、控制和消除生产过程中的各种不安全因素；建立安全管理机构和安全生产责任制，制订安全技术措施计划，进行安全生产的监督检查；进行伤亡事故的调查、分析、处理、统计和报告，开展伤亡事故规律性的研究及事故的预测预防；开展经常性劳动保护宣传教育、群众性的安全教育和安全检查活动，普及劳动保护科学技术知识。

5. 安全生产管理制度

安全生产管理制度是企业经营管理中重要的管理制度，主要是指安全生产责任制度、安全生产教育及培训制度、安全生产检查制度及安全禁令。

二、风险辨识

1. 术语及定义

（1）风险

风险是指生产安全事故或健康损害事件发生的可能性和后果的组合。风险有两个主要特性，即可能性和严重性。可能性是指事故（事件）发生的概率；严重性是指事故（事件）一旦发生，将造成的人身伤害和经济损失的严重程度。

（2）危险源

危险源是指可能导致人身伤害和（或）健康损害和（或）财产损失的根源、状态或行为，或者它们的组合。根源是指具有能量或产生、释放能量的物理实体，如起重设备、电气设备、压力容器等。行为是指决策人员、管理人员及从业人员的决策行为、管理行为和作业行为。状态是指物的状态和环境的状态等。

危险源包括第一类危险源和第二类危险源。第一类危险源是指可能意外释放的能量，包括能量源、能量载体或危险物质，决定事故的严重程度。第二类危险源是指造成第一类危险源限制或约束措施失效的各种因素，包括人的不安全行为、物的不安全状态、管理缺陷、环境不良等，它们决定事故的可能性。

（3）危险有害因素分类

在分析生产过程中对人造成伤亡、影响人的身体健康甚至导致疾病的因素时，危险源可称为危险有害因素，分为四类：人的因素、物的因素、环境因素和管理因素。人的因素是指在生产活动中，来自人员自身或人为性质的危险和有害因素；物的因素是指机械、设备、设施、材料等方面存在的危险和有害因素；环境因素是指生产作业环境中的危险和有害因素；管理因素是指管理和管理责任缺失所导致的危险和有害因素。

（4）风险点

风险点是指伴随风险的部位、设施、场所和区域，以及在特定部位、设施、场所和区域实施的伴随风险的作业过程，或者以上两者的组合。例如，危险化学品罐区、液氨站、煤气炉、木材仓库、制冷装置是风险点，在罐区进行的倒罐作业、在防火区域内进行的动火作业、高温液态金属的运输过程等也是风险点。风险点有时又称风险源。

（5）排查风险点

排查风险点是风险管控的基础。对风险点内的不同危险源或危险有害因素（与风险点相关的人、物、环境及管理等因素）进行识别、评价，并根据评价结果、风险判定标准认定风险等级，采取不同的控制措施进行风险管控，这是风险分级管控的核心。

（6）风险与危险源的关系

风险与危险源之间既有联系又有本质区别。首先，危险源是风险的载体，风险是危险源的属性，即讨论风险必然涉及哪类或哪个危险源的风险，没有危险源，风险则无从谈起；其次，任何危险源都会伴随着风险，只是危险源不同，其伴随的风险大小往往不同。

（7）风险辨识

风险辨识是指识别企业整个范围内所有存在的风险并确定其特性的过程。

（8）风险评价

风险评价是对危险源导致的风险进行分析、评估、分级，对现有控制措施的充分性加以考虑及对风险是否可接受予以确定的过程。

（9）风险分级

风险分级是指通过采用科学的、合理的方法对危险源所伴随的风险进行定量或定性评价，根据评价结果划分等级，进而实现分级管理。风险分级的目的是实现对风险的有效管控。

不同的风险评价方法对风险的分级不完全一致，通常将风险分为"红色、橙色、黄色、蓝色"4级（红色最高）。对采用5级分级的风险评价方法，可建立级别对应关系（例如，将风险最低的两级都定为"蓝色"级别），以适应评价和管理的要求。

2. 风险分级管控

风险分级管控是指根据风险级别、所需管控资源、管控能力、管控措施复杂及难易程度等因素而确定不同级别的风险管控方式。风险分级管控的基本原则是风险越大，管控级别越高；上级负责管控的风险，下级必须负责管控，并逐级落实具体管控措施。

（1）蓝色风险（5级风险和4级风险）

5级风险是稍有危险，需要注意或可忽略、可接受的风险。对于5级风险，员工应引起注意；企业的基层工段、班组负责管控，可根据是否在生产场所或实际需要来确定是否制定管控措施。

4级风险是轻度危险，可接受或可容许的风险。对于4级风险，企业的车间、科室应引起关注并负责管控，所属科室应引起关注并负责管控，所属工段、班组具体落实；不需要其他的管控措施，应考虑投资效果更佳的解决方案或不增加额外成本的改进措施，通过监视确保管控措施得以维持现状，并保留记录。

（2）黄色风险（3级风险）

黄色风险是中度（显著）危险，需要控制整改的风险。对于黄色风险，企业、部室（车间上级单位）应引起关注并负责管控，所属车间、科室具体落实；应制定制度、规定进行管控，努力降低风险；应仔细测定并限定预防成本，在规定期限内实施降低风险的管控措施；在严重伤害后果相关的场合，必须进一步进行评价，以确定伤害的可能性和是否需要改进的管控措施。

(3）橙色风险（2级风险）

橙色风险是高度危险、重大风险，必须制定措施进行管控的风险。对于橙色及以上的风险，企业应重点管控，由安全主管部门和各职能部门根据职责分工具体落实。当涉及正在进行的工作时，企业应采取应急措施，并根据需求为降低风险制定目标、指标、管理方案或配给资源，并限期治理，直到风险降低后才能开始工作。

（4）红色风险（1级风险）

红色风险是不可容许的巨大风险，极其危险，必须立即整改，不能继续作业。对于红色风险，只有当风险已降低时，企业才能开始或继续工作。如果无限的资源投入也不能降低风险，就必须禁止工作，企业立即采取风险控制措施。

3. 风险控制措施

风险控制措施是指为将风险降低至可接受的程度，企业针对风险而采取的相应控制方法和手段。

企业在选择风险控制措施时应考虑可行性、安全性、可靠性、经济合理性。风险控制措施应包括工程技术措施、管理措施、培训教育措施、个体防护措施、应急处置措施等。风险控制措施应在实施前针对以下内容进行评审：风险控制措施的可行性和有效性，是否将风险降低到可容许的水平，是否产生新的危险源或危险有害因素，是否已选定了最佳的解决方案。风险信息是指包括危险源名称、类型、所在位置、当前状态，以及伴随风险大小、等级、所需管控措施、责任单位、责任人等一系列信息的综合。企业各类风险信息的集合即企业安全风险分级管控清单。

从总体上讲，风险分级管控程序包括四个阶段七个步骤。四个阶段包括危险源识别、风险评价、风险控制、效果验证与更新。重大危险源是指长期或临时用于生产、储存、使用和经营危险化学品，且危险化学品的数量等于或超过临界量的单元。

单元是指涉及危险化学品生产、储存的装置、设施或场所，分为生产单元和储存单元。生产单元是指用于危险化学品生产、加工及使用等的装置及设施，当装置与设施之间有切断阀时，以切断阀为分隔界限划分为独立的单元。储存单元是指用于储存危险化学品的油罐或仓库组成的相对独立的区域，油罐区以罐区防火堤为界限划分为独立的单元，仓库以独立库房（独立建筑物）为界限划分为独立的单元。生产单元、储存单元内存在危险化学品的数量等于或超过规定的临界量［规定的临界量参见《危险化学品重大危险源辨识》（GB 18218）］，即被定为重大危险源。

4. 风险辨识和评价方法

各企业应根据各自的实际情况选择使用风险辨识和评价方法，以下是常用的风险辨识和评价方法。

（1）作业危害分析法

作业危害分析法（job hazard analysis，JHA）是一种定性的风险辨识方法。它是基于作业活动的一种风险辨识技术,用来进行人的不安全行为、物的不安全状态、环境的不安全因素及管理缺陷等的有效识别。作业危害分析法把整个作业活动(任务)划分成多个作业步骤,将每个作业步骤中的危险源找出来,并判断其在现有安全控制措施条件下可能导致的事故类型及后果。若现有安全控制措施不能满足安全生产的需要,则应制定新的安全控制措施以保证安全生产;危险性仍然较大时,还应将其列为重点对象加强管控,必要时还应制定应急处置措施加以保障,从而将风险降低到可以接受的水平。

(2)安全检查表法

安全检查表法(safety check list,SCL)是一种定性的风险辨识方法。它是将一系列项目列出检查表并进行分析,以确定系统、场所的状态是否符合安全要求,通过检查表发现系统中存在的风险,提出改进措施的一种方法。安全检查表的编制主要依据以下四个方面的内容。

1)国家、地方的相关安全法规、规定、规程、规范和标准,行业、企业的规章制度、标准及企业安全生产操作规程。

2)国内外行业、企业事故统计案例、经验教训。

3)行业及企业安全生产的经验,特别是本企业安全生产的实践经验,引发事故的各种潜在不安全因素及杜绝或减少事故发生的成功经验。

4)系统安全分析的结果,如采用事故树分析法找出的不安全因素,或者作为防止事故控制点源列入检查表。

(3)风险矩阵分析法

风险矩阵分析法(likelihood and seriousness,LS)是一种半定量的风险评价方法。它在进行风险评价时,将风险事件的后果严重程度相对定性分为若干级,将风险事件发生的可能性也相对定性分为若干级,然后以严重性为列,以可能性为行,制成表,在行列的交点上给出定性加权指数,所有加权指数构成一个矩阵,而每一个指数代表一个风险等级,即

$$R=LS$$

式中:R——风险程度;

L——发生事故的可能性,重点考虑事故发生的频次及人体暴露在这种危险环境中的频繁程度;

S——发生事故的后果严重性,重点考虑伤害程度、持续时间。

(4)作业条件危险性分析法

作业条件危险性分析法(likelihood exposure and consequence,LEC)是一种半定量的风险评价方法,用与系统风险有关的三种因素指标值的乘积来评价作业人员伤亡风险大小。三种因素分别是L(事故发生的可能性)、E(人员暴露在危险环境中的频繁

程度）和 C（一旦发生事故可能造成的后果）。三种因素的不同等级分别表示不同的分值，再以三个分值的乘积 D（危险性）评价作业条件危险性，即

$$D=LEC$$

D 值越大，说明危险性越大。

（5）风险程度分析法（MES）

风险程度分析法（method for estimating severity of exposure，MES）是一种半定量的风险评价方法，是对作业条件危险性分析法的改进，即

$$R=MES$$

式中：R——风险程度；

M——控制措施的状态；

E——暴露的频繁程度，其中 E 增加了职业病发病情况、环境影响状况两项影响因素；

S——事故的可能后果，包括伤害、职业相关病症、财产损失和环境影响。

分别制定了 M，E，S 的取值标准。

第二节 职业健康与防护知识

一、职业危害

1. 概述

要保障从业人员的健康，就要知道什么是职业危害。职业危害是指从业人员在生产劳动过程所发生的对人身的威胁和伤害，包括职业意外事故和职业病。

职业危害由人们所从事的职业或职业环境中所特有的危险性、潜在危险因素、有害因素及人的不安全行为造成，与职业危害因素有直接联系，且具有因果关系和某些规律性。

职业危害因素是指在生产过程中、劳动过程中和作业环境中存在的各种有害的化学性因素、物理性因素、生物性因素，以及在作业过程中产生的其他职业危害因素。职业病是指由职业危害因素所引发的疾病。

2. 职业危害因素的分类

职业危害因素按其来源可分为以下三类。

（1）生产过程中的职业危害因素

生产过程中的职业危害因素是指与生产过程有关的原材料、工业毒物、粉尘、噪声、振动、高温、辐射、传染病因素等，包括化学性因素、物理性因素和生物性因素。

1）化学性因素。生产性毒物是指在生产过程中产生的、存在于工作环境空气中的化学物质，有的为原料，有的为中间产品，有的为产品。生产性粉尘是指在生产过程中产生的、在生产环境空气中悬浮较长时间的固体微粒。

2）物理性因素

①高温。例如，夏天进入油罐车或油槽车内作业等。

②噪声。例如，泵、机械传送带、电气设备等。

③振动。例如，循环压缩机转动，使用风动工具、交通运输工具等。

④射线。例如，工业探伤用的 X 射线、高频电磁场、电焊、氩弧焊等。

3）生物性因素。生物性因素是指能引发与职业有关疾病的细菌、寄生虫或病毒。

（2）劳动过程中的职业危害因素

1）劳动组织不合理，如劳动时间过长。

2）劳动时，精神过度紧张，多见于新员工或新装置投产试运行，或者生产不正常时。

3）劳动强度过高或安排不当，如超负荷加班加点。

4）个别器官、系统过度疲劳，如光线不足使眼部疲劳。

5）长时间处于不良体位或使用不合理的工具设备。

（3）作业环境中的职业危害因素

1）生产场所设计不合理。例如，车间布置不当，有毒与无毒岗位设在同一工作间中；厂房矮小、狭窄，设计时没有考虑必要的卫生技术设施，如通风、换气或照明等。

2）防护措施缺乏、不完善或效果不好，如缺少防毒、防噪声等措施。

3）缺乏安全防护设备和必要的劳动防护用品。例如，铆工与焊工在同一厂房中作业，铆工有耳塞防噪声，焊工却没有；焊工有防紫外线的面罩，用于保护眼睛，铆工却没有。

4）自然环境因素。例如，在炎热季节，员工因高温作业而发生中暑。

5）环境污染因素。

3. 职业病的分类

按《职业病分类和目录》将职业病分为十大类。

（1）职业性尘肺病及其他呼吸系统疾病。

（2）职业性放射性疾病。

（3）职业性化学中毒。

（4）物理因素所致职业病。

（5）职业性传染病。

（6）职业性皮肤病。

（7）职业性眼病。

（8）职业性耳鼻喉口腔疾病。

（9）职业性肿瘤。

（10）其他职业病。

4. 职业危害因素的识别

由于行业不同，生产工艺、致害途径、有害物质的种类和数量差别悬殊，因此对作业场所的影响也各不相同。在识别职业危害因素时，首先要明确项目概况、主要生产设备、工艺流程及其布局，生产过程中使用的原料、辅料、中间品等基本情况，然后应用安全检查表法、经验法、类比法、综合法等方法进行识别。全面识别存在及产生职业危害的作业场所和工艺流程，经过工艺流程所产生的有害物质，准确地识别、确定职业危害因素。

（1）安全检查表法

安全检查表法是针对不同的行业，为识别各种职业危害因素而专门设计、编制表格的方法。表格能直观地反映出不同工艺流程中存在和产生的职业危害因素，以及有害物质的种类及职业危害因素的类型、操作方式及作业人员所处的岗位、可能导致的职业病等。安全检查表法的特点是简明易懂，简单适用，易于掌握，能弥补识别人员的知识经验不足；优点是通过系统的检查，能比较全面地进行识别，应用范围广；缺点是通用性较差，同样受经验等因素的影响，大项目实施起来花费时间长。

（2）经验法

经验法是指依据掌握的相关专业知识和实际工作经验，凭借经验和判断能力直观地对职业危害因素进行识别。它的要点是依据具体情况决定是否需要采用经验法，是否收集了足够的相关行业、生产工艺的职业卫生基础资料，能否全面识别、分析项目职业危害因素及其防护措施的有效性。经验法的优点是简便、易行；缺点是受识别人员的知识、经验和资料的限制，可能出现遗漏和偏差。

（3）类比法

类比法是指与已经建成投产的相同或类似工程的职业卫生检测、监护和统计分析资料进行类比，分析、识别项目的职业危害因素及其防护措施的有效性。在实际应用中，通常采用全部类比法和部分类比法。类比法的优点是通过对类比现场的调

查、监测，可以定量、直观地识别职业危害因素；缺点是可比性的差异带来偏差。

（4）综合法

综合法是指在不能完全用一种方法识别时，可以将项目划分为几个部分，综合使用经验法、类比法等进行职业危害因素识别。其要点是将几种识别方法进行划分，根据各自的要点逐一分析，应特别注意其可比性、完整性和真实性。

5. 职业危害控制

职业危害控制主要是指针对作业场所存在的职业危害因素的类型、分布、浓度、强度等情况，采用多种措施加以控制，使其消除或降到容许接受的范围之内，以保护作业人员的身体健康和生命安全。职业危害控制的主要技术措施包括工程控制技术措施、个体防护措施和组织管理措施等。

（1）工程控制技术措施

工程控制技术措施是指应用技术措施和手段（如密闭、通风、冷却、隔离等）控制生产工艺过程中产生或存在的职业危害因素的浓度或强度，使作业环境中有害因素的浓度或强度降到国家职业卫生标准容许的范围之内。例如，控制作业场所中存在的粉尘，常采用湿式作业或密闭抽风除尘的技术措施，以防止粉尘飞扬；降低作业场所粉尘浓度对于化学毒物的工程控制，则可以采取全面通风、局部送风和排气净化等技术措施；对于噪声危害，则可以采用隔离降噪、吸声等技术措施。

（2）个体防护措施

对于采取工程控制技术措施后，仍然不能达到限值要求的职业危害因素，为避免其对劳动者造成健康损害，则需要为劳动者配备有效的劳动防护用品。针对不同类型的职业危害因素，应选用合适的防尘、防毒或防噪等劳动防护用品。常用的劳动防护用品有防噪声耳塞、耳罩、头盔、防毒面具、防毒口罩、防尘口罩、防护鞋、手套等。

（3）组织管理措施

在生产和劳动过程中，加强组织管理也是职业危害控制的重要一环，通过建立健全职业危害控制规章制度，确保职业危害控制的有效性，是保障劳动者职业健康的重要手段，也是合理组织劳动过程、实现生产高效运行的基础。

二、职业健康监护

职业健康监护是职业危害防治的一项重要内容。其主要内容包括职业卫生教育与培训、职业健康检查、建立职业健康监护档案、职业健康监护信息管理。

1. 职业卫生教育与培训

上岗前及在岗期间，用人单位应对从业人员进行定期职业安全卫生知识培训，使他们了解并遵守职业病防治法律、法规、规章和操作规程，正确地使用、维护防护设备和劳动防护用品，了解从业人员依法享有的职业卫生权利。

2. 职业健康检查

职业健康检查包括上岗前的健康检查、接触职业危害因素从业人员的定期健康检查、离岗时的健康检查。用人单位发生分合、解散、破产，以及在调换工作、从事特殊工种时，应对接触职业危害因素从业人员进行健康检查。

职业病普查也是一种职业健康检查，主要是对接触某种职业危害因素从业人员，普遍地进行一次健康检查。职业病普查可以发现职业病病人，还可以检查出有职业禁忌证的人和高危人群。

《职业健康监护技术规范》对各种职业危害因素从业人员的职业健康体检周期与体检项目给出了具体规定。在职业健康检查中，有职业禁忌证者，不得从事所禁忌的作业或必须调离所禁忌的作业；需要复查和医学观察者，应按要求进行复查和医学观察；发现疑似职业病病人应按规定报告，并安排对其进行职业病诊断或医学观察。用人单位应及时将职业健康检查结果如实告知本人。

3. 建立职业健康监护档案

用人单位应建立职业健康监护档案，每人一份。职业健康监护档案包括以下几个方面内容。

（1）从业人员职业史、既往史和职业危害因素接触史。

（2）作业场所职业危害因素监测结果。

（3）职业健康检查结果及处理情况。

（4）职业病诊疗等有关健康资料。

用人单位应妥善保存职业健康监护档案，从业人员有权查阅、复印本人的职业健康档案，离开用人单位时有权索取本人的职业健康监护档案复印件。

4. 职业健康监护信息管理

健全的职业健康监护信息管理制度，有利于早期发现医学禁忌证、疑似职业病病人，对保护从业人员的健康有重要意义。

三、职业病及预防

职业病是指企业、事业单位和个体经济组织等用人单位的劳动者在职业活动中，因接触粉尘、放射性物质和其他有毒、有害物质等因素而引起的疾病。

1. 职业病产生的因素

（1）劳动者的身体健康状况。

（2）接触职业危害因素的种类。

（3）有害物质对人体作用的条件、接触的方式、浓度、强度和时间。

2. 职业病的特点

（1）发病与劳动条件有关，即与接触职业危害因素的数量、时间、劳动强度、周围环境有关。

（2）有明确的病因，即职业危害因素。

（3）常有群体发病状况，在同一环境中，往往不是一个人发病，而是同时或先后发现一批相同的职业病病人。

（4）有一定的临床特征，限于一定的范围。

3. 职业病的预防

（1）职业中毒

在生产过程中产生的、存在于工作环境空气中的化学物质，称为生产性毒物。在劳动过程中，由生产性毒物引起的中毒，称为职业中毒。职业中毒的发生，与生产性毒物本身的性质，生产性毒物的侵入途径及数量、接触时间，以及个人身体状况、防护条件等多种因素有关。

生产性毒物按其存在的形态、用途、化学结构及对人体的影响可分为金属与非金属毒物、刺激性气体、窒息性气体、有机溶剂、苯的氨基和硝基化合物、高分子化合物生产中的毒物、农药等。

生产性毒物进入人体主要是通过呼吸道、皮肤、消化道三种途径。各种生产性毒物的毒性及作用于人体的器官不同，有的可能引起全身性中毒，有的可损害神经系统、消化系统、呼吸系统、血液系统、泌尿系统、心血管系统、生殖系统及内分泌系统等。某些生产性毒物还具有致癌、致畸作用，对人体产生远期影响。

预防职业中毒的综合措施如下。

1）防毒技术措施

①改革工艺设备和工艺操作方法，从根本上杜绝或减少生产性毒物的产生。

②以无毒或低毒原料代替有毒或高毒原料。

③密闭化操作。生产过程的密闭化包括设备本身的密闭及投料、出料，以及物料的运输、粉碎、包装等过程的密闭化。

④通风排毒与净化回放。

⑤隔离操作。作业人员与毒源或工艺过程隔离操作，以减轻职业危害。

⑥个体防护。劳动防护用品是保护从业人员在生产过程中的人身安全和健康必备的防护性装置，对于减轻职业危害起到了相当重要的作用。劳动防护用品包括工作服、工作鞋、手套、口罩、眼镜、过滤式防毒呼吸器、隔离式防毒呼吸器等。

2）防毒管理措施。企业及其主管部门在组织生产的同时，要加强对防毒工作的领导和管理。在组织生产中应自觉遵循"管生产必须管安全"的原则，有计划地改善劳动条件，建立健全有关防毒管理制度，教育员工自觉保护自己。

作业环境空气中有毒物质的检测是防毒管理的重要环节。通过检测，企业可以了解作业环境的污染程度、污染范围及动态变化，了解毒害程度并评价劳动条件，以采取防毒措施。对作业环境的检测工作，可以为职业病的诊断提供依据，为制定和修改有关法规、标准积累资料。

3）防毒教育措施。企业要对员工进行防毒教育，让员工既明白有毒物质对人体的危害性，又了解这些危害是可以预防的，从而使员工主动遵守安全操作规程、加强个人防护、积极学习和总结防毒经验、不断地改善劳动条件；要对员工进行个人卫生指导，如指导员工不在作业场所吃饭、饮水等，坚持饭前漱口、班后洗浴、清洗工作服等；要定期对从事有毒作业的员工进行健康检查，以便能对职业中毒者早期发现、早期治疗。

（2）听力保护

1）噪声的危害。噪声是工业生产过程中一种较为严重的职业危害因素。高强度的噪声，可导致人体的心血管系统、自主神经系统功能失调和耳聋。强噪声除可导致耳聋外，还可对人体的神经系统、心血管系统、消化系统及生殖系统等产生不良影响。特别强烈的是噪声还可导致精神失常、休克，甚至危及生命。由于噪声易造成心理恐惧及遮蔽报警信号，因此它常常是造成工伤死亡事故的重要因素。

2）预防噪声危害的技术途径

①消声。消声是控制和消除噪声的根本措施。改革工艺和设备，以低声或无声工艺和设备代替产生噪声的工艺和设备，将噪声源远离员工作业区，这都是噪声控制的有效手段。

②控制噪声的传播。吸声材料、吸声结构和吸声装置能将噪声源封闭，吸收辐射和反射的声能，防止噪声传播。常用的隔声材料有隔声墙、隔声罩、隔声地板等；常用的吸声材料有玻璃棉、矿渣棉、毛毡、泡沫塑料、棉絮等。

③采用合理的防护措施。合理的防护措施包括佩戴护耳器，如耳塞与耳罩；合理安排劳动时间，限制噪声作业时间。

④定期体检。接触噪声的从业人员应定期体检。对于出现听力下降者，应加以观察和治疗，重者应调离噪声作业。就业前体检或定期体检中发现明显的听觉器官疾病、心血管病、神经系统器质性病变者不得参加需接触强烈噪声的工作。

（3）尘肺病的预防

粉尘是工业生产过程中因研磨、挤压、撞击等作用，由固体物质形成的微细颗粒，其大小一般为微米量级。长期在高浓度粉尘环境中作业，最严重的危害对象是人体的呼吸系统，如造成职业性鼻炎、呼吸道感染。

要预防尘肺病，应采取如下措施，才能达到标本兼治的效果。

1）加强技术治理，减少作业空气中的粉尘浓度。尘肺病的发病率与人体吸入的粉尘量成正比例关系。因此，预防尘肺病的根本措施是减少作业空气中的粉尘浓度。

①减少尘源的产尘量。通常将连续不断产生粉尘的设备或工艺称为尘源。用单位时间内的产尘量—产尘强度，表示尘源的产尘能力。降低尘源产尘能力的措施包括改善工艺，以减少原料的破碎程度，以及在尘源处设置除尘设备。

②设置通风除尘设备，净化作业空气。

2）加强安全教育，增强从业人员的职业卫生意识。

3）加强劳动保护。

4）加强粉尘检测。

四、劳动保护

劳动保护是指在劳动过程中采取措施，预防和减少劳动者因工作环境、工作条件或工作内容等因素所引发的职业病、工伤等健康风险和安全风险，保护劳动者的身体健康和人身安全的活动。

劳动保护的目的是提高劳动者的劳动保护水平，降低劳动者的职业病、工伤和其他慢性病的发病率和死亡率。采取合理的防护措施，可有效地减少劳动者接触有害物质和职业危害因素的机会，降低意外伤害和职业病的发生风险。

1. 劳动保护的原则

（1）"安全第一，预防为主"的原则

"安全第一，预防为主"既是我国指导劳动保护的工作方针，又是从事劳动保护管理的原则。"安全第一，预防为主"要求一切经济部门和企业在生产经营活动中都要把安全工作放在首位。当生产与安全发生矛盾时，企业要先保证安全，采取各种措施保障劳动者的安全和健康，将事故和危害的事后处理转变为事故和危害的事前控制。

（2）"管生产必须管安全"的原则

这一原则体现了安全与生产的辩证关系。它要求生产的领导者和组织者明确安全与生产是一个有机整体，安全与生产要一起抓，在计划、布置、检查、总结、评比生产的同时，计划、布置、检查、总结、评比安全。

（3）"安全具有否决权"的原则

安全必须是企业管理工作的一项基本内容。在对企业各项指标的考核和企业的升级评定中，企业管理者必须把安全放在重要位置，并使其具有"否决权"。

2. 劳动保护的措施

劳动保护的措施可分为两大类，即组织措施和技术措施。

（1）组织措施

组织措施是指通过加强劳动保护立法、建立劳动保护组织机构、开展劳动保护教育培训、实行劳动保护监察等措施，保护劳动者的生命安全和身体健康。例如，国家颁布《中华人民共和国劳动法》《中华人民共和国职业病防治法》等法律法规，设立职业卫生监督管理部门、职业病防治院等劳动保护组织；企业设立安全生产办公室，配备专门的安全管理人员，对新入职的员工进行安全培训、"三级"教育等，这些措施都属于组织措施。

（2）技术措施

技术措施是指通过采用机械化、自动化、电气化和密闭化等先进生产工艺，应用劳动安全技术和卫生技术，消除生产劳动过程中的各种安全隐患和职业危害；通过供给劳动者劳动防护用品和保健食品，提高其预防能力，补偿特殊损害，以减轻危害程度的措施。例如，给传动带加上防护罩，以防止作业人员卷入；定期喷洒清水，以降低空气中粉尘浓度；要求在建筑工地的作业人员戴上安全帽，以防落物伤及头部，这些措施都属于技术措施。

3. 劳动保护的任务

劳动保护的任务，就是要采取积极有效的组织措施和技术措施，保护劳动者在生产过程中的安全与健康，具体包括以下几个方面的任务。

（1）采取安全技术措施

采取安全技术措施，即采取各种保证安全生产的技术措施，控制和消除生产过程中容易对劳动者造成伤害的各种不安全因素，减少和杜绝伤亡事故，保障劳动者安全地从事生产劳动。

（2）改善劳动卫生环境

改善劳动卫生环境，即采取各种保证劳动卫生的技术措施，改善作业环境，防止和消除职业病及职业危害因素，保障劳动者的身体健康。

（3）改善劳动条件

改善劳动条件，即降低劳动强度，为劳动者创造舒适的、良好的作业环境。

（4）实行劳逸结合

严格控制加班加点，保证劳动者有合理的休息时间，使劳动者能经常保持健康的体魄、饱满的热情和充沛的精力，从而保证安全生产，提高劳动效率。

五、劳动防护用品

劳动防护用品是指由生产经营单位为从业人员配备的，使其在劳动过程中免遭或减轻事故伤害及职业危害的个人防护装备。劳动防护用品必须严格保证质量，务必安全可靠。

1. 劳动防护用品的作用

劳动防护用品供劳动者个人随身使用，是保护劳动者不受职业危害的最后一道防线。当劳动安全卫生技术措施尚不能消除生产劳动过程中的危险及有害因素，达不到国家标准、行业标准及有关规定，也暂时无法进行技术改造时，使用劳动防护用品就成为既能完成劳动生产任务，又能保障劳动者安全与健康的一种手段。其主要作用如下。

（1）隔离和屏蔽作用

隔离和屏蔽作用是指使用一定的隔离或屏蔽体使人体免受有害因素的侵害。例如，劳动防护用品能很好地隔绝外界的某些刺激，避免皮肤发生皮炎等病态反应。

（2）过滤和吸附（收）作用

过滤和吸附（收）作用是指借助劳动防护用品中某些聚合物本身的活性基或多孔物质对生产性毒物的吸附作用来洗涤空气，如利用活性炭等多孔物质吸附进行排毒。

2. 劳动防护用品的分类

按照用途及防护部位，劳动防护用品可以分为以防止伤亡事故为目的劳动防护用品、以预防职业病为目的的劳动防护用品、以防护人体指定部位为目的的劳动防护用品。

（1）以防止伤亡事故为目的的劳动防护用品

以防止伤亡事故为目的的劳动防护用品包括防坠落用品，如安全带、安全网等；防冲击用品，如安全帽、防冲击护目镜等；防触电用品，如绝缘服、绝缘鞋、等电位工作服等；防机械外伤用品，如防刺、割、绞碾、磨损用的防护服、防护鞋、防护手套等；防酸碱用品，如耐酸碱手套、防护服和防护靴等；耐油用品，如耐油防护服、防护鞋和防护靴等；防水用品，如胶质工作服、雨衣、雨鞋和雨靴、防水保险手套等；防寒用品，如防寒服、防寒鞋、防寒帽、防寒手套等。

（2）以预防职业病为目的的劳动防护用品

以预防职业病为目的的劳动防护用品包括防尘用品，如防尘口罩、防尘服等；防毒用品，如防毒面具、防毒服等；防放射性用品，如防放射性服、防铅玻璃眼镜等；防热辐射用品，如隔热防护服、防辐射隔热面罩、电焊手套、有机防护眼镜等；防噪声用品，如耳塞、耳罩、耳帽等。

（3）以防护人体指定部位为目的的劳动防护用品

以防护人体指定部位为目的的劳动防护用品包括头部防护用品，如防护帽、安全帽、防寒帽、防昆虫帽等；呼吸器官防护用品，如防尘口罩（面罩）、防毒口罩（面罩）等；眼面部防护用品，如焊接护目镜、炉窑护目镜、防冲击护目镜等；手部防护用品，如一般防护手套、各种特殊防护（防水、防寒、防高温、防振）手套、绝缘手套等；足部防护用品，如防尘、防水、防油、防滑、防高温、防酸碱、防振鞋（靴）及绝缘鞋（靴）等；躯干防护用品，通常称为防护服，如一般防护服、防水服、防寒服、防油服、防电磁辐射服、隔热服、防酸碱服等。

3．劳动防护用品的使用

（1）防坠落用品的管理和使用

专门或经常在坠落高度基准面 2 m 以上（含 2 m）有可能坠落的高处进行的作业，都称为高处作业。高处作业高度在 2～5 m，称为一级高处作业；高处作业高度在 5～15 m，称为二级高处作业；高处作业高度在 15～30 m，称为三级高处作业；高处作业高度在 30 m 以上，称为特级高处作业。高处作业人员在高处作业时应穿防滑鞋，正确佩戴和使用安全帽、安全带等劳动防护用具。

安全带必须用锦纶、维纶、蚕丝等具有一定强度的材料制成。此外，用于制作安全带的材料还应具有质量轻、耐磨、耐腐蚀、吸水率低、耐高温、抗老化等特点。安全带的金属配件用普通碳素钢、合金铝等具有一定强度的材料制成。安全带使用注意事项有以下几个方面。

1）使用前，应检查安全带是否经质检部门检验合格，并仔细检查各部分构件是否完好无损。

2）使用安全带时，围杆绳上要有保护套，不允许在地面上拖着绳走，以免损伤绳套影响主绳；使用安全绳时，不允许打结，并且在安全绳的使用过程中不能随意将绳子加长，以免发生潜在危险。

3）不得私自拆换安全带上的各种配件，更换新配件时应选择合格的配件。单独使用 3 m 以上的长绳时应考虑补充措施，如在绳上加缓冲器、自锁钩等。

4）高处作业时，应将安全带的钩、环牢固地挂在系留点上，卡好各个卡子并关好保险装置，以防脱落。

5）在低温环境中，使用安全带时，应注意防止安全绳变硬割裂。

（2）半面罩呼吸器的佩戴与使用

1）用途。劳动者佩戴与使用半面罩呼吸器可以对空气中的污染物进行呼吸防护。半面罩呼吸器用于空气中氧气浓度不低于 19.1% 的环境，一般用于危化品作业现场。

2）结构与原理。半面罩呼吸器由滤棉、滤盒、呼吸面罩组成。其中滤棉可用来防护非油性悬浮微粒（气溶胶），最低过滤效果大于 95%；滤盒 6001 用于防护有机气体及蒸气，如苯同系物、汽油、丙酮、二硫化碳、醚等；滤盒 6002 用于防护酸性气体、氯气、氯化氢、二氧化硫、二氧化氯、硫化氢；滤盒 6003 用于防护有机蒸气、氯气、氯化氢、二氧化硫、硫化氢、氟化氢。

3）穿戴步骤

①将滤盒接口凹槽与呼吸面罩接口对准，然后紧压在一起，如图 7-2-1 所示。

图 7-2-1 半面罩呼吸器

②顺时针旋转滤盒 1/4 周进行安装（若需拆除滤盒，则逆时针旋转 1/4 周，将滤盒取下）。

③将头带组合套在头部后方。

④将底部头带拉回并罩住口鼻，固定于面部。

⑤将前端头带拉到脖子后面，然后钩住，拉住头带两端调整松紧度，如图 7-2-2 所示。

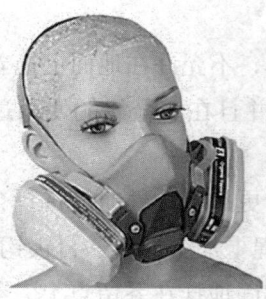
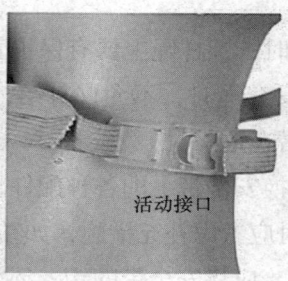

活动接口

图 7-2-2 半面罩呼吸器佩戴

⑥在面部移动呼吸面罩，调整至舒适位置。

⑦进行负压试验。用手掌盖住滤盒或滤棉承接座的圆形开口，轻轻吸气，如果呼吸面罩有轻微塌陷，同时面部和呼吸面罩之间无漏气，即说明呼吸面罩佩戴合适。

4）注意事项

①使用已打开包装的产品时应注意，滤盒的使用寿命会缩短，或者已经失效。

②必须同时更换两个滤盒，确认安装的两个滤盒具有相同的防护种类和级别。

③滤盒的使用寿命取决于污染物浓度、劳动强度和暴露时间等因素。佩戴者佩戴完毕后闻到气体或蒸气气味，或者呼吸阻力明显增大，说明滤盒已失效，应更换。

④废弃已使用的过滤件时，应遵守当地的健康、安全和环境保护法规。

⑤根据环境中的职业危害因素选择符合标准的滤盒。

⑥不能用于未知危害的环境，不能用于有害物质浓度未知的环境。

⑦不能用于有害物质浓度达到可立即威胁生命或健康的浓度的环境。

⑧每次佩戴好后，均要进行负压试验。

4. 特种劳动防护用品

国家对特种劳动防护用品实行安全标志管理制度。特种劳动防护用品的"三证一标志"是指生产许可证、产品合格证、安全鉴定证和劳动防护安全标志。特种劳动防护用品安全标志由盾牌图形和编号组成，不同尺寸的图形用于不同类型的特种劳动防护用品。

（1）特种劳动防护用品安全标志说明

如图 7-2-3 所示，图形采用古代盾牌的形状，取其防护之意；绿色为生命色，绿色盾牌也有保护生命之意；大写字母 LA 取"劳动""安全"两词的汉语拼音首字母，意为劳动安全；"××-××-××××××"是标志的编号。参照《特种劳动防护用品安全标志使用规范》的规定，现行标志由带有字母 LA 的绿色盾牌图形和编号两部分组成，字母 LA 字体为白色，编号字体为黑色。

图 7-2-3　特种劳动防护用品安全标志

（2）特种劳动防护用品的分类

1）头部护具类。头部护具类包括安全帽等。安全帽由帽壳、帽衬、下颏带、后箍等部件组成，主要组成部分是帽壳和帽衬。良好的帽壳、帽衬材料，适宜的帽型与合理的帽衬结构相配合能起到阻挡外来冲击物，缓解、分散、吸收冲击力及保护佩戴者的作用。

2）呼吸护具类。呼吸护具类包括防尘口罩、过滤式防毒面具、自给式空气呼吸器、长管面具等。

3）眼（面）部护具类。眼（面）部护具类包括焊接护目镜、炉窑护目镜、防冲击护目镜等。

4）防护服类。防护服类包括阻燃防护服、防酸碱工作服、防静电工作服等。

5）防护鞋类。防护鞋类包括保护足趾安全鞋、防静电鞋、导电鞋、防刺穿鞋、胶面防砸安全靴、绝缘鞋、耐酸碱皮鞋、耐酸碱胶靴、耐酸碱塑料模压靴等。绝缘鞋是为了防止人体与大地形成回路，从而发生触电事故而设计的一种防护鞋。防静电鞋和导电鞋都有消除人体静电积聚的作用，可用于易燃、易爆作业场所。两者不同之处是防静电鞋还可以防止 250 V 以下电源设备的电击，导电鞋则不能用于有电击危险的场所。虽然防静电鞋有防电击的作用，但禁止当绝缘鞋使用。

5. 劳动防护用品的管理

用人单位应根据工作场所中的职业危害因素及其危害程度，按照法律、法规、标准的规定，为从业人员免费提供符合国家规定的劳动防护用品。用人单位不得以货币或其他物品替代应当配备的劳动防护用品，应到定点经营单位或生产企业购买特种劳动防护用品。特种劳动防护用品必须具有"三证一标志",即生产许可证、产品合格证和安全鉴定证和劳动防护安全标志。用人单位应教育、培训从业人员,按照劳动防护用品的使用规则和防护要求正确使用,使从业人员做到"三会":会检查劳动防护用品的可靠性,会正确使用劳动防护用品,会正确维护和保养劳动防护用品。用人单位应定期进行监督检查,应按照产品说明书的要求,及时更换、报废过期和失效的劳动防护用品,应建立健全劳动防护用品的购买、验收、保管、发放、使用、更换、报废等管理制度和使用档案,并进行必要的监督检查。

第三节 防火防爆与消防知识

一、概述

为了有效地预防火灾爆炸事故的发生,减少火灾损失,人们必须对物质燃烧的基本条件、着火机理、火灾发生发展规律及防火灭火基本原理等消防安全基础知识有一定的了解,以便在掌握火灾规律的基础上,通过控制和破坏物质燃烧的基本条件,达到防火、灭火和控制火势扩大蔓延的目的。

二、物质燃烧原理

可燃物与氧化剂作用发生的放热反应,通常伴有火焰、发光和(或)发热现象,称为燃烧。在时间或空间上失去控制的燃烧所造成的灾害称为火灾。

1. 燃烧的必要条件

任何物质发生燃烧,都有一个由未燃烧状态转向燃烧状态的过程。燃烧过程的发生和发展,必须具备以下三个必要条件,即可燃物、氧化剂和温度(引火源)。

人们常用"燃烧三角形"表示燃烧的三个必要条件。只有在三个必要条件同时具备的情况下才能发生燃烧,三个必要条件无论缺少哪一个,燃烧都不能发生。

(1)可燃物

凡是能与空气中的氧或其他氧化剂起反应的物质均可称为可燃物,如木材、氢气、汽油、煤炭、纸张、硫等。可燃物按其化学组成分为无机可燃物和有机可燃物两大类。

从数量上，绝大部分可燃物为有机物，少部分为无机物。可燃物按其所处的状态，又可分为可燃固体、可燃液体和可燃气体三大类。对于这三种状态的可燃物，其燃烧难易程度是不同的，一般可燃气体比较容易燃烧，其次是可燃液体，最后是可燃固体。

可燃物是燃烧不可缺少的首要条件，没有可燃物根本不能发生燃烧。

（2）氧化剂（助燃剂）

能帮助和支持可燃物燃烧的物质，即能与可燃物发生氧化反应的物质称为氧化剂。氧化剂具有较强的氧化性能。通常氧化剂（助燃物）是指广泛存在于空气中的氧气，以及能够提供氧气的含氧化合物和氯气等。

（3）温度（引火源）

引火源是指供给可燃物与助燃剂发生燃烧反应的能量来源，一般分为直接火源和间接火源两大类。了解引火源的种类和形式，对有效预防火灾事故的发生具有十分重要的意义。

1）直接火源主要有明火、电弧、电火花、瞬间高压放电的雷击。

2）间接火源主要有高温、自燃。

2. 燃烧的充分条件

具备了燃烧的必要条件，并不等于燃烧必然发生。在各个必要条件中，还有一个"量"的概念，这就是发生燃烧或持续燃烧的充分条件。燃烧的充分条件是一定的可燃物浓度、一定的氧气含量和一定的点火能量。

3. 燃烧的类型

燃烧按其形成的条件和瞬间发生的特点，一般分为闪燃、着火、自燃和爆炸四种类型。它们具有共同特征但表现形式不同。

（1）闪燃

液体都能蒸发，而且液体的蒸发温度范围非常广，既能在高温时蒸发，又能在常温时蒸发，甚至在低温时也能蒸发，只是蒸发的速度不同而已。当液体温度较低时，由于蒸发速度很慢，因此液面上蒸气浓度很小，此时蒸气与空气形成的混合气体遇到火焰，是点不燃的。随着温度的升高，液面上蒸气浓度增大，在一定的温度下，可燃液体的饱和蒸气与空气混合后遇火焰就有可能闪出火花并随即熄灭。这种在液体表面能产生足够的可燃蒸气，遇火能产生一闪即灭的燃烧现象，称为闪燃。

在规定的实验条件下，液体表面能产生闪燃的最低温度，称为闪点（又称闪电点）。闪燃是一种瞬间燃烧现象。闪燃发生的原因是液体在闪燃温度下蒸发速度不快，液体表面聚积的蒸气一瞬间燃尽，而来不及补充新的蒸气以维持稳定的燃烧，所以闪燃一下就熄灭了。但闪燃往往是着火的先兆，闪点是表示可燃液体性质的指标之一。当可燃液体加热到闪点及闪点以上时，遇有火焰式火星，就不可避免地引起着火。在消防管理中，对闪燃应引起注意。

（2）着火

可燃物在空气中与引火源接触，达到某一温度时，开始产生有火焰的燃烧，并在引火源移去后仍能持续燃烧的现象，称为着火。着火就是燃烧的开始，并且以出现火焰为特征，这是日常生产、生活中最常见的燃烧现象。例如，用火柴点燃柴草，就会着火。

一种物质燃烧时放出的燃烧热量，使该物质能蒸发出足够的蒸气来维持其燃烧所需要的最低温度，称为燃点，即能引起着火的最低温度。物质的燃点越低，越容易着火，火灾危险性也就越大。

（3）自燃

可燃物在没有外部火花、火焰等引火源的作用下，因受热或自身发热、积热不散引起的燃烧称为自燃。

按热的来源，自燃可分为受热自燃和自热自燃（即本身自燃）两大类。

1）受热自燃。可燃物在没有明火接触而靠外部热源的作用下，达到一定温度时发生自行着火现象，称为受热自燃。例如，可燃物在加热、烘烤、熬炼、热处理过程中，或者受摩擦热、辐射热、压缩热、化学反应热的作用而引起的燃烧，都属于受热自燃。

2）自热自燃（即本身自燃）。可燃物内部发生生物、物理、化学等作用造成积热不散而引起其自行着火的现象，称为自热（或蓄热）自燃，又称本身自燃。例如，鱼粉、菜籽饼、湿稻草、油棉纱、褐煤等在没有外部热源作用下的燃烧都属自热自燃。

在规定的条件下，可燃物发生自燃的最低温度，称为该物质的自燃点。在这一温度时，可燃物与空气（氧）接触，不需要明火的作用，就能发生燃烧。可燃物的自燃点越低，发生火灾的危险性就越大。

（4）爆炸

1）爆炸的概念。爆炸是指物质急剧氧化或分解反应导致温度、压力增加或两者同时增加的现象。从广义上讲，物质由一种状态迅速地转变为另一种状态，并在瞬间以机械功的形式释放出巨大能量，或者气体、蒸气在瞬间发生剧烈膨胀等现象，称为爆炸。爆炸最重要的一个特征就是爆炸点周围发生剧烈的压力突跃变化。

2）爆炸分类。爆炸通常分为物理爆炸和化学爆炸两大类。

①物理爆炸。装在容器内的液体或气体，体积迅速膨胀，使容器压力急剧增加，超压力和（或）应力变化使容器发生爆炸，并且爆炸前后物质的化学成分没有改变，这种现象称为物理爆炸。

②化学爆炸。由于物质急剧化学反应产生温度、压力增加或两者同时增加而形成的爆炸现象，称为化学爆炸。实际上，化学爆炸是可燃物与氧化剂混合后的混合物（或本

身是含氧的炸药），遇到引火源而发生的瞬间燃烧。化学爆炸速度很快，每秒可达几十米到几千米，爆炸时产生大量的热能和气态物质，形成很高的温度，产生很大的压力，并发出巨大的响声。化学爆炸能够直接造成火灾，因此具有很大的火灾危险性。

3）爆炸极限。可燃气体、蒸气、粉尘与空气的混合物，必须在一定的浓度范围内，遇到引火源才能发生爆炸，这个浓度范围称为爆炸极限，通常用体积百分比（%）表示。爆炸极限的最高浓度称为爆炸上限，最低浓度称为爆炸下限，也是用体积百分比表示。

4. 物质燃烧的特点

（1）可燃气体燃烧

可燃气体燃烧不像可燃固体、可燃液体那样须经熔化、蒸发过程，所需热量仅用于氧化或分解，或者将可燃气体加热到燃点，因此容易燃烧，速度也快。其燃烧方式根据燃烧前可燃气体与氧混合状况的不同可分为两大类。

1）扩散燃烧。扩散燃烧是指可燃气体从喷口（管道口或容器泄漏口）喷出，在喷口处与空气中的氧边扩散混合、边燃烧的现象。其燃烧速度取决于可燃气体的喷出速度，一般为稳定燃烧。容器、管道泄漏发生的燃烧，以及天然气井的井喷燃烧都属于扩散燃烧。

2）预混燃烧。预混燃烧是指可燃气体与氧气在燃烧之前混合，并形成一定浓度的可燃混合气体，被引火源点燃所引起的燃烧，这类燃烧往往容易造成爆炸。影响预混燃烧速度的因素有可燃气体的组成、可燃气体的浓度、可燃混合气体的初始温度、管道直径、管道材质等。

（2）可燃液体燃烧

可燃液体燃烧是可燃液体蒸气进行燃烧，因此燃烧与否、燃烧速度等与液体的蒸气压、闪点、沸点和蒸发速度等性质有关。某些可燃液体在储存温度下，液面上的蒸气压在易燃范围内时，遇引火源，其火焰传播速度快。可燃液体的闪点高于储存温度时，其火焰传播速度较慢。火焰的热量必须足以加热可燃液体表面，并在火焰扩散通过蒸气之前形成易燃蒸气——空气混合物。影响这一过程的因素有环境因素、风速、温度、燃烧热、蒸发潜热、大气压等。

可燃液体燃烧时，通常会因类别不同而表现出不同的火焰颜色及燃烧特点。例如，液态烃类燃烧时，通常具有橘色火焰并散发出浓密的黑色烟云；醇类燃烧时，通常具有透明的蓝色火焰，几乎不产生烟雾；某些醚类燃烧时，液体表面伴有明显的沸腾状，这类火灾难以扑灭。在不同类型油类的敞口油罐的火灾中，还要特别注意三种特殊现象：沸溢、溅出、冒泡。尤其是沸溢现象，即可燃液体在燃烧过程中，由于向液层内不断传热，便会有含有水分、黏度大、沸点在 100 ℃以上的重油、原油产生沸溢和喷溅现象，造成大面积火灾和巨大的危害，这类油品称为沸溢性油品。

（3）可燃固体燃烧

可燃固体必须经过受热、蒸发、热分解过程，使可燃固体上方可燃气体的浓度达到燃烧极限，才能持续不断地燃烧。其燃烧方式通常分以下四种。

1）蒸发燃烧。熔点较低的可燃固体，受热后熔融，然后与可燃液体一样蒸发蒸气而燃烧，如硫、磷、沥青、热塑性高分子材料等的燃烧。

2）分解燃烧。分子结构复杂的可燃固体，在受热后分解出其组成成分与加热温度相应的热分解产物，这些分解产物再氧化燃烧，称为分解燃烧，如木材、纸张、棉、麻、毛、丝、热固塑料、合成橡胶等的燃烧。

3）表面燃烧。表面燃烧是指蒸气压非常小或难于热分解燃烧的可燃固体，不能发生蒸发燃烧或分解燃烧，当氧气包围物质的表层时，呈炽热状态发生无焰燃烧的现象。表面燃烧属于非均相燃烧，现象为表面发红而无火焰，如木炭、焦炭等的燃烧。

4）阴燃。没有火焰的缓慢燃烧现象称为阴燃。一些可燃固体在空气不流通、加热温度较低或含水分较高时会阴燃，如成捆堆放的棉、麻、纸张及大堆垛的煤、草、湿木材等。随着阴燃的进行，热量聚集、温度升高，此时空气的导入可能会转变为明火燃烧。

三、防火的基本措施

根据物质燃烧原理，为了有效地防止火灾爆炸事故的发生，作业人员必须针对物质的火灾危险特性，采取相应的防火措施，控制燃烧爆炸条件的形成和相互作用，达到预防火灾的目的。同时，还要控制燃烧蔓延途径和爆炸冲击波的扩散，避免更大范围的火灾爆炸事故发生。主要有以下几项措施。

1. 排除发生火灾爆炸的物质条件

（1）用不燃或难燃材料、物料，代替可燃材料、物料。

（2）防止形成爆炸性混合物。

（3）防止可燃气体、蒸气和粉尘的滞留。

（4）清洗或置换设备和管道。

（5）采用惰性介质保护。

2. 控制和消除引火源

（1）严格管理生产用火

《中华人民共和国消防法》第二十一条规定，禁止在具有火灾、爆炸危险的场所吸烟、使用明火。因施工等特殊情况需要使用明火作业的，应当按照规定事先办理审批手续，采取相应的消防安全措施；作业人员应当遵守消防安全规定。

进行电焊、气焊等具有火灾危险作业的人员和自动消防系统的操作人员，必须持证上岗，并遵守消防安全操作规程。

依据此规定，码头和油库罐区50 m内禁止明火作业，并设置醒目的"严禁明火"的防火标志，进入人员必须登记，并交出随身携带的火种。若生产需要必须动火，作业单位应经上级主管部门批准，并办理动火许可证，落实各项防范措施。烘烤、熬炼、锅炉、焙烧炉、加热炉、电炉等固定用火地点，必须远离码头和油库罐区，并满足防火间距要求，用火单位须办理固定用火许可证。

（2）控制各种机械打火

在生产过程中，各种转动的机械设备、装卸机械、搬运工具，应有可靠的防止冲击、摩擦打火的措施，还应有可靠的防止石子、金属杂物进入设备的措施。

（3）严控机动车辆火星

进入码头和油库的汽车、拖拉机等机动车辆，其排气管必须加装防火罩，装油时须熄火。

（4）采取防静电措施

码头、油库罐区必须有良好的接地措施，设置消除人体静电的装置；作业人员应穿防静电工作服、工作鞋，不准穿化纤衣服，进入时应触摸静电接地装置，以消除自身静电，防止静电聚积放电。

（5）严格执行电气防火措施

1）定期检查电气设备的运行情况。定期检查电气设备的接头是否松动，有无电火花发生；检查电气设备的过载、短路保护装置性能是否可靠，设备绝缘是否良好。

2）合理选用电气设备。在有易燃易爆物品的场所，应选用防爆电器，确保电气设备的安全性能；绝缘导线必须密封敷设于钢管内，防止因线路裸露引起的火灾；应按爆炸危险场所等级选用、安装电气设备，确保电气设备的适用性和安全性。

3）选择安全的安装位置。保持必要的安全间距，防止电气火花和危险高温引起火灾。

4）保持电气设备正常运行。电气设备运行中产生的火花和危险高温是引起电气火灾的重要原因。应由经培训考核合格的人员操作使用和维护保养电气设备，确保电气设备的正常运行。

5）通风。在易燃易爆危险场所运行电气设备时，应有良好的通风系统，以降低爆炸性混合物的浓度；通风系统应符合有关要求，确保电气设备运行环境的安全。

6）接地。易燃易爆危险场所的接地比一般场所要求高；不论其电压高低，正常不带电装置均应按有关规定可靠接地，防止因电气设备的漏电和短路引起火灾。

7）配置灭火器材。在电气设备集中场所（如变电所、配电室、发电机室等）配置可扑灭电气设备火灾的灭火器材，如二氧化碳灭火器、干粉灭火器等。

8）建立并执行安全管理制度。

（6）采取防雷措施

码头、油库罐区都应安设符合要求的防雷装置，遇有雷雨时应停止作业。

1）防雷装置中的接地装置是由接地端头、引下线、接地干线与接地体组成的装置。

2）接地装置须每月检查一次。

3）接地电阻的测试须由持证电气人员进行。防雷、防静电接地装置的接地电阻应不大于4Ω。防雷、防静电接地装置检测点，以流体装卸臂、油罐、各类管线、船用接地为主。

四、消防基础知识

《中华人民共和国消防法》规定，任何人发现火灾都应当立即报警，任何单位、个人都应当无偿为报警提供便利，不得阻拦报警，严禁谎报火警。

人员密集场所发生火灾，该场所的现场工作人员应当立即组织、引导在场人员疏散。

任何单位发生火灾，必须立即组织力量扑救，邻近单位应当给予支援。

消防队接到火警，必须立即赶赴火灾现场，救助遇险人员、排除险情、扑灭火灾。

规定明确地提出了把必须及时扑救火灾的责任落实到单位这个关键问题，同时要根据可燃物的特性对火灾进行分类。

1. 火灾分类

A类火灾：固体物质火灾。固体物质通常具有有机物性质，在燃烧时一般能产生灼热的余烬。

B类火灾：液体或可熔化的固体物质火灾。

C类火灾：气体火灾。

D类火灾：金属火灾。

E类火灾：带电火灾，物体带电燃烧的火灾。

F类火灾：烹饪器具内的烹饪物（如动植物油脂）火灾。

2. 灭火方法

燃烧需要同时具备可燃物、助燃剂和引火源三个条件。因此，一切灭火方法都是为了破坏燃烧条件，使燃烧反应中止。灭火的基本方法有冷却灭火法、窒息灭火法、隔离灭火法、抑制灭火法4种。

（1）冷却灭火法

冷却灭火法是指根据可燃物发生燃烧必须达到一定温度这个条件，将灭火剂直接喷洒在可燃物上，使可燃物降低到燃点以下，从而使燃烧停止。用水和二氧化碳灭火剂扑救火灾，其主要作用就是冷却灭火。一般物质起火，都可以用水来冷却灭火。

（2）窒息灭火法

窒息灭火法是指根据可燃物发生燃烧需要足够的助燃剂，如空气（或氧）这个条件，采取适当的措施，防止空气进入燃烧区，或者采用惰性气体稀释空气中的含氧量，使可燃物缺乏或断绝氧而熄灭。在火场运用窒息灭火法扑灭火灾时，可采用石棉布、浸湿的棉被等不燃或难燃材料覆盖可燃物或封闭孔洞以阻止氧的供给，如用金属锅盖盖油锅灭火。在扑救初期火灾时，在做好灭火准备前，作业人员一般先不打开起火建筑的门窗，以阻止新鲜空气进入，可使用室内消防设备或泡沫淹没的方法扑救。

（3）隔离灭火法

隔离灭火法是指将燃烧物体与附近的可燃物隔离或疏散开，使燃烧停止。这种方法适用于扑救各种固体、液体和气体火灾。具体措施有将引火源附近的易燃、易爆物品从燃烧区转移到安全地点；关闭阀门，阻止可燃气体、液体流入燃烧区；拆除与起火部位相连的易燃建筑结构，造成阻止火势蔓延的空间地带。

（4）抑制灭火法

抑制灭火法是指使用灭火剂与链式反应的中间体自由基反应，使燃烧的链式反应中断，从而使燃烧不能持续进行。常用的干粉灭火剂、七氟丙烷灭火剂的主要灭火原理就是化学抑制作用。要达到抑制燃烧反应的目的，一定要将足够的灭火剂准确地喷在燃烧区内，阻断燃烧反应；同时还要采取必要的冷却降温措施，以防复燃。

根据燃烧的基本条件要求，任何可燃物产生燃烧或持续燃烧都必须具备燃烧的必要条件和充分条件。因此，火灾发生后，灭火就是破坏燃烧条件使燃烧反应终止的过程。

3. 常用灭火剂

常用的灭火剂主要是水、泡沫灭火剂、干粉灭火剂、二氧化碳灭火剂、七氟丙烷灭火剂。

五、主要消防系统

1. 消防水系统

消防水系统通常采用供水管网、天然水源或消防水池供水方式。供水管网由消防供水管道、阀门、消火栓等组成。

（1）消防水源

消防水源选择的总要求是安全可靠并满足消防需要。消防水源应就近选用地下水、地表水、城镇自来水等。地下水是存在于地壳岩石裂缝或土壤空隙中的水，包括上层滞水、潜水、承压水、裂隙水、熔岩水和泉水等。在一般情况下，潜水（无压地下水）、自流水（承压水）和泉水可作为消防水源。地表水是存在于地壳表面、暴露于大气中的水，包括江河、湖泊、池塘、水库和海水等。

（2）消防供水管道

常用的消防供水管道主要有钢管和铸铁管两种。钢管用于地面消防管道，铸铁管用于埋地敷设的消防管道。室外消火栓的消防供水管道的最小直径不应小于 100 mm。根据火场供水实践和水力试验，直径为 100 mm 的消防供水管道只能供应一辆消防车用水，因此在条件允许时，宜采用较大的管径。

（3）消火栓

消火栓是主要的消防供水设备，分为室内消火栓和室外消火栓两种类型。

1）室内消火栓。室内消火栓是建筑物内的一种固定消防供水设备，一般与室内消防供水管道连接。遇有火警时，将消防水带一端的接口接在室内消火栓出口上，按开启方向旋转平轮，就能喷水扑救火灾。

2）室外消火栓。室外消火栓是供消防车用水或直接接出消防水带、水枪进行灭火的消防供水设备，按设置条件分为地上消火栓和地下消火栓两种。

2. 消防泡沫系统

消防泡沫系统由泡沫灭火剂、泡沫液储罐、消防泵、泡沫比例混合装置、管道、消防泡沫产生器、泡沫枪或炮组成。

（1）消防泡沫比例混合系统

消防泡沫比例混合系统是固定式消防泡沫系统的主要配套装置。它能使水与泡沫液按一定比例混合组成泡沫混合液，供给消防泡沫产生器、泡沫枪、泡沫炮和喷管等。其分为压力式消防泡沫比例混合装置和平衡式消防泡沫比例混合装置。

压力式消防泡沫比例混合装置的工作原理：当消防水流经时，压力式消防泡沫比例混合装置将其按比例分流，其中一部分水进入胶囊的泡沫液储罐夹层，挤压胶囊，置换出等体积的泡沫液与其余管道内的消防水混合为一定比例的泡沫混合液，并输送给消防泡沫产生器。

（2）消防泡沫产生器

消防泡沫产生器又称泡沫室，在固定式和半固定式的消防泡沫系统中，是用来产生和喷射泡沫的装置。消防泡沫产生器的一端与泡沫混合液管连接，另一端用法兰固定在油罐顶圈圈板上，灭火时喷射泡沫。消防泡沫产生器有立式消防泡沫产生器、横式消防泡沫产生器和槽式消防泡沫产生器三种型式。

1）立式消防泡沫产生器由产生器、泡沫室和导板组成。产生器由孔板、产生器本体、滤尘罩组成。

2）横式消防泡沫产生器的特点是输液支管与固定在罐壁上的产生器间有 3 个 90 ℃的弯头，用来增加输液支管伸缩性，防止当油罐着火变形或爆炸揭顶时，输液支管扭曲或折裂，影响或中断泡沫进入油罐。

3）槽式消防泡沫产生器的泡沫产生量较小，只适用于小型油罐、油罐车等火灾。

3. 干粉灭火系统

干粉灭火系统以氮气为动力，向干粉罐内提供压力，推动干粉罐内的干粉灭火剂，通过管道输送到干粉炮、干粉枪或固定喷嘴喷出，主要用于扑救可燃液体（如油类、液态烃、醇酯、醚等）、可燃气体（如液化石油气、天然气、煤气等）和一般电气设备的初期火灾，也可用于扑救可燃固体火灾。

干粉灭火系统由启动装置（如启动气瓶和拉杆机构）、氮气瓶组、减压阀、干粉罐、干粉枪、干粉炮、干粉喷头、电控柜、阀门和管系等零部件组成。

（1）氮气瓶组

氮气瓶组主要用于向干粉罐内充装氮气。打开氮气瓶组各瓶头阀门，打开干粉罐进气阀，氮气通过进气阀由进气胶管进入干粉罐内，直至达到设定压力。

（2）干粉罐

干粉罐是中压容器，由罐体、安全阀、人孔（装粉口）、进气口及出粉口等组成。

（3）干粉炮/枪

干粉炮/枪由耐压铜材和不锈钢制成，根据要求自动干粉炮（电动或液动）可在仰角40°、俯角60°、回转270°范围内工作；手动干粉炮可在仰角70°、俯角60°、回转360°范围内工作。

干粉枪与卷盘连在一起，卷盘中的软管长度可达30～40 m。

六、常用消防器材

1. 灭火器

灭火器是一种可携式灭火工具。灭火器内放置化学物品，用于扑灭火灾。灭火器是常用的消防器材之一，存放在公共场所或可能发生火灾的地方。不同种类的灭火器内装填的灭火剂成分不一样，专为不同的火灾而设，使用时必须注意，以免产生反效果及引起危险。

（1）灭火器类型及使用

1）泡沫灭火器。泡沫灭火器是充装泡沫灭火剂的灭火器，分为化学泡沫灭火器和空气泡沫灭火器两种，化学泡沫灭火器已经淘汰。

泡沫灭火器主要用于扑灭油品火灾，如汽油、柴油、煤油、苯、甲苯、二甲苯、植物油、动物油脂等的初期火灾；也可用于扑灭固体火灾，如木材、竹器、棉麻、织物、纸张等。抗溶性泡沫灭火器能够扑救水溶性液体火灾。泡沫灭火器不能用于扑救E类（带电）火灾、气体火灾、轻金属火灾。

2）干粉灭火器。干粉灭火器是指充装干粉灭火剂的灭火器。干粉灭火器按用途分为普通干粉灭火器、多用途干粉灭火器两种；按移动方式和质量分为手提式干粉灭火器、背负式干粉灭火器、推车式干粉灭火器三种；按加压方式分为储瓶式干粉灭火器（已经淘汰）、储压式干粉灭火器两种。液体散货码头、库区使用的干粉灭火器主要是手提式干粉灭火器和推车式干粉灭火器两种。

碳酸氢钠干粉灭火器适用于扑救甲、乙、丙类液体，以及可燃气体和E类（带电）的初期火灾，常用于油库、加油站、汽车库、实验室、变配电室、煤气站、液化气站、船舶、车辆、工矿企业及公共建筑等场所。磷酸铵盐干粉灭火器适用于扑救可燃固体，甲、乙、丙类液体，以及可燃气体和E类（带电）的初期火灾；除适用于上述场所外，还适用于储存木材、竹器、棉花、织物、纸张等制品的场所。

3）二氧化碳灭火器。二氧化碳灭火器内装填的灭火剂是加压液化的二氧化碳。二氧化碳灭火器有手提式二氧化碳灭火器和推车式二氧化碳灭火器两种。液体散货码头、罐区使用的二氧化碳灭火器大多是手提式二氧化碳灭火器。

二氧化碳灭火器是由其自身气体压力驱动的储压式灭火器。二氧化碳灭火器适用于扑救B类（甲、乙、丙类液体）、C类（可燃气体）和E类（带电）的初期火灾，常用于油库、加油站、油泵间、液化气站、实验室、变配电室、柴油发电机房等场所的初期防护。使用二氧化碳灭火器灭火时不污损物件，灭火后不留痕迹，所以二氧化碳灭火器更适用于扑救精密仪器和贵重设备的初期火灾，可用于计算机房、通信机房和存放精密仪器和贵重设备等场所的初期防护。码头、库区主要配置于可能发生E类火灾的场所。

（2）灭火器操作方法图例

使用灭火器灭火时，操作方法是否正确，对于灭火效果有很大的影响。操作方法正确能迅速将火扑灭，操作方法错误不能扑灭火，甚至还可能导致人员伤亡、火灾扩大。表7-3-1列出了几种正确与错误灭火器操作方法的图例。

表7-3-1　正确与错误灭火器操作方法的图例

正确	错误	说明
		使用灭火器时，应正确、迅速判明风向，顺风打开灭火器，对准火焰根部喷射，切勿逆风灭火
		扑灭液体火灾时，应对准液面，由近及远灭火，不应对准火焰灭火

续表

正确	错误	说明
		扑灭管线跑、冒、滴、漏、渗液火灾时，应对准滴漏液体的部位喷射灭火，不应对准火焰灭火
		使用灭火器扑灭火灾时，根据火势和灭火器数量，可组织几人同时灭火，有条件时不应一人灭火
		火被扑灭后，仍应对现场进行监视，防止复燃，确认无复燃可能时，才能撤离现场
		灭火器使用完后，应充装灭火剂，不允许将空灭火器放在其配置位置上

2．消防水带

（1）消防水带的分类

目前，我国生产和使用的消防水带，按材料分为麻织消防水带、棉织涂胶消防水带、尼龙涂胶消防水带三种，按承受压力分为甲级消防水带、乙级消防水带、丙级消防水带、丁级消防水带。不同级别的消防水带能承受的最大工作压力见表 7-3-2。

表 7-3-2　不同级别的消防水带能承受的最大工作压力

消防水带分级	甲	乙	丙	丁
能承受的最大工作压力/（×10^{5}Pa）	≥10	8～9	6～7	≤6

（2）消防水带的结构

麻织消防水带是由亚麻织成的，其主要优点是质量较轻，使用方便；缺点是内壁粗糙，摩擦阻力大，容易漏水，因而水压损失较大。

棉织涂胶消防水带是在棉纱织成消防水带的内壁涂上橡胶。棉织涂胶消防水带按所涂橡胶厚度，又可分为胶里消防水带和挂胶消防水带。胶里消防水带比挂胶消防水带的涂胶层要厚一些，呈圆筒形，而且内壁比较光滑。棉织涂胶消防水带比麻织消防水带防渗性能好,水流阻力小,容易晾干。它的缺点是质量较重,质地僵硬,而且橡胶容易老化。

尼龙涂胶消防水带是在尼龙纤维织成的消防水带内壁上涂一层橡胶,以减少水流阻力和防止渗漏。尼龙涂胶消防水带比较柔软,结实耐用,防渗性能好,水流阻力小,质量轻,有一定的弹性。它的缺点是接口处容易脱落。

3. 水枪

水枪是一种加快水流速度、射程和改变水流形状的射水灭火工具。

水枪按照工作压力范围,可分为低压水枪、中压水枪、高压水枪;按照喷射的灭火水流形式,可分为直流水枪、喷雾水枪、直流喷雾水枪、多用水枪、减后坐力水枪和脉冲气压喷雾水枪;按照结构和功能,可分为攻击自保双水幕水枪、水泡沫一体多功能水枪、比武类小水枪。

4. 消防炮

消防炮作为扑救大型火灾的有效装备,在火灾重点保护区域广泛应用。消防炮按其应用方式可分为固定式消防炮和移动式消防炮;按其喷射介质可分为消防泡沫炮、消防水炮和消防泡沫—水两用炮。其中,固定式消防炮按其驱动动力装置又分为手动式消防炮、电动式消防炮和液动式消防炮等。

消防炮主要由进口连接附件、炮座、喷射部件等组成。其中连接附件提供连接接口(球阀还可以实现消防炮喷射的控制),炮座通过水平和俯仰回转节的运动实现喷射方向的调整,喷射部件用于实现不同的喷射射流,如图7-3-1所示。

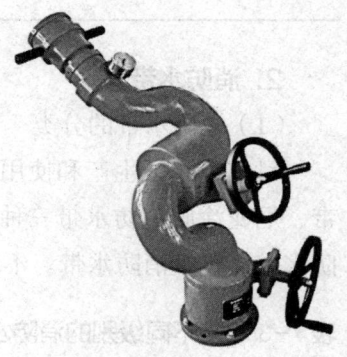

图 7-3-1 消防炮

消防炮塔是将消防炮提升到一定高度以充分发挥消防炮灭火能力的专用设备。消防炮塔按高度可分为6 m消防炮塔、8 m消防炮塔、12 m消防炮塔、15 m消防炮塔等;按配备平台可分为单平台消防炮塔和双平台消防炮塔两类。

5. 灭火毯

灭火毯又称消防被、灭火被、防火毯、消防毯、阻燃毯、逃生毯,是由玻璃纤维等材料经过特殊处理编织而成的织物,能起到隔离热源及火焰的作用,可用于扑灭油锅火或披覆在身上逃生,如图7-3-2所示。

(1)灭火毯的分类

灭火毯按材料可分为纯棉灭火毯、石棉灭火毯、玻璃纤维灭火毯、高硅氧灭火毯、碳素纤维灭火毯、陶瓷纤维灭火毯等。

灭火毯按用途可分为家庭用灭火毯、工业用灭火毯。

（2）灭火毯的性能特点

灭火毯具有不燃、耐高温（550～1 100 ℃）、质地柔软、光滑、紧密且不刺激皮肤的特点，对需远离热源的人、物是一个理想有效的外保护层，并且非常适用于包扎表面凹凸不平的物体，在无破损的情况下可重复使用。

灭火毯的灭火原理是覆盖热源、阻隔空气，以达到灭火的目的。

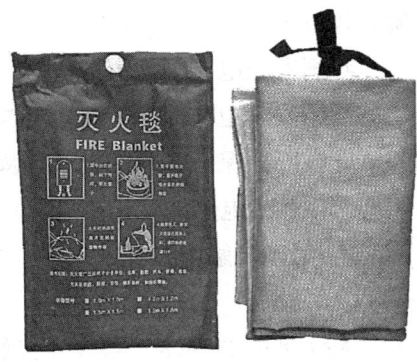

图 7-3-2　灭火毯

（3）灭火毯的主要应用

在发生火灾时，将灭火毯披盖在自己身体上或包裹住被救对象的身体，迅速逃离火场，为自救或安全疏散人群提供了很好的帮助，还可以穿上灭火毯，这样可以大幅降低被烧伤的风险。

灭火毯的使用方法是，在起火初期，将灭火毯直接覆盖住热源，便可在短时间内扑灭火灾。

第四节　安全用电知识

一、概述

安全用电是指在保证人身安全和设备安全的前提下，为能正确使用电能所采取的各种科学措施和手段。如果在生产和生活中不注意安全用电，就会带来灾害。例如，触电可能造成人身伤亡，设备漏电产生的电火花可能造成火灾、爆炸，高频用电设备可能产生电磁污染等。

1. 安全电压

按国家标准，安全电压是指为防止人身电击事故，采用由特定电源供电的电压系列。这个电压系列的上限值为在任何情况下，加在身体不同部位之间的电压不超过交流有效值 50 V 或直流 36 V。

我国安全电压额定值的等级分别是 42 V、36 V、24 V、12 V、6 V。

使用安全电压时，除采取独立电源外，还应注意必须与其他电气系统和任何无关的可导电部分保持实际的电气隔离。当使用的安全电压超过 24 V 时，必须采取防止人体直接接触带电体的保护措施。

2. 触电及触电方式

（1）触电

人体是电的导体，当人体接触带电部位并构成电流回路时，就有电流流过人体。流过人体的电流会对细胞、神经、骨骼及人体器官造成不同程度的损伤，导致呼吸停止、心脏停搏等，危及人的生命。电流对人体伤害的严重程度一般与电流通过人体的大小、电流通过人体的频率、电流通过人体的时间、电流通过人体的部位、触电者身体健康状况等因素有关。在一般情况下，人体能忍受的安全电流为 30 mA，50 mA 及以上的电流将引起心室颤动而致命。电流对人体的伤害就是通常所说的触电，电流伤害的种类包括电击和电伤。大部分触电死亡事故都是电击造成的。"当心触电"警示标志如图 7-4-1 所示。

图 7-4-1 "当心触电"警示标志

（2）触电方式

触电方式多种多样，一般可分为直接接触触电和间接接触触电两种主要触电方式。此外，还有高压电场、高频电磁场、静电感应、雷击对人体造成的伤害等。

1）直接接触触电。直接接触触电是指人体直接接触带电体而造成的触电。这种触电方式，加在触电者身体上的触电电压为系统的工作电压，即 220 V（单相触电）或 380 V（两相触电），其危险性较大。

2）间接接触触电。间接接触触电是指电气设备（包括各种用电设备）内部的绝缘故障，造成其外露可导电部分（金属外壳）可能带有危险电压，当人体误接触电气设备的外露可导电部分时，便可能发生触电。

3. 发生触电事故的主要原因

（1）缺乏电气安全知识

例如，在高压线附近放风筝，攀爬高压电线杆，用湿手拔插带电插头，没有采取必要的安全措施而带电接线，手摸带电体，用手直接触摸破损的胶盖刀闸等。

（2）违反安全用电操作规程

例如，带电连接线路或电气设备且未采取必要的安全措施，触及破坏的电气设备或导线，误登带电设备，带电接照明灯具，带电修理电动工具，带电移动电气设备，用湿手拧灯泡等。

（3）设备不合格

例如，安全距离不够，单相制接地电阻过大，接地线不合格或接地线断开，绝缘破坏导线裸露在外等。

（4）电气设备失修

例如，大风刮断线路或刮倒电线杆，未及时修理；胶盖刀闸的胶木损坏，未及时更换；电动机导线破损，使外壳长期带电；瓷瓶破坏，使相线与零线短接，电气设备外壳带电。

（5）其他偶然原因

例如，夜间行走触碰断落在地面的带电导线。

二、办公电器用电安全

1. 插座要固定安装、竖放。
2. 不得超负荷用电，应根据办公电器负荷容量选取合适的插排、开关，尤其注意不要超负荷使用，增加办公电器前也要注意电源容量是否合适。
3. 经常检查开关、插排的使用情况，发现变色等异常现象应及时更换，长时间不用，应取下插排电源插头。
4. 办公电器应保持其外观及环境卫生，禁止在办公电器周围堆放易燃易爆物品。
5. 节假日期间、下班后，应将计算机、打印机、饮水机、空调等办公电器断电。
6. 不用湿手、湿布擦洗使用中的办公电器、开关和插座等；在更换熔断丝、拆修办公电器或移动办公电器时，必须切断电源，不要冒险带电操作。
7. 漏电保护器的试验按钮应每月按一次，以测试其在漏电状态下是否能真正脱扣，保持开关的灵敏度。
8. 发现办公电器冒烟或有异味时，要迅速切断电源，然后进行检查或灭火抢救。可以用干粉灭火器直接喷射灭火。为确保安全，人体和干粉灭火器必须远离办公电器和线路，以防触电伤亡。无法判明或控制火势时，应及时拨打火警电话求助。
9. 手机、对讲机等充电完毕后要及时关闭电源，防止长时间带电导致发热。人离开办公室时，应断电，不得继续充电。
10. 使用中的办公电器保护装置失灵时，要及时更换或修理，严格按照使用期限使用办公电器，禁止超期限使用。
11. 新办公电器在使用前，必须认真阅读产品说明书，掌握正确的使用方法。
12. 对规定须使用接地的办公电器的金属外壳要做好接地保护，三孔插座要安装保护接地线，不要随意把三孔插头改为两孔插头。

三、防静电保护

静电的字面意思就是静止不流动的电。一般的物质中都有带正电和带负电的粒子,在正常情况下,带正电和带负电的粒子数量是相等的,这时物质呈现稳定状态;如果物质经过摩擦,其中的带正和带负电粒子跟着移动,就会产生静电。

1. 静电的形成

静电的形成包括摩擦带电,如橡胶、纸、布和滚轮摩擦;剥离带电,如橡胶、纸、布的分离;流动带电,如汽油在管道中流动:喷出带电,如从喷嘴喷出液体或粉末;感应带电,如金属桶被旁边输送管道感应而带电。

2. 日常生活中常见的静电现象

晚上睡觉脱衣服时,常听到"噼、啪"的声响,而且伴有蓝光;见面握手时,手指刚接触对方,就突然感到指尖针刺般疼痛;拉门把手、开水龙头时都会触电,时常发出"噼、啪"的声响,这些就是日常生活中的静电现象。上述几种现象是人体静电对外"放电"的结果。

3. 人体防静电系统和防静电基本方法

人体防静电系统主要由防静电手腕带、工作服、鞋袜等组成,必要时还需要辅以防静电工作帽、手套、脚套等物品。这种整体的防静电系统兼备静电泄放、中和及屏蔽的作用。防静电手腕带由静电导电材料制成,通过与皮肤直接接触,把人体静电直接导走,所以防静电手腕带在使用时必须与皮肤接触良好,使皮肤上的瞬时静电电压小于100 V。防静电工作椅、桌垫、地垫使用静电导电织物为面料,它们在与人体的接触中不产生静电,并能将人体静电很快泄放,导入大地,起到防静电作用。防静电的基本方法有以下几种。

(1)减少摩擦起电

在传动装置中,减少摩擦起电,应减少传动带与其他传动件的打滑现象。

(2)接地泄漏

接地的作用主要是消除导体上的静电。金属导体应直接接地。为了防止火花放电,应将可能发生火花放电的间隙跨接连通起来,并予以接地。防静电接地电阻原则上不超过1 MΩ;对于金属导体,为了检测方便,可要求接地电阻不超过1 000 Ω。

(3)降低电阻率

利用添加导电填料和采用防静电剂的方法降低电阻率。

(4)增加空气湿度

为防止物体表面大量带电,相对湿度应在50%以上;为了提高防静电的效果,相对湿度应提高到65%~70%。增加空气湿度的方法不宜用于防止高温环境里的绝缘体上的静电。

（5）空气电离法

利用静电消除器电离空气中的氧、氮离子，使空气变成导体，这样就能有效地消除物体表面的静电荷。

（6）加强静电安全管理

增强防静电意识，加强防静电安全管理。

（7）其他方法

在容易产生静电的高分子绝缘材料中加入抗静电添加剂，降低高分子绝缘材料的体积电阻率或表面电阻率，从而加速静电的泄放，消除静电危险。

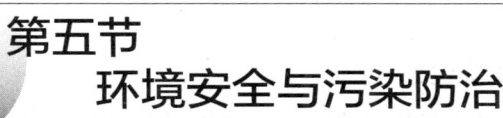

第五节 环境安全与污染防治

一、环境及相关概念

环境是指影响人类生存和发展的各种天然的和经过人工改造的自然因素的总体，包括大气、水、海洋、土地、矿藏、森林、草原、野生动物、自然遗迹、人文遗迹、自然保护区、风景名胜区、城市和乡村等。

环境保护是指公民、社会团体、国家及国际社会为了协调人类与环境的关系、解决环境问题而采取的各种行动的总称。

环境污染是指在人类活动中向水、空气、土壤等自然环境排入化学物质、放射性物质、病原体、噪声、废热等污染物，当数量和浓度达到一定程度，可危害人类健康，影响生物正常生长和生态平衡的现象。

二、全球环境问题

十大全球环境问题包括全球气候变暖、臭氧层的耗损与破坏、生物多样性减少、酸雨蔓延、森林锐减、土地荒漠化、大气污染、水污染、海洋污染、危险性废物越境转移。

三、船舶与港口防污染技术

1. 海洋污染的来源

目前，船舶营运中对海洋造成的污染主要有以下 7 个方面。

（1）船舶石油运输所造成的石油污染。
（2）散装液体化学品运输所造成的散装有毒液体物质污染。
（3）包装危险货物运输所造成的包装有害物质污染。
（4）船舶生活污水污染。
（5）船舶垃圾污染。
（6）船舶对空气的污染。
（7）船舶压载水和沉淀物污染。

2. 主要污染途径

（1）压载水和洗舱水。
（2）货泵舱舱底水。
（3）用于清除有毒液体泄漏物的各种材料。
（4）船舶事故性排放。
（5）装卸作业中的跑、冒、滴、漏。

3. 散装液体危险化学品污染

油品码头作为炼油厂化工原料、化工产品进出口的重要枢纽，其重要性突出。但散装液体危险化学品（以下简称危化品）的转输过程，也是污染的多发地。一旦码头发生液体危化品泄漏等事故，不仅会造成经济损失、环境破坏、恶劣的社会影响，甚至会影响人们的正常生活。

（1）液体危化品的特点

散装油类、苯类等液体危化品是非常有害的环境污染物。

液体危化品一般为可燃液体，具有膨胀系数大，受热后容易体积膨胀，蒸气压较高、有毒有害、易爆炸等特点。以原油为例，其蒸气与空气可形成爆炸性混合物，遇明火、高热能引起燃烧爆炸，在水中的溶解性很小，凝点高、黏度大、易扩散，进入水体后难以清除。

（2）产生污染的原因

由于码头地理位置特殊、液体危化品危害性大及装卸作业的相对开放性，因此，散装液体危化品码头在运营过程中存在巨大的安全环保风险。液体危化品码头在实际运营过程中，除火灾爆炸外，产生污染的原因主要有以下几种情况。

1）管道泄漏。造成管道泄漏的主要原因是腐蚀、外力冲击及系统憋压。例如，高硫原油对码头输油管道的腐蚀作用、液体危化品输送开始与结束期间的水击、趸船漂移引起的软管拉伸与弯曲，以及操作失误造成的流程不通，导致系统憋压等都是造成管道泄漏的重要原因。

2）设备泄漏。金属软管、输油泵等设备（设施）本体缺陷是造成液体危化品泄漏的重要原因之一，另外，这些设备（设施）的密封失效也会造成泄漏。

3）烟尘污染。船舶工作过程中的动力，一般靠燃烧油品获得，加热高凝点的液体危化品（如原油、渣油等）也必须靠燃烧油品提供蒸气，在实现上述目标过程中必然会因不完全燃烧油品而产生烟尘及废气，这些烟尘及废气在码头区域扩散，会严重影响码头区域的环境，废气中的酸性气体还会与潮湿的空气结合，从而对甲板等钢结构产生腐蚀。

4）油气蒸发。液体危化品在作业过程中，不管是静态还是动态，都会产生油气蒸发损耗，其中以装船过程中产生的油气蒸发最为严重。

5）噪声污染。噪声污染主要是电动机、输油泵及风机等机械设备在运行过程中产生的。噪声过大会影响作业信息的交流，导致误操作，长期如此还会对人的听力造成损害。

6）污水污染。液货船在正常的生产过程中将产生一定数量的压舱水、洗舱水及舱底水；此外，清洗船岸的管道、液货舱也会产生较多的污水。这些污水量大、浓度较高，如果处理不当进入水体，后果往往十分严重。另外，甲板的冲洗水、防污槽内的污水如果处理不当也会进入水体，因此，船岸双方应严格执行防污管理的各项规定。

7）残液污染。船岸之间的连接口、采样口、导淋口经常会出现残液，如果不及时处理则会滴落到甲板造成二次污染，因此，在检查与操作过程中，必须做好预防措施，用接油盆或接油槽对残液加以回收。

8）人为污染。作业人员业务技能不精、责任心不强引发的液体危化品泄漏、超装与冒舱。

（3）防控对策

散装液体危化品码头的污染方式分为正常排污和异常事故污染，而异常事件污染的危害最大，也是最严重的。除加强人员教育培训、增强操作技能、杜绝人的不安全状态外，更主要的是通过加装预防事故设备设施及控制事故设备设施，做好最后一道防护，达到本质安全的目的。

1）做好防火防爆。火灾爆炸与环境污染有着密切的关系，火灾爆炸不但会造成现场设施损坏、液体危化品泄漏增多，还可能导致人员伤亡等严重后果。因此要确保码头区域的环境安全，不管是岸方还是船方，应落实防火防爆措施，除严格执行防火防爆禁令外，最重要的是安装瓦斯报警器，及时发现油气泄漏聚集情况，防止火灾爆炸事故的发生。

2）规范工艺过程。应确保装卸船流程的本质安全，避免因流程设置不合理而带来不利后果，例如，长距离输油管道不能随意跨接到卸船管道，因为它们的压力等级一般相差较大；要完善液体危化品装卸操作规程，使其具备科学性、可操作性；严格工艺纪律，严防超温、超压、超装及静电；要有防止误操作、虚监控、错指挥的实际措施。例如，安排作业时先开生产作业票据，流程调整现场操作需双人确认，装卸或驳船作业过程中作业人员严禁擅自离岗。

3）完善硬件设施

①安装视频安防监控系统对码头作业进行实时监控，码头值班与调度值班双线监控，及时发现异常情况，早发现早处理，提高预警系统的可靠性。

②在装油过程中，采用高液位报警器，监控油舱液位超高现象，提前停泵，防止超装冒舱事故的发生。

③增设单向阀、远程快速切断阀，在异常停泵情况下，可防止油品倒灌冒舱；在管道及其他泄漏情况下，从源头上快速切断油品，节约时间，防止污染事故的扩大，减少损失。

④使用声光报警器及时发现机泵运行异常，提醒作业人员，提早发现，及时处理。

⑤运用压力联锁设施，在每台机泵或管道上安装压力继电器并与机泵联锁，一旦出现压力超高，立即切断机泵电源，防止憋压、爆管事故的发生。

⑥完善码头围油、接油设施，避免污染的扩散，如在码头水域布设围油栏、在引桥下建围堰、在趸船上设专用污油舱、在导淋或接口下放置接油槽（接油盆）。

⑦对设备（设施）进行动态管理，建立配套管理规章制度，将责任落实到人，确保服役设备（设施）安全可靠，包括管道检测、金属（橡胶）软管定期打压、围油栏检查维护、吹扫接口密封圈检查、阀门分级控制等。

⑧噪声治理防控。一方面应逐步对噪声大的设备（设施）进行更新改造，以减少或消除噪声污染；另一方面应定期对噪声污染情况进行跟踪监测，为后续治理提供依据，并为作业人员配备耳塞等劳动防护用品。

⑨做好流量计、液位计等仪表的日常维护，保证设备运行正常，防控措施有效。

⑩加强防污染事故预案演练，正确使用油污消溶剂、吸油毡、应急收油机等防污染设施，减少污染扩散并做好污染物的收集。

4. 有毒化学品污染

有毒化学品是指进入环境后，通过环境蓄积、生物蓄积、生物转化或化学反应等方式损害人体健康和环境，或者通过接触对人体具有严重危害和潜在危险的化学品。

有毒化学品泄漏和运输所造成的事故特点是突发性强、污染速度快、范围大、持续时间长，特别是一些恶性事故会造成人身伤亡和严重的财产损失，此外有毒化学品所产生的有害物质对环境构成长期潜在危害，因此有毒化学品污染问题已成为一个重要的全球环境问题，引起了世界各国的重视。

四、噪声污染及防治

1. 噪声的概念

噪声是指在工业生产、建筑施工、交通运输和社会生活中产生的干扰周围生活环境的声音。

2. 噪声的主要来源

目前，噪声最主要的来源是交通噪声，包括汽车、船舶、飞机和火车产生的噪声。如果城市规划不好，工业区靠近生活区，那么工业噪声也是一种主要来源。此外，建筑施工机械、娱乐扩音设施，甚至一些办公设备及人们大声喧哗吵闹，都是噪声来源。

（1）交通噪声包括机动车辆、船舶、地铁、火车、飞机等的噪声。机动车辆数目迅速增加，使交通噪声成为城市噪声的主要来源。

（2）工业噪声主要来源于工厂各种设备产生的噪声。工业噪声的噪声级一般较高，对作业人员及周围居民带来较大的影响。

（3）建筑噪声主要来源于建筑机械发出的噪声。建筑噪声的特点是强度较高，且多发生在人口密集地区，因此建筑噪声严重影响居民的休息与生活。

（4）社会噪声包括人们的社会活动和家用电器、音响设备发出的噪声。社会噪声的噪声级虽然不高，但和人们的日常生活联系密切，容易影响人们休息，极易引起邻里纠纷。

3. 噪声污染的防治

（1）为了防治噪声污染，保障公众健康，保护和改善生活环境，维护社会和谐，推进生存文明建设，促进经济社会可持续发展，制定了《中华人民共和国噪声污染防治法》。

（2）依照噪声污染防治的三个优先顺序，噪声污染防治措施主要从噪声源、传播途径、接受者方面分别控制。

1）噪声源控制。控制噪声源的措施包括改进结构，改进生产工艺，减少机械摩擦，改变喷口形状。工业、交通运输业可以选用低噪声的生产设备和改进生产工艺，或者改变噪声源的运动方式（如用阻尼、隔振等措施降低固体发声体的振动）来控制噪声源。

2）传播途径控制。控制噪声传播途径，具体措施包括采用吸声、隔声设备，阻断噪声传播；合理规划城市、建筑、车间、厂房等的布局。

3）对接受者的防护。为了减弱人耳处噪声，在噪声源和传播途径上无法采取措施，或者采取的声学措施仍不能达到预期效果时，就需要对受声者或受声器官采取防护措施。例如，长期暴露在噪声环境中的作业人员可以戴耳塞、耳罩或头盔等护耳器。对接受者进行防护，除减少人们在噪声环境中的暴露时间外，还应控制人们的受声时长，不宜超过身体所能承受的极限。

五、大气污染及防治

1. 大气污染的概念和分类

大气污染是指人类生产、生活活动或自然界向大气排出各种污染物，其含量超过环境承载能力，使大气质量发生恶化，使人们的工作、生活、健康、设备财产及生态环境等遭受恶劣影响和破坏。

大气污染源可分为天然污染源和人为污染源。天然污染源是指自然界中向大气排放污染物的地点或地区，如排放灰尘、二氧化硫、硫化氢等污染物的活火山，自然逸出的瓦斯，以及发生森林火灾、地震等自然灾害的地方。人为污染源又可按不同的方法进行分类：按污染源空间分布方式可分为点污染源、面污染源、区域性污染源；按人们的社会活动功能可分为生活污染源、工业污染源、交通污染源等；按污染源存在的形式可分为固定污染源和移动污染源。

2. 大气污染的来源

我国的大气污染主要来自四个方面，即生活污染源、工业污染源、交通污染源、城市建设污染源。

（1）生活污染源

城市居民、机关和服务性行业，由于烧饭、取暖、沐浴等生活上的需要，燃烧矿物燃料，向大气排放的煤烟、油烟、废气等；城市生活垃圾在堆放过程中厌氧分解排出的二次污染物，以及垃圾焚烧过程产生的废气。

（2）工业污染源

随着经济的迅猛发展，各类工厂迅速增加，因此工业污染成了我国大气污染的重要来源。工业污染源主要包括燃料燃烧排放的污染物、工艺生产过程中排放的废气，以及生产过程中排放的各类金属和非金属粉尘。

（3）交通污染源

经济的发展离不开交通，交通业的迅猛发展也是大气污染的主要来源之一。汽车尾气中含有大量的一氧化碳，对人体的危害极大。

（4）城市建设污染源

城市建设是影响我国大气质量的重要原因。例如，马路上的灰尘，建筑工地、拆迁工地及砂石料场造成的扬尘都是大气污染源。

3. 治理大气污染的措施

（1）合理利用大气环境容量

1）科学利用大气环境容量。根据大气的自净规律定时定量地向大气中排放污染物，保证大气中的污染物浓度在大气环境容量的限度内。

2）以集中控制为主，减少大气污染物的排放量。多年的实践证明，集中控制是防治污染、提高环境质量、实现"三个效益"统一的最有效措施。我国以煤烟型的污染物为主，大气污染物主要是烟尘和二氧化硫，因此实行集中控制是一个很有效的举措。对于局部污染物则应因地制宜，采取分散防治的措施。

（2）废气治理方法及原则

废气治理方法多种多样，按照物理状态，可以分为颗粒状污染物的治理方法和气态污染物的治理方法。

1）利用各种除尘设备去除烟尘和各种工业粉尘。颗粒状污染物的治理方法有重力除尘方法、惯性力除尘方法、离心力除尘方法、湿式除尘方法、袋式除尘方法、电除尘法等。

2）采用气体吸收塔及其他物理、化学方法治理气态污染物。气态污染物的治理方法有吸收法、吸附法、催化净化法、燃烧净化法、冷凝净化法等。

3）废气治理原则

①城市建设和工厂选址，要做到统筹规划、合理布局。

②改进燃烧方式，使用清洁能源。

③植树造林，净化环境。

④减少流动污染源的废气排放量。

⑤在城市逐步实行集中供热。

⑥推广清洁化生产工艺。

（3）废气的综合利用

废气中有一些具有利用价值的气体，应集中回收。这样不仅可以减少污染，而且能够有效利用资源，降低生产成本，从而真正做到节能减排。

4. 大气污染的法制宣传与管理

《中华人民共和国大气污染防治法》是为保护和改善环境，防治大气污染，保障公众健康，推进生态文明建设，促进经济社会可持续发展而制定的。国家要做好广泛的宣传工作，加强公众的环保意识，提高公众的环保法律知识；坚持依法管理环境，加大环境保护的监察执法力度，保护好生态环境，建设绿色的家园。

第六节 应急救援与应急管理

一、概述

应急救援与应急管理是两个既有联系又有区别的概念。

应急救援是在应急响应过程中，为消除或减少事故危害，防止事故、事件扩大或恶化，最大限度地降低事故、事件造成的损失或危害而采取的救援措施或行动。

应急管理是为了预防、控制及消除紧急事件，减少其对人员、财产、生态、社会的伤害和破坏，对突发事件的成因、发展过程及后果进行科学分析，运用现代管理手段和技术方法，在事前、事中、事后对突发事件进行的全过程管理。具体来说，应急管理就是以应急预案为核心，从机构建设、队伍建设、物资储备、装备配备、人员培训、预案演练、预防预警，到事故的应急救援、恢复重建、预案改进，对各类潜在险情、事故、事件应急救援所进行的全过程管理。

由此可见，应急救援是应急管理最重要的环节。应急管理的核心任务，就是要保障应急救援的顺利、高效实施，从而达到消除或减少事故危害，防止事故扩大或恶化，最大限度地降低事故造成的损失或危害的目的。

二、应急救援与应急管理的重要性

要消除或减少事故危害，防止事故扩大或恶化，最大限度地降低事故造成的损失或危害，就必须加强应急管理，保证应急救援实施到位。

将险情化解在萌芽，将事故控制在起始，尽可能避免、控制各种突发险情、事故，尽可能减轻事故造成的损失和影响，这是应急管理的终极目标。

规范的应急管理要有健全的应急管理法制、良好的应急管理体制和应急管理机制，确保应急救援理念的宣传到位，应急指挥机构的建立到位，应急队伍的建立到位、培训到位、实战到位，应急技术的开发与应用，应急装备的配备到位、使用到位，应急通信系统的建立与运行，应急预案的编制到位，企业、政府应急预案的衔接到位，事故险情、事故的应急处置到位，事故的恢复处置到位。

因此，加强应急管理，提高应急救援能力，实现应急管理的目标，是坚持生命至上、安全第一的重要体现。

三、应急管理基本术语

1. 事故
事故就是意外的损失或灾祸。具体讲，事故主要是指个人或组织在生产、工作等过程中，突然发生违背人们意愿的情况，迫使有目的的活动暂时中断或永久性停止。在生产过程中，事故是指造成人员伤亡、职业病、财产损失或其他损失的意外情况。

2. 事件
事件就是历史上或社会上发生的不平常的大事情，如政治事件。事故与事件，既有相同点，又有不同点。重大事故，因为社会影响广泛，可以发展成事件。

3. 应急行动
应急行动是对突发险情、事故、事件等采取的紧急应对措施。

4. 应急对象
应急对象是指事发突然，后果严重，不加控制后果将持续恶化，且需专业人员、设备等进行处理的重大险情、事故或事件。

5. 撤离
撤离是指在应急响应过程中，现场生产作业人员、应急人员因生命安全受到严重威胁而撤出事故现场的行为。

6. 疏散
疏散是指在应急响应过程中，将生命安全受到威胁的事故现场周边公众转移到安全区域的行为。

7. 应急预案
应急预案是针对可能发生的事故，为迅速、有序地开展应急行动而预先制定的行动方案。它在事前、事发、事中、事后的各个进程中，明确谁来做、怎样做、何时做及用什么资源做。

8. 综合应急预案
综合应急预案是从总体上阐述处理事故的应急方针、政策，应急组织结构及相关应急职责，应急行动、措施和保障等的基本要求和程序，以应对各类事故的综合性文件，又称总体应急预案。

9. 专项应急预案
专项应急预案是针对具体的事故类别、危险源和应急保障而制订的计划或方案，是综合应急预案的组成部分，应按照综合应急预案的程序和要求组织制定，并作为综合应急预案的附件。

专项应急预案应制定明确的救援程序和具体的应急救援措施。专项应急预案又称分预案。

10. 现场处置方案

现场处置方案是针对具体的装置、场所或设施、岗位所制定的应急处置措施。现场处置方案应具体、简单、针对性强。现场处置方案应根据风险评估及危险性控制措施逐一编制，做到事故相关人员应知应会、熟练掌握，并通过应急演练，做到迅速反应、正确处置。

11. 应急准备

应急准备是针对可能发生的事故，为迅速、有序地开展应急行动而预先进行的组织、人力、物力、财力等准备，以保障应急救援的成功。

应急准备的目的是通过充分的准备，保障事故征兆、事故发生状态下的各种应急救援的顺利进行，实现预期的应急救援目标。

应急准备的内容包括应急组织的建立、应急预案的编制、应急物资的配置、应急预案的培训与演练等。

12. 应急响应

应急响应是在事故险情、事故发生状态下，在对事故情况进行分析、评估的基础上，有关组织或人员按照应急预案所采取的应急行动。

13. 应急恢复

应急恢复是指在事故得到有效控制后，为使生产、工作、生活和生态环境尽快恢复到正常状态，针对事故造成的设备损坏、厂房破坏、生产中断等后果，采取设备更新、厂房维修、重新生产等措施。

14. 个体防护装备

个体防护装备是从业人员为防御物理、化学、生物等外界因素伤害所穿戴、配备和使用的各种劳动防护用品的总称。在生产作业场所穿戴、配备和使用的劳动防护用品又称个体防护装备。

15. 应急演练

应急演练是针对可能发生的事故情景，依据应急预案而模拟开展的应急活动。

16. 综合演练

综合演练是针对应急预案中全部或多项应急响应功能开展的演练活动。

综合演练包括报警、指挥决策、应急响应、现场处置和善后恢复等多个环节，参演人员涉及应急预案中全部或多个应急组织和人员。

17. 单项演练

单项演练是针对应急预案中某一项应急响应功能开展的演练活动。

单项演练包括重点区域的应急处置程序、应急设施设备的使用、事故信息处置和从业人员岗位应急职责掌握情况等，参演人员主要是相关程序的实际操作人员。

18. 桌面演练

桌面演练是指利用工艺图纸、地图、计算机模拟和视频会议等辅助手段，针对设定的生产安全事故情景，口头推演应急决策及现场处置程序。桌面演练通常在室内完成。

19. 实战演练

实战演练是指选择（或模拟）生产经营活动中的设备、设施、装置或场所，真实展现设定的生产安全事故情景，根据应急预案及所用各类应急器材、装备、物资，实地行动，如实操作，完成真实应急响应的过程。

四、应急救援体系

一个完整的应急救援体系，应该保证有一个指挥机构，采用有效的方式组织相应的应急人员运用一定的应急救援物资与装备，按照科学的程序、明确的要求，进行及时有效的应急救援。因此，一个完整的应急救援体系的建立与内容如下。

1. 应急预案

应急预案是应急救援体系的核心文件，是确保应急救援成功的"作战方案"。要建立科学的应急救援体系，首先必须编制完善的应急预案，有了完善的应急预案，各项工作就能科学、有序地开展。

2. 指挥机构

统一指挥、步调一致、协调应对是应急救援的重要原则。因此，在编制完成应急预案之后，就应根据不同的响应级别，明确相应的指挥机构。

应急指挥机构包括企业、政府两个层面，每个层面又须按响应级别进行分级。

3. 应急人员

如果把应急救援当作一次"战斗"的话，那么，要"战斗"就必须有"将"，有"帅"，有"士兵"。应急人员就是应急救援的"将""帅""士兵"。

这些"将""帅""士兵"，包括应急指挥人员、专业应急救援队伍、现场应急处置人员，以及社会兼职应急人员，应据需而备。

4. 程序与要求

打仗要有章法，应急救援要讲程序。应急救援行动的程序与要求，是应急预案的重要内容，也是应急救援体系的核心内容。明确应急救援的程序与要求，是应急救援成功的关键因素。

5. 应急救援物资与装备

部队打仗要用枪，遇河要架桥。应急救援也是如此，必须根据应急预案要求，针对可能的事故处置需要，配备充足实用的应急救援装备，储备相关的应急救援物资，以便遇火能灭、遇门能破、遇高能攀，实现高效应急救援。

6. 通信与信息保障

信息的及时沟通，对应急指挥与应急救援行动往往起着决定性的作用。如果事故现场的信息不能及时传送到指挥机构，那么指挥就失去了决策依据；如果指挥信息不能及时传达给应急人员，那么应急救援就可能群龙无首、各自为战，甚至盲目应对。所有这些，都会降低应急救援的效果，甚至造成事故的恶化和扩大化。因此，必须建立有力的通信与信息保障，保证信息的畅通，提高应急救援的效果。

7. 外部力量援助

许多成功的应急救援，仅仅依靠本企业、本地区的力量难以完成，必须依靠外部力量援助。事故的后果永远是不确定的，而且是不重复的。一个应急救援体系，只考虑本企业、本地区的救援力量，不考虑外部力量的支持，永远是不完整的。

五、应急预案体系

应急预案是针对可能发生的事故，为迅速、有序地开展应急行动而预先制定的行动方案。应急预案针对可能发生的重大事故及其影响和后果的严重程度，为应急准备和应急响应的各个方面预先做出详细安排，明确了在突发事故发生之前、发生之后及现场应急救援结束之后，谁负责做什么、何时做、怎么做，是及时、有序和有效开展应急救援的行动指南。企业都要有应急预案，并做到所有重大危险源和重点工作岗位都有专项应急预案或现场处置方案，必须做到安全生产应急预案全覆盖。同时要切实提高安全生产应急预案的质量，具有良好的针对性、可行性、科学性，而且要做好安全生产应急演练和培训工作。

1. 应急预案的作用

应急预案在应急救援中的重要作用如下。

（1）应急预案明确了应急救援的范围和体系，使应急准备和应急管理有据可依、有章可循、遇险不乱、有备而战，为及时、有序、科学地开展应急救援提供了根本保障。

（2）制定应急预案，能够将政府、企业应急指挥人员和应急人员的职责以"法定"的形式固定下来，不仅可以增强大众风险防范意识，而且可以增强大众应急责任意识，使应急救援得到充分地重视和良好地开展。

（3）制定应急预案，可以使应急救援物资的储备、应急救援装备的配备、应急救援体系的建立得到充分保障，从而保障应急救援的成功。

（4）行动迅速、措施科学、有备而战，可大幅提高应急救援水平，最大限度地避免或减少人员伤亡和财产损失，减轻不良的社会影响。

（5）最大限度地保障国家和人民的生命财产免受损失，对于弘扬生命至上、安全第一的思想，构建和谐社会具有重要的促进作用。

2. 应急预案的基本构成

应急预案是针对各级各类可能发生的事故和所有危险源制定的应急方案，必须考虑事前、事发、事中、事后的各个过程中相关部门和应急人员的职责，应急救援物资、应急救援装备的储备与配置等方面的需要。

概括起来，应急预案主要包括6个基本要素，即方针与原则、应急策划、应急准备、应急响应、应急恢复、预案改进。

上述6个基本要素，是编制应急预案的最基本因素，也可以说是一级要素，构成了应急预案的基本程序和编制框架。每一个基本要素，又可以根据实际情况细分为二级要素、三级要素。

3. 应急预案的分类

（1）按照行政区域分类

按照行政区域，应急预案可分为国家、省、市、区、县及企业应急预案。

（2）按照事件分类

《国家突发公共事件总体应急预案》将突发公共事件分为自然灾害、事故灾难、公共卫生事件、社会安全事件四类。针对每一类突发公共事件，分别编制专项应急预案。《国家突发公共事件总体应急预案》是为了提高政府保障公共安全和处置突发公共事件的能力，最大程度地预防和减少突发公共事件及其造成的损害，保障公众的生命财产安全，维护国家安全和社会稳定，促进经济全面、协调、可持续发展编制的。

（3）按照应急预案层级分类

按照应急预案层级，应急预案可分为综合应急预案、专项应急预案和现场处置方案。

4. 应急培训与应急演练

应急预案编制完成，并经评审发布后，就具备了应急救援的"作战方案"，为应急救援的成功提供了根本保障。

但是，仅有良好的应急救援"作战方案"，并不能保证相关政府、企业、个人对突发重大险情、事故、事件进行有效应急响应。因为突发险情、事故、事件，往往发展迅速，应急救援刻不容缓，不允许也不可能让指挥人员、应急人员现场拿着应急预案照本宣科，逐条对照操作。

应急人员只有对自己的应急职责及应急操作要求熟稔于心，面对突发公共事件时，才能从容沉稳、处变不惊、果敢行动，在发现意外时灵活应对，从而保障应急救援的有序、高效开展，圆满实现应急救援目标。

如若不然，就可能手忙脚乱，死搬教条，打慢仗、慢打仗，打乱仗、乱打仗，结果只会一败涂地，让完美的救援方针与原则成了有用的废话，科学的应急响应程序成了无用的真理，费心、费力、费财编制的应急预案成了一个好看的摆设。

应急人员要清楚职责、熟练操作、灵活应对、正确处置，就必须通过全面、系统、反复的应急培训，并在应急演练与实战中熟练掌握应急技能、积累经验，不断提高应急救援水平。因此，应急培训与应急演练，对于应急机构、应急人员灵活按照应急预案进行救援，圆满实现应急救援目标至关重要。

应急培训与应急演练是应急人员熟练掌握应急技能，提高应急处置能力的重要手段。企业要建立应急演练制度，每年都要结合本企业特点至少组织一次综合或专项应急演练，高危行业企业每半年至少组织一次综合或专项应急演练，基层队（车间）、班组的应急演练要常态化。应急演练结束后要及时总结、评估，针对发现的问题及时修订应急预案、完善应急措施。在做好应急演练的同时，企业应加强应急培训，提高企业各级管理人员和全体员工的应急意识和应急处置、避险、逃生、自救、互救能力。

应急培训永无止境，应急演练与应急预案的完善永无止境。

六、应急处置器材

危化品装卸生产过程中最重要的是对生产过程和生产工艺的监护和监控。压力、温度、流量、可燃气体浓度作为流体装卸作业最重要的参数，更是监控的重要内容。异常压力、温度、流量，可燃气体浓度变化下的事故紧急处理原则和程序也是流体装卸工应掌握的基本内容之一。

1. 隔膜泵

（1）工作原理

隔膜泵是容积式泵中较为特殊的一种形式。它是依靠弹性隔膜片的来回鼓动改变工作室容积从而吸入和排出液体的泵。

（2）组成

气动隔膜泵一般由泵体部分、隔膜和传动部分组成。传动部分是带动隔膜片来回鼓动的驱动机构，它的传动方式有机械传动、液压传动和气压传动等，其中应用较广泛的是液压传动。气动隔膜泵的工作部分主要由曲柄连杆机构、柱塞、液缸、隔膜、泵体、吸入阀和排出阀等组成，其中，由曲柄连杆机构、柱塞和液缸构成的驱动机构与往复柱塞泵十分相似。

气动隔膜泵的泵体部分由隔膜片将被输送的液体与工作液体分开，当隔膜片向传动机构一边运动时，液缸内为负压而吸入液体；当隔膜片向另一边运动时，则排出液体。被输送的液体与工作液体在液缸内被隔膜片隔开，被输送的液体只与液缸、吸入阀、排出阀及隔膜片的泵内一侧接触，而不接触柱塞及密封装置，这就使柱塞等重要零件完全在油介质中工作，处于良好的工作状态。

（3）注意事项

1）保证流体中所含的最大颗粒粒径不超过隔膜泵的最大安全通过颗粒粒径标准。

2）进气压力不要超过隔膜泵的最大允许使用压力，大于额定压力的压缩空气可能造成人身伤害和财产损失，以及损坏隔膜泵的性能。

3）保证泵压的管道系统能承受所达到的最大输出压力，保证驱动机构气路系统的清洁和正常工作条件。

4）紧固隔膜泵与各连接管的接头，防止因振动撞击产生静电火花，使用抗静电软管。

5）要周期性地检查和测试接地系统的可靠性，要求接地电阻小于 100 Ω。

6）保持良好的排气和通风，远离易燃、易爆物品和热源。

2. 防爆堵漏设备应用特点

当生产装置的管道、法兰、直管、三通、弯头、螺纹、阀门、油罐、槽车等部位发生泄漏时，使用防爆堵漏设备，可在不停车、带温带压、不影响生产的情况下，短时间内迅速、安全、可靠地排除泄漏故障，从而避免了由介质泄漏引起的着火、爆炸等重大事故的发生。

防爆堵漏设备种类繁多、型式不一，按结构可分为两类，一类是固持部分，另一类是密封部分。也有一些防爆堵漏设备是固持部分和密封部分合为一体的。

（1）手工填塞堵漏技术

手工填塞堵漏技术是将木楔或一些软金属材料通过外力击打塞嵌到泄漏空洞中，结合黏结堵漏方法对漏点进行补强加固的技术。

（2）快速捆扎技术

快速捆扎技术是通过捆扎带对泄漏部位进行捆扎，以达到制止泄漏目的的一种堵漏技术。大部分防爆堵漏产品的固持部分和密封部分是相互独立的，而捆扎带是固持部分与密封部分合为一体的防爆堵漏产品。在捆扎时，随着捆扎带的增厚，能不断产生挤压力，从而达到快速捆扎堵漏的目的。

（3）低压黏补技术

低压黏补技术是利用专业的化学胶黏剂对泄漏本体进行泄漏治理的一种堵漏技术。它通常在常温下施工，不需要专门的设备和能源，因此又称冷焊技术。

（4）注剂式密封技术

注剂式密封技术是通过在预制的夹具和泄漏本体间注入密封注剂，而建立新的密封体系的一种堵漏技术。在注剂压力远远大于泄漏介质压力的条件下，泄漏被强行止住，密封注剂自身能够维持一定的工作密封比压，并在短时间内形成一个坚硬的、富有弹性的新密封结构，从而达到重新密封的目的。

（5）真空堵漏技术

真空堵漏技术系统由真空瓶、模具、连接管等部分组成。红松经蒸馏、防腐、干燥等处理，用于各种容器点、线、裂纹产生泄漏时的临时堵漏。真空堵漏技术可用于大直径油罐和管路的堵漏。

七、应急防护用品

1. 正压式空气呼吸器

（1）用途

正压式空气呼吸器用于浓烟缺氧及任何有被毒气、烟气、蒸气污染的大气环境中。

目前正压式空气呼吸器主要用于应急救援，尤其是在能够立即威胁生命的有毒有害环境中，应现场配备随时备战。

（2）结构与工作原理

正压式空气呼吸器主要由气瓶、供气阀、背架、报警哨、压力表、中压导管、快速接头和面罩组成。

1）气瓶。气瓶材料为碳纤维复合材料，额定储气压力为 30 MPa，容积为 6.8 L。气瓶阀上装有过压保护膜片，当气瓶内压力超过额定储气压力的 1.5 倍时，保护膜片自动卸压；气瓶阀上还设有开启后的止退装置，使气瓶开启后不会无意地关闭。

2）供气阀。供气阀的主要作用是将中压空气减压为一定流量的低压空气，为佩戴者提供呼吸所需的空气。供气阀可以根据佩戴者呼吸量自动调节阀门开启量，保证面罩内压力长期处于正压状态。供气阀设有节省气源的装置，可防止在系统接通（气瓶阀开启）佩戴者戴上面罩之前气源的过量损失。

3）背架。背架包括背托、左腰带、右腰带、左右肩带、气瓶固定架组五部分。

4）报警哨。报警哨的作用是防止佩戴者因忘记观察压力表指示压力，而出现气瓶压力过低不能保证安全退出灾区的危险。报警哨的起始报警压力为 4~6 MPa。当气瓶的压力达到报警压力时，报警哨发出哨声报警（但在佩戴时，打开气瓶阀后，输入报警哨的压力逐渐升高，经过报警压力区间时，也会发出短暂的报警声，证明气瓶中有高压空气的存在，而不是报警）。报警哨在报警压力为 4~6 MPa 报警后，按人的行走速度为 4.5 km/h 做功计算，到空气压力消耗到 2 MPa 为止，可佩戴 9~10 min，行走距离为 350 m 左右。由于佩戴者呼吸量不同，做功量不同，退出灾区的距离不同，因此佩戴者应根据不同的情况确定退出灾区所需的必要气瓶压力（由压力表显示），绝不能机械地理解为报警后才开始退出灾区。而且在佩戴过程中，佩戴者必须经常观察压力表，防止报警哨万一失灵，出现由于压力过低而无法安全退出灾区的情况。

正压式空气呼吸器是以压缩空气为供气源的隔绝开路式呼吸器。当打开气瓶阀时，储存在气瓶内的高压空气通过气瓶阀进入减压器组件，同时，压力表显示气瓶空气压力。高压空气被减压为中压空气，中压空气经中压导管进入安装在面罩上的供气阀，供气阀根据佩戴者的呼吸量，能提供大于 200 L/min 的空气。同时，面罩内保持高于环境大气压的压力。当佩戴者吸气时，供气阀膜片向下移动，使阀门开启，提供气流；当佩戴者呼气时，供气阀膜片向上移动，使阀门关闭，呼出的气体经面罩上的呼气阀排出；当停止呼气时，呼气阀关闭，准备下一次吸气，这样就完成了一个呼吸循环过程。

（3）穿戴步骤

1）小心打开包装。

2）检查整套装置外观是否良好。

3）检查气瓶压力。关闭供气阀，打开气瓶阀至少一圈，检查压力表压力是否在 25～30 MPa。

4）检查面罩气密性。一只手托住面罩，将面罩口鼻罩与脸部完全贴合，另一只手将头带后拉罩住头部，收紧头带。用手掌封住供气口吸气，如果感到无法呼吸且面罩充分贴合则说明密封良好。

5）解下面罩，检查完毕。

6）背上整套装置，双手扣住身体两侧的肩带 D 形环，身体前倾，向后下方拉紧 D 形环直到肩带及背架与身体充分贴合。

7）扣上腰带并拉紧，拉紧肩带，确保整套正压式空气呼吸器正确佩戴时不会发生松动和移位现象，佩戴位置不会发生变化。

8）一只手托住面罩，将面罩口鼻罩与脸部完全贴合，另一只手将头带后拉罩住头部，收紧头带。

9）将供气阀推进面罩供气口，听到响声，同时用手无法将供气阀拔出，则说明已正确连接。

10）检查压力表是否正常。

（4）注意事项

1）本装置仅用于保护呼吸系统，在特殊情况下操作时，应另外穿戴特殊防护装备。

2）在使用中，因碰撞或其他原因造成面罩错动时，应立即屏住呼吸，及时将面罩复位，但要保持面罩贴合脸部，千万不能从脸上拉下面罩，若发生意外则应立即撤离现场。

3）经常查看压力表，注意余气量，并估计使用时间，在听到报警声后，应迅速撤离作业现场。

4）如果脱下面罩、关闭供气阀后，未能停止空气从供气阀自由流出，则应立即关闭气瓶阀，防止气瓶内剩余压缩空气流光，并将该供气阀做好标记，待维修人员修理。

5）脱卸时，不要让正压式空气呼吸器从身上掉落，否则会损坏正压式空气呼吸器，甚至会导致人员伤亡。正压式空气呼吸器不用时，必须将气瓶阀关闭。

2. 自吸式全面罩呼吸器

（1）用途

自吸式全面罩呼吸器（见图7-6-1）对空气中的污染物进行呼吸防护，用于空气中氧气浓度不低于17%的环境。

自吸式全面罩呼吸器主要是配合防化服使用，作为保护头部和呼吸系统的面罩。

（2）结构与工作原理

自吸式全面罩呼吸器采用优质橡胶制作而成，具有佩戴舒适、防护可靠、呼吸流畅、阻力小等特点。它适用于有害气体浓度小于3%、氧气浓度高于17%的场所，使用时需与导气管、装填不同药剂的滤毒罐连接使用。

（3）穿戴步骤

1）打开包装，用导气管将面罩和滤毒罐进行连接。

2）将面罩戴到头上。

3）打开滤毒罐上的橡胶塞。

4）戴好面罩，用手或橡胶塞堵住滤毒罐的进气孔，深呼吸。如果没有空气进入，则此套面罩可用，否则应修理或更换。

图7-6-1 自吸式全面罩呼吸器

5）将滤毒罐搭到背后。

（4）注意事项

1）在使用过程中，若感觉吸气压力越来越大或闻到异味，就应立即回撤到洁净区域。

2）不能用于对人体生命和健康立即产生危险的环境。

3）自吸式全面罩呼吸器适用于有毒颗粒及气雾火灾场合。

3. 防化服

（1）用途

防化服是作业人员在有危险化学品或腐蚀性物品的现场作业时，为保护自身免遭危险化学品或腐蚀性物品的侵害而穿着的防护服。

防化服主要用于化工品的应急处置场所，在危化品现场应配备，随时备战，是化工品泄漏应急处置时的必备品。

（2）结构与工作原理

防化服（见图 7-6-2）是利用特殊研制的纤维所制造的防尘服装，主要由上衣、裤子、大视野连体头罩、呼吸器背囊、防化手套、防化胶靴、密封拉链及超压排气系统等组成。它还常与头盔、正压式空气呼吸器等配套使用。

防化服的主要工作原理是通过其特殊的面料和密封设计，将穿戴者与周围的化学物质有效隔离开，避免皮肤或眼睛直接接触化学物质。面料的选择至关重要，优质的面料能够抵御多种化学物质的渗透，确保穿戴者的安全。同时，超压排气系统确保防化服内部气压与外部一致，防止压力差导致的化学物质渗透。此外，密封拉链和其他密封装置的设计确保防化服的紧密度和可靠性，进一步增强其防护效果。

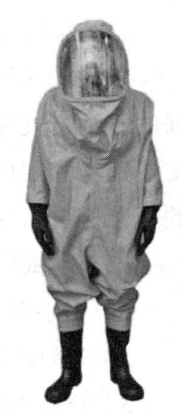

图 7-6-2　防化服

（3）穿戴步骤

1）先撑开防化服的领口、胸襟，两脚伸进裤子，将裤子提至腰部，再将两臂伸进两袖。

2）将上衣护胸布折叠后，拉过胸襟布盖严，然后将前胸扣子扣牢。

3）将腰带收紧后，将扣子扣上。

4）戴好防毒面具后再将头罩罩在头上，并将颈扣带的扣子扣上。

（4）注意事项

1）防化服不得与火焰及熔化物直接接触。

2）使用防化服前，必须认真检查防化服有无破损，若有破损，严禁使用。

3）使用时，必须注意头罩与防毒面具的面罩紧密配合，颈扣带、胸部的大白扣必须扣紧，以保证颈部、胸部的气密性。腰带必须收紧，以减少运动时的"风箱效应"。

4）折叠防化服时，将头罩开口向上铺于地面。折回头罩、颈扣带及两袖，再将服装纵折，左右重合，两靴尖朝外一侧，将手套放在中部，靴底相对卷一卷，横向放入防化服包装袋内。

5）防化服在保存期间严禁受热及阳光照射，不许接触活性化学物质及各种油类。

4. 防火服

（1）用途

防火服（见图 7-6-3）有防火、隔热、反辐射热等特性。反辐射热温度高达 1 000 ℃，能有效保护作业人员接近热源而不被酷热、火焰蒸气灼伤。

防火服主要用于火灾现场需临近热源进行应急处置的环境，即使使用防火服，临近热源处置时也要使用消防水进行保护。

（2）结构与工作原理

防火服采用铝箔复合阻燃材料精制而成，主要用于扑救辐射热强的石油、气体火灾及高温作业场所。它的面料由具有高反射率的工业铝箔和阻燃材料复合而成，具有良好的阻燃和隔热性能。特殊的复合材料和复合工艺使面料的抗剥离强度十分高。

（3）穿戴步骤

1）小心卸下包装，展开防火服，检查其是否完好无损。

2）先将腿伸进防火裤，背好肩带，拉好拉链，并将按扣扣好。

3）将防火脚套套在鞋上并系牢，确认全部覆盖脚部。

4）将防火服上衣穿好，拉上拉链并按好按扣。

5）戴上防火手套。

6）戴上防火头套。

图 7-6-3　防火服

（4）注意事项

1）穿戴人员在进行消防作业时，如果需要较长时间，则必须用水枪、水炮保护。

2）防火服在使用之前，必须认真检查是否完好，有无破损的地方。

3）防火服严禁在有化学和放射性伤害的场所使用。

4）防火服必须配合正压式空气呼吸器及通信器材使用。

5. 救生衣

（1）用途

救生衣（见图 7-6-4）由泡沫制成，包在橙色衣服内，依靠其自身浮力，可以将落水者的面部托出水面，而其特殊的设计（胸前浮力大，背后浮力小）保证了无论落水者以什么样的姿势入水，都可以在 5 s 内将落水者矫正到口鼻向上的安全姿势。

救生衣一般用于靠、离泊作业或岸边作业等场所，防止人员坠海。

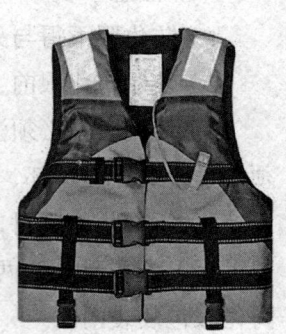

图 7-6-4　救生衣

（2）结构与工作原理

浮力材料填充式救生衣是以尼龙布或氯丁橡胶为面料，中间填充浮力材料制成的。它利用填充物的浮力达到使人体漂浮的效果。

（3）穿戴步骤

1）检查救生衣的完整性，外观是否有破损，应急哨是否完好，反光条是否完好。

2）把救生衣套在身上，将长方形浮力袋置于身前，系好领口、胸口、腰部的带子。

（4）注意事项

1）救生衣使用前，一定要对其完整性进行检查。

2）穿戴时，严格规范穿戴。

3）穿戴结束后，一定要检查每一处绳索是否牢固。

八、现场急救知识

1. 外伤应急处置

止血、包扎、骨折固定、搬运是外伤救护的四项基本技术。

（1）止血

1）出血的种类

①出血可分为外出血和内出血两种。

a. 外出血。体表可见到。血管破裂后，血液经皮肤损伤处流出体外。

b. 内出血。体表见不到。血液由破裂的血管流入组织、脏器或体腔。

②根据血管种类，出血又分为动脉出血、静脉出血及毛细血管出血三种。

a. 动脉出血。血色鲜红，出血呈喷射状，与脉搏节律相同。动脉出血危险性大。

b. 静脉出血。血色暗红，血流较缓慢，呈持续状流出。静脉出血危险性较动脉出血小。

c. 毛细血管出血。血色鲜红，血液从整个伤口创面渗出，一般不易找到出血点，常可自动凝固而止血。毛细血管出血危险性小。

2）失血的表现。在一般情况下，一个成年人失血量在 500 mL 时，不会出现明显的症状；当失血量在 800 mL 以上时，伤者会出现面色、口唇苍白，皮肤出冷汗，手脚冰冷、无力、呼吸急促，脉搏快而微弱等症状；当出血量达 1 500 mL 以上时，会引起大脑供血不足，伤者出现视物模糊、口渴、头晕、神志不清或焦躁不安，甚至昏迷症状。

3）外出血的止血方法

①指压止血法。指压止血法是一种简单有效的临时性止血方法。它根据动脉的走向，在出血伤口的近心端，用手指压迫血管，使血管闭合而达到临时止血的目的，然后再选择其他止血方法。指压止血法适用于头、颈部和四肢的动脉出血。

②加压包扎止血法。加压包扎止血法是急救中最常用的止血方法，适用于小动脉、静脉及毛细血管出血。

用消毒纱布或干净的手帕、毛巾、衣物等敷于伤口，然后用三角巾或绷带加压包扎。压力以能止血而又不影响伤肢的血液循环为合适。伤处有骨折时，须另加夹板固定。关节脱位及伤口内有碎骨存在时不采用此止血方法。

③加垫屈肢止血法。加垫屈肢止血法适用于上肢和小腿出血，可在没有骨折和关

节伤时采用。

④止血带止血法。当遇到四肢大动脉出血，上述方法止血无效时，采用止血带止血法。常用的止血带有橡皮带、布条止血带等，可以用毛巾、手绢、衣服等折成三指宽的宽带当作止血带，禁止用电线、铁丝、绳子等。不到万不得已时，不要采用止血带止血法。

4）注意事项

①使用止血带时，皮肤与止血带不能直接接触，应加垫敷料、布垫或将止血带绑扎在衣裤外面，以免损伤皮肤。

②绑扎止血带要松紧适宜，以能止血为度。扎松了不能止血，扎得过紧容易损伤皮肤、神经、组织，引起肢体坏死。

③绑扎止血带时间过长，容易引起肢体坏死。因此，止血带绑扎好后，要记录绑扎止血带的时间，并每隔 40～50 min 放松一次，每次放松 1～3 min。为防止止血带放松后大量出血，放松期间应对伤口处加压止血。

④运送伤者时，绑扎止血带处要有明显标志，不要用衣物等遮盖伤处，以免妨碍观察，并用标签注明绑扎止血带的时间和放松止血带的时间。

（2）包扎

常用的包扎材料有绷带、三角巾、四头带及其他临时代用品（如干净的手帕、毛巾、衣物、腰带、领带等）。绷带包扎一般用于支持受伤的肢体和关节，固定敷料或夹板及加压止血等。三角巾包扎主要用于包扎、悬吊受伤肢体，固定敷料，固定骨折等。

（3）骨折固定

1）骨折的种类

①闭合性骨折。骨折处皮肤完整，骨折断端与外界不相通。

②开放性骨折。外伤伤口深，骨折处或骨折断端刺破皮肤露出体表。

③复合性骨折。骨折断端损伤血管、神经或其他脏器，或者伴有关节脱节等。

④不完全性骨折。骨的完整性和连续性未完全中断。

⑤完全性骨折。骨的完整性和连续性完全中断。

2）骨折的症状。骨折的症状包括疼痛、肿胀、畸形、骨擦音、功能障碍、大出血等。

3）骨折的固定材料。骨折的固定材料为夹板。

4）急救原则和注意事项

①要注意伤口和全身状况，如果伤口出血，应先止血，并包扎固定；如果有休克或呼吸、心搏骤停者应立即进行抢救。

②在处理开放性骨折时，局部要进行清洁消毒处理，用纱布将伤口包好，严禁把

暴露在伤口外的骨折断端送回伤口内，以免造成伤口感染和再度刺伤血管和神经。

③对于大腿、小腿、脊椎骨折的伤者，一般应就地固定，不要随便移动伤者，不要盲目复位，以免加重损伤程度。

④固定骨折所用夹板的长度与宽度要与骨折肢体相称，其长度一般应超过骨折上下两个关节。

⑤固定用的夹板不应直接接触皮肤。在固定时，可用纱布、三角巾、毛巾、衣物等软材料垫在夹板和肢体之间，特别是夹板两端、关节骨头突起部位和间隙部位，可适当加厚垫，以免引起皮肤磨损或局部组织压迫坏死。

⑥固定、捆绑的松紧度要适宜，过松达不到固定的目的，过紧影响血液循环，导致肢体坏死。固定四肢时，要将指（趾）端露出，以便随时观察肢体血液循环情况。如果发现指（趾）端苍白、发冷、麻木、疼痛、肿胀、甲床青紫，则说明固定、捆绑过紧，血液循环不畅，应立即松开，重新包扎固定。

⑦四肢骨折固定时，应先捆绑骨折断处的上端，后捆绑骨折断处的下端。如果捆绑次序颠倒，则会导致再度错位。固定上肢时，肢体要屈着绑（屈肘状）；固定下肢时，肢体要伸直绑。

（4）搬运

1）搬运方法。常用的搬运方法有徒手搬运和担架搬运两种，根据伤者的伤势和运送距离选择合适的搬运方法。徒手搬运适用于伤势较轻且运送距离较近的伤者；担架搬运适用于伤势较重，不宜徒手搬运，且运送距离较远的伤者。

2）注意事项

①移动伤者时，应先检查伤者的头、颈、胸、腹和四肢是否有损伤，如果有损伤，则应先进行急救处理，再根据不同的伤势选择不同的搬运方法。

②对于伤情严重、运送路途遥远的伤者，要做好途中护理，密切注意伤者的神志、呼吸、脉搏及伤情的变化。

③对于绑扎止血带的伤者，要记录绑扎止血带和放松止血带的时间。

④搬运脊椎骨折的伤者，要保持伤者身体的固定。对于颈椎骨折的伤者，除了固定身体，还要有专人牵引固定头部，避免移动。

⑤用担架搬运伤者时，一般头略高于脚，休克的伤者则脚略高于头。行进时，伤者的脚在前，头在后，以便观察伤者情况。

⑥用汽车运送伤者时，床位要固定，防止启动、刹车时晃动，使伤者再度受伤。

2. 烧伤与烫伤应急处置

（1）开水烫伤应急处置

被开水烫伤后，最简单有效的应急处置就是用大量的流水持续冲洗创面降温，持续大约 20 min。在冲洗过程中，应该注意流水冲洗的力量不宜过大，要尽量保持烫伤后水疱皮的完整性。在创面上若有衣物，应予以剪除，以免在脱衣服的过程中破坏水疱皮的完整性。

在创面上不要自行涂抹各种消毒药水，特别是有颜色的红药水或紫药水，甚至用酱油等涂抹，以免影响医生对烧伤严重程度和深度的判断。创面经过简单处理后，使用冰袋冷敷创面止痛，然后立刻到专科医院或烧伤整形科就诊。

（2）火灾烧伤应急处置

伤者身上燃烧的衣服如果一时难以脱下来，可让伤者卧倒在地滚压灭火，或者用水浇灭火焰。伤者切勿带火奔跑或用手拍打，否则可能使得火借风势越烧越旺，或导致手部烧伤；也不可在火场大声呼喊，要用湿毛巾捂住口鼻，以防吸入烟雾导致窒息或中毒。

头面部烧伤后，伤者常极度肿胀，且容易引起继发性感染，容易被漏诊因而延误抢救。因此要密切观察伤者有无进展性呼吸困难，并及时护送到医院治疗。

（3）油烫伤应急处置

刚被油烫到时，伤者应立即用柔软的棉布轻轻擦去溅到烫伤处的油，再用干净毛巾蘸冷水湿敷烫伤处。前提是烫伤处没有破损。去除烫伤处的高温油后，立即用冷水冲洗 20 min 以上，目的是降温，尽量减轻烫伤的程度，烫伤程度轻，一般不会留有疤痕。在创面愈合干燥后会有色素沉着，完全消退需要一定的时间，短则数天，长则一个月左右。所以在伤口愈合前，伤者最好忌辛辣刺激性食物，忌烟酒。

（4）化学烧伤应急处置

化学烧伤的应急处置方法是立即离开现场，迅速脱去被化学物质沾污的衣裤、鞋袜等。无论酸、碱或其他化学物质烧伤，立即用大量流动自来水或清水冲洗创面 15~30 min。在新鲜创面上不要任意涂抹油膏或红药水，不要用脏布包裹。黄磷烧伤时，应用大量水冲洗、浸泡或用多层湿布覆盖创面。烧伤的同时往往伴随有骨折、出血等外伤，也应及时处置。应及时将伤者送到医院治疗。

（5）电击烧伤应急处置

电击烧伤最大的危险是体内烧伤。当发现有人触电时，请立即将电源切断，或者用绝缘体将电源移开，如干木棒、树枝、木质扫帚柄等。电源不明时，切记不要直接用手接触伤者。

在浴室或潮湿的地方，应急人员要穿绝缘胶鞋、戴胶皮手套或站在干燥木板上以保护自身安全。伤者若无心跳、呼吸，应立即施行心肺复苏，不要轻易放弃，一般应持续半小时以上，有条件者尽早在现场使用自动体外除颤器（automated external defibrillator，AED）。应急人员尽快拨打 120 呼叫救护车将伤者送往医院救治，并持续在现场施行心肺复苏，直到医务人员到来。局部烧伤伤者应就地取材进行创面的简易包扎，再送往医院救治。

（6）干冰"烧"伤应急处置

干冰是二氧化碳的固态形式。二氧化碳在常温下为气态，如果干冰与人接触，则会迅速升华，而升华的过程要吸收大量的热，所以会"烧"伤人（其实是冻伤）。被干冰烧伤后，伤者在22～25 ℃温暖的室内，或者泡在38～42 ℃的温水中，迅速提高体温，不可用火烤、冷水浸泡或雪搓，尽量使伤肢抬高、保暖、制动。创面如果起了水疱，不要戳破水疱，以免伤口暴露，引起细菌感染。如果伤口粘着衣服布料，是由于低温下局部结冰，不可以鲁莽撕掉布料，应用37～38 ℃温水冲洗隔开。

烧伤与烫伤现场处置要简单、安全有效。开水、热汤、化学物质烫伤后，伤者应立即解脱衣服，脱离热源。夏季遇到四肢烫伤，可用清洁的冷水或自来水浸泡或冲洗伤处20～30 min，再用消毒纱布或干净床单、毛巾等轻轻地盖在创面上，并轻轻包扎，避免创面感染细菌。伤者不要随意弄破水疱或撕去浮皮，更不要在创面上涂抹酱油、紫药水、红药水及其他有颜色的黏稠药膏。火焰烧伤或热液烫伤后，可以涂抹鸡蛋清或薄而无色的中药烧伤药膏；生石灰灼伤后，应先将创面上的石灰粉清除，然后用足量的冷水或自来水冲洗，并用消毒纱布轻轻包扎再去医院进一步治疗。

3. 中暑与冻伤应急处置

（1）中暑应急处置

在夏日，如果长时间在高温环境下工作或活动，容易使身体体温调节功能出现障碍，水、电解质代谢紊乱，以及神经系统功能受到损害，这就是所谓的"中暑"。中暑者一般会出现体温上升、心跳加速、虚脱、肌肉松软、恶心等症状，严重者会呕吐、瞳孔放大，甚至意识丧失。中暑的应急处置可以采用如下方法。

1）将伤者转移到清凉处。应急人员应当迅速将伤者搬离高温场所，最好选择附近通风阴凉处，然后让伤者平躺并解开衣服扣子，同时让其双脚抬高，有利于增加伤者脑部的血液供应，同时起到散热的作用。

2）给伤者降温。应急人员用冷毛巾捂住伤者额头，在有条件的情况下，还可以用酒精、白酒、冰水或冷水擦拭全身，然后用扇子或电风扇吹风，以加速散热。但要注意适度，以免造成伤者感冒。

注意：应急人员不要快速地给伤者降温，当伤者体温降到38 ℃以下的时候，就要停止吹风、冷水擦拭等强制性降温方法。

3）等伤者清醒后补充水分。若伤者清醒，应急人员应为其补充含盐分或小苏打的清凉饮料。注意伤者不宜大量补充水分，不然会引起腹痛、呕吐和恶心等不适症状，不宜饮用咖啡或酒精类饮料。

4）若伤者已经失去知觉，则可以按压其人中穴和合谷穴，使其恢复意识；若伤者出现呼吸停止的情况，则应及时做人工呼吸。

5）重症中暑者。重症中暑者是指出现高烧、昏迷抽搐等症状的伤者，应急人员必须立即拨打120，送医院治疗。在等待救援期间，应使重症中暑者平卧、头向后仰，以保持呼吸畅通。

6）用担架搬运重症中暑者。应急人员应使用担架搬运重症中暑者，并在搬运过程中，用冰袋冰敷在重症中暑者额头、后脑勺、胸前、手肘窝及大腿根部，达到降温的效果。

对于轻度中暑者，可采取补水、降温等急救措施。

在夏季，人们长时间暴晒在太阳下或停留在闷热潮湿的环境中，以及在炎热的天气里长途行走、过度疲劳等情况下，均容易导致中暑。

（2）冻伤应急处置

1）冻伤的定义。冻伤又称冷伤，外周环境寒冷性冷伤，几乎仅见于人类，是寒冷引起的局部组织或全身的损伤。冻伤属于物理因素伤害，是寒冷地区或从事低温作业人员的常见病症。

2）冻伤的分类。冻伤分为冻结性损伤和非冻结性损伤两类。

冻伤可发生在任何皮肤表层上，但多出现在暴露部位，如面部、手指及脚趾等处。全身冻伤时，当直肠温度降到30 ℃时，伤者陷入麻痹期，出现反应迟钝、血压下降、循环呼吸抑制等症状。局部冻伤时，伤者先有寒冷感和针刺样疼痛，皮肤苍白，继而出现麻木或知觉丧失，其突出的临床表现要在复温之后才显露出来。

3）冻伤分级。根据冻伤者的中心温度（直肠温度），将冻伤分为轻、中、重度三类。

①轻度冻伤：直肠温度为34～36 ℃。

②中度冻伤：直肠温度为30.1～33.9 ℃。

③重度冻伤：直肠温度低于30 ℃。通常，伤者直肠温度在25～27 ℃为低温致死限，往往难于复苏。

4）严重冻伤的急救与处置

①现场处置。迅速脱离受冻现场，搬动时要小心、轻放，以免引起骨折。应急人员应立即用棉被、毛毯或皮大衣等保护受冻部位，迅速将伤者搬到温暖的室内（室温20～25 ℃），脱掉潮湿的衣服，抬高受损的肢体，若伤者呼吸、心跳停止则应施行心肺复苏并及早送往医院治疗。

②复温治疗。将冻伤部位置于40～42 ℃温水中。如果手套、鞋袜和手脚冻在一起难以分离，不可强行脱离，以防撕裂皮肤。应连同手套、鞋袜一起浸到水中，复温

至冻伤部位恢复感觉、皮肤颜色恢复至深红或紫红色、组织变软、关节变软为止。伤者一般要求在 15～30 min 完成复温,在 5～7 min 复温最好,面部可用 38～42 ℃ 湿毛巾湿敷。复温要快,温度不能过高,缓慢复温可加重损害,延迟复温可影响疗效。

③继续保温处置。对于复温后的冻伤部位,应继续进行保暖保温,以保持良好的血液循环。

④保护受冻部位。对于复温后的冻伤部位,应用柔软的棉花软布包裹,严防意外的外伤发生,切忌挤压冻伤部位。

⑤对症治疗。复温中或复温后局部剧烈疼痛,应给予哌替啶(又称杜冷丁)50～75 mg 或吗啡 10 mg 肌肉注射;复温中应进行抗休克治疗,静脉滴注 37 ℃ 的 5% 葡萄糖注射液。

⑥热饮料治疗。度过休克期后,可口服热饮料,如茶水、牛奶、豆浆等。

⑦预防感染或抗感染。选用有效抗生素。

⑧局部处理。对于水疱、坏死组织、局部病灶、截肢等,须外科治疗。

5)冻伤的急救处置

①迅速脱离受冻现场。把伤者送入空调或暖房,裹上毛毯或棉被等。

②快速复温。适用于中、重度冻伤者。在数小时内使伤者直肠温度迅速回升,以脱离冻伤状态。

③全身浸泡法。将伤者置于 34～35 ℃ 的水中,以防剧烈疼痛和室颤的发生,5 min 后将水温提高至 42 ℃,待直肠温度升至 34 ℃,使伤者呼吸、心跳和知觉恢复,出现寒战,待肢体软化、皮肤较为红润并有热感后,停止复温。

④纠正复温性休克。复温过程中和复温后容易出现休克,因此可用 1 000 mL,37～40 ℃(至少也应为室温温度)的葡萄糖注射液快速静脉滴注,有条件时给以心电、血压、呼吸、肛温、血氧饱和度等监护,对指导治疗很有帮助。

4. 中毒应急处置

凡有毒性作用的物质进入人体引起的一系列症状称为中毒,如误服有毒物或服药过量,食入某些野生有毒植物,吸入有害气体等。

(1)常见的有毒物质

自然界有很多有毒、有害物质与人们日常生活关系比较密切,引起中毒机会较多的有一氧化碳(煤气)、有机磷(农药)、亚硝酸盐、氰化物(木薯、苦杏仁、桃仁)、变质肉食、鼠药、颠茄类药、煤油、来苏尔等。有毒植物如曼陀罗、夹竹桃类、毒蕈,其他一些重金属如汞、铅、砷,以及强酸、强碱均可引起中毒。

(2)常见的中毒症状

根据有毒物质性质的不同及摄入量,常见的中毒症状有如下几类。

1）头痛、头晕、恶心、呕吐、呼吸困难、精神错乱，甚至惊厥、昏迷，如一氧化碳中毒。

2）呼气、呕吐物有特殊气味。例如，有机磷中毒有蒜臭味，氰化物中毒有苦杏仁味，煤油、来苏尔中毒均有相应异味。

3）肌肉震颤、抽动，如有机磷或汞中毒。

4）皮肤、口唇、指甲发绀，如亚硝酸盐中毒。

5）癫狂、幻视、幻听，如颠茄类、毒蕈中毒。

6）口干、无汗，如颠茄类中毒。

7）大汗流涎、吐沫，如有机磷、毒蕈中毒。

8）肌肉麻痹，如肉毒杆菌中毒。

9）口腔黏膜灼伤（灰白—深红—黑），如强酸、强碱中毒。

10）腹痛、吐泻，如强酸、强碱、毒蕈中毒。

11）血尿，如磺胺药不良反应。

12）黄疸、皮肤黄染，如毒蕈、鼠药中毒。

（3）中毒应急处置

1）立即脱离有毒物质，脱离现场。例如，一氧化碳中毒要开窗通风，把中毒者转移到空气新鲜的地方。

2）排出食入的有毒物质。

①催吐法。用一根筷子或匙柄刺激中毒者的咽部（嗓子眼），或者用手指触及咽部，使其发生反射性呕吐动作，将胃里的东西吐出。

②洗胃。让中毒者喝清水、温水或温盐水，然后用上述方法催吐，喝水，催吐，再喝水，再催吐，反复进行多次，直到吐出的水在颜色和清洁程度上与喝进去的水差不多。

3）去除有毒物质。如果用敌敌畏灭虱，有毒物质可能粘在皮肤和衣服上，应换衣服，用肥皂水清洗皮肤。

4）如果误服强酸、强碱，可喝牛奶、吃蛋清保护胃黏膜，勿催吐。

5）中毒物质不明的，可用活性炭（或烤焦的馒头）2份，氧化镁1份，鞣酸（可用浓茶代替）1份，混合为1~2茶匙，加温水口服。面糊、米汤也可防止有毒物质被吸收。

（4）中毒的预防措施

1）室内生炉子应有烟囱、风斗。

2）农药、灭鼠药应妥善保存；敌敌畏不要用于室内灭蚊、蝇，不要涂于衣被上灭虱。

3）各种药物、酸碱等要放到儿童拿不到的地方，以免误服。

4）不吃腐烂变质的食物。扁豆要熟透才能吃，土豆发芽不能吃，木薯不可生吃。

5）不要采摘和食用野生植物，如毒堇、曼陀罗、苍耳子等。

（5）硫化氢中毒应急处置

硫化氢是一种剧毒物质，硫化氢气体是一种急性剧毒物质。吸入少量高浓度硫化氢气体可于短时间内致命，因此在生产和使用时一定要注意检测硫化氢气体的泄漏情况，一旦发现须及时处置。硫化氢中毒的应急处置措施有以下几种。

1）现场抢救极为重要，应立即使伤者脱离现场，移至空气新鲜处，有条件时立即给予吸氧。对呼吸或心脏骤停者应立即施行心肺复苏。在施行口对口人工呼吸时，应急人员应防止吸入伤者的呼出气或衣服内逸出的硫化氢，以免发生二次中毒。

2）高压氧治疗对加速昏迷伤者的复苏和防治脑水肿有重要作用，昏迷伤者不论是否已复苏，均应尽快给予高压氧治疗，但需配合综合治疗。中毒症状明显者需早期、足量、短程给予肾上腺皮质激素，以利于防治脑水肿、肺水肿和心肌损害。

3）较重伤者需进行心电监护及心肌酶谱测定，以便及时发现病情变化，及时处理。

4）有眼部刺激症状者，立即用清水冲洗，对症处理；皮肤接触者，脱去污染衣物，用流动清水冲洗，并立即就医。

5. 心肺复苏

心肺复苏适用于心脏病突发、溺水、窒息或其他意外事件造成的意识昏迷并伴有呼吸及心跳停止状态的伤者。人的呼吸、心跳突然停止时，必须在 4～8 min 建立基础生命维持，保证人体重要脏器的基本血氧供应。心肺复苏旨在建立高级生命维持或自身心跳，直到呼吸恢复。通常 4 min 内进行心肺复苏的伤者有 32% 能救活，4 min 后进行心肺复苏的只有 17% 能救活。

心肺复苏的操作步骤如下。

（1）胸外心脏按压

1）判断按压位置。两乳头连线的中间位置或剑突向上两指的位置。

2）两手重叠，手掌放于按压位置，胳膊伸直身体前倾，使胳膊竖直向下。

3）利用腰背力量按压。对于成年人按压幅度为 4～5 cm，对于儿童按压幅度为 3 cm，对于婴幼儿按压幅度为 2 cm。

4）按压频率为 100 次/min。

5）每按压 30 次进行 2 次口对口人工呼吸。

（2）口对口人工呼吸

1）一只手捏住伤者鼻子，另一只手托住其下颚保持气道打开。

2）尽量张大嘴包住伤者的嘴快速进行吹气。

3）吹气量大约为 0.5 L。

4）吹 2 口气后再进行胸外心脏按压。

（3）按照 30∶2 的比例，即胸外心脏按压 30 次进行 2 次口对口人工呼吸的方式，循环进行操作，直至伤者苏醒或医务人员到达现场。

（4）注意事项

1）判断意识。双手拍打伤者双肩并呼叫伤者，观察其有无反应。

2）呼救帮助。立即呼叫其他人帮助拨打 120。

3）判断心跳、呼吸。应急人员解开伤者外衣，触摸颈动脉，同时观察胸廓起伏，判断心跳、呼吸情况。若伤者心跳、呼吸停止，则立即施行心肺复苏，并记录抢救开始时间。

4）清理呼吸道。将伤者头侧向一方，用右手食指清理口腔内异物。

5）开放气道。开放气道方法有仰面抬颏法、托颌法。常用仰面抬颏法，具体方法为应急人员左手手掌置于伤者前额，手掌用力向后压使其头部后仰，右手中指、食指剪刀式分开，放在伤者颏下并向上托起，使气道伸直。对于颈部损伤者禁用，以免损伤脊髓。

6）应急人员应在非常短暂的时间内，迅速判断伤者有无反应、呼吸及循环体征，判断时间不要超过 10 s。

7）最大限度地减少中断，将中断时间控制在 10 s 内。

8）按压时手臂要伸直，垂直向下用力，不能弯曲，不要左右摆动。

9）不能撞击式地猛压。

10）向下压及向上放松的时间大致相等，保证胸廓完全回弹。

11）放松时，定位的手掌根部不得离开胸骨定位点，以免移位，但应放松，使胸骨不受任何压力。

12）口对口吹气量不宜过大，一般不超过 1 200 mL，胸廓稍起伏即可；吹气时间不宜过长，过长会引起急性胃扩张、胃胀气和呕吐；吹气过程要注意观察伤者气道是否通畅，胸廓是否被吹起。

13）胸外心脏按压只能在伤者心脏停止跳动时才能施行。

14）口对口人工呼吸和胸外心脏按压应同时进行，严格按吹气和按压的比例操作，吹气和按压的次数过多和过少均会影响心肺复苏的效果。

15）胸外心脏按压的位置必须准确，不准确容易损伤其他脏器。按压的力度要适宜，过大过猛容易使胸骨骨折，引起气胸、血胸；按压的力度过小，胸腔压力小，不足以推动血液循环。

16）施行心肺复苏时，应将伤者的衣扣及裤带解松，以免引起内脏损伤。

6. 溺水应急处置

救护溺水者时，应急人员必须用救生圈、球或木板等，除专职救生员外，即使会游泳的人，也不要徒手接近溺水者。溺水者获救后，应立即检查其呼吸、心跳。若溺水者呼吸停止，应急人员应马上做人工呼吸，先口对口连续吹入4口气，在5 s内观察其有无恢复自主呼吸，若无反应，应接着做人工呼吸，直至其恢复自主呼吸。若溺水者呼吸、心跳全无，应急人员应立即施行心肺复苏。若溺水者喝入大量的水，可在其意识清醒时，应急人员用膝盖抵住其背部，一只手托住上腹部，另一只手扒开其口让其吐水；或者应急人员单腿跪地，让溺水者脸朝下伏在膝盖上吐水。

7. 气道异物应急处置

手捏喉咙、面容窘迫、恐惧等是气道异物的典型症状。

（1）自救

1）用力咳嗽法。伤者先吸一口气，然后用足力气咳嗽，有时就能将异物从气道内咳出。

2）腹部手拳冲击法。伤者将右手拇指关节突出点顶住上腹部，相当于剑突与脐之间腹中线部位，左手紧握右手，然后用力向内做4~6次连续快速冲击。

（2）互救

应急人员站在伤者侧后位，一只手放置于伤者胸部，另一只手掌根部对准伤者肩胛区脊柱上，用力给予连续4~6次急促拍击。

8. 触电应急处置

当发现有人触电时，应尽快找到电闸，切断电源。如果暂时找不到电源，应急人员可就近找一样绝缘的物品，如木棍或塑料管，挑开触电者与电源的接触，然后检查触电者的反应。如果发现触电者已经没有了心跳和呼吸，应急人员应立即就地对其进行人工呼吸和胸外心脏按压，同时让其他人拨打急救电话。